健康中国背景下
校园篮球运动发展研究

王金林　著

中国水利水电出版社
www.waterpub.com.cn
·北京·

内 容 提 要

　　本书是在对篮球运动进行长期研究、搜集大量相关资料的基础上撰写的,并借鉴参考了诸多学者的相关研究,是关于校园篮球运动发展研究成果的结晶。

　　本书以健康中国作为背景来对校园篮球运动发展进行研究,从整体上来看,本书能够将校园篮球运动的发展同健康中国建设进行有机结合,能够较为清晰地阐述健康中国同校园篮球运动发展的关系。

　　本书语言简练、结构清晰、内容丰富,系统性、时代性、创新性等特点显著,还具有非常高的参考和借鉴价值。在我国当前健康中国背景下,本书对于我国校园篮球运动的发展有着一定的指导意义。

图书在版编目（C I P）数据

健康中国背景下校园篮球运动发展研究 / 王金林著
. -- 北京 : 中国水利水电出版社, 2018.5 （2024.1重印）
　ISBN 978-7-5170-6570-8

　Ⅰ. ①健… Ⅱ. ①王… Ⅲ. ①篮球运动－校园体育－
发展－研究－中国 Ⅳ. ①G841

中国版本图书馆CIP数据核字(2018)第140561号

书　　　名	**健康中国背景下校园篮球运动发展研究** JIANKANG ZHONGGUO BEIJING XIA XIAOYUAN LANQIU YUNDONG FAZHAN YANJIU	
作　　　者	王金林　著	
出版发行	中国水利水电出版社	
	（北京市海淀区玉渊潭南路1号D座 100038）	
	网址：www. waterpub. com. cn	
	E-mail：sales@waterpub. com. cn	
	电话：(010)68367658(营销中心)	
经　　　售	北京科水图书销售中心(零售)	
	电话：(010)88383994、63202643、68545874	
	全国各地新华书店和相关出版物销售网点	
排　　　版	北京亚吉飞数码科技有限公司	
印　　　刷	三河市元兴印务有限公司 2024年1月第2次印刷	
规　　　格	170mm×240mm　16开本　19.25印张　345千字	
版　　　次	2018年10月第1版　2024年1月第2次印刷	
印　　　数	0001—2000 册	
定　　　价	93.00 元	

前　言

　　健康是我国社会经济不断发展的基础条件,也是促进人的全面发展的必然要求,更是国家和民族繁荣富强的重要标志。在党的十八届五中全会上明确提出了要推进健康中国建设的战略,并由中共中央、国务院颁布了《"健康中国2030"规划纲要》。在健康中国背景下,体育运动作为促使人们身心健康的有效手段和重要保障,自然而然受到人们的关注。同时,学校作为培养下一代的重要场所,成了推进健康中国建设的一个重要方面。在校园体育运动中,篮球运动作为其中主要的内容之一,因其特有的运动形式以及竞技性、娱乐性、趣味性、集体性等特点,受到广大学生的欢迎和喜爱,成了校园中最为流行的运动项目之一。

　　当前我国校园篮球运动获得了蓬勃发展,同时为了更好地适应发展,在学校素质教育以及体育教学改革下,校园篮球运动也进行了更为深入的改革。在健康中国和全民健身运动背景下,校园篮球运动获得了更为积极的发展。基于此,特撰写《健康中国背景下校园篮球运动发展研究》一书,以为我国健康中国的建设以及校园篮球运动的更好发展提供科学指导。

　　本书共九章。第一章是健康中国及其发展背景阐述,内容包括健康中国发展的背景、《"健康中国2030"规划纲要》解读、健康中国背景下学生体质健康状况调查。第二章是健康中国与校园篮球运动的发展审视,对健康中国与校园篮球运动的关系、健康中国背景下校园篮球运动的发展现状分析、校园篮球运动的发展策略进行研究。第三章是健康中国背景下我国校园篮球运动文化的构建与发展,包括篮球文化概述,篮球运动物质文化、精神文化、制度文化及其发展,以及篮球队文化及其建设的对策。第四章和第五章分别对健康中国背景下我国校园篮球运动教学发展和训练发展进行探索。第六章至第八章分别对健康中国背景下校园篮球运动队基本素养、校园篮球运动队技术素养与战术素养展开研究。第九章主要研究了健康中国背景下校园篮球运动队伍后备人才的培养与发展探索,内容包括我国篮球后备人才培养的现状分析、校园篮球后备人才的选拔、校园篮球后备人才培养的理念、校园篮球后备人才培养体制的建立与完善等。

　　本书以健康中国作为背景来对校园篮球运动发展进行研究。从整体上来看,本书能够将校园篮球运动的发展同健康中国建设进行有机结合,能够较为清晰地阐述健康中国同校园篮球运动发展的关系。从理论层面,本书论述了健康中国及其发展背景,健康中国与校园篮球运动的发展,同时也对健康中国背景下我国校园篮球运动文化的构建与发展、校园篮球运动的教学与训练发展进行探索。从实践层面,本书对健康中国背景下校园篮球运动体能、心理和智能训练、技战术训练以及篮球后备人才的培养与发展进行研究。由此可见,在我国当前健康中国背景下,本书对于我国校园篮球运动的发展有着一定的指导意义。

在撰写本书的过程中,参考和借鉴了专家和学者的研究成果和资料,在此表示最真挚的谢意。由于精力有限,书中难免存在不妥之处,请广大读者批评指正。

作 者

2018 年 3 月

目　录

第一章　健康中国及其发展背景阐述

近年来,不同年龄段的学生体质健康水平均出现了下降情况,这引起了很多人的注意。国民体质健康水平与环境、行为方式、体育锻炼、生活观念及医疗条件等因素有直接的关系。体质健康水平的下降会对整个民族素质的提升和社会的稳定发展造成消极影响,对此,我国提出了健康中国的战略,并对未来十几年健康中国战略的实施作了规划。本章首先对"健康中国2030"的背景进行阐述,然后重点解读《"健康中国2030"规划纲要》,最后以国家体育总局发布的《2014年国民体质监测公报》为参考,对学生体质健康状况进行调查。

第一节　健康中国发展的背景

健康中国战略构想是我国在建设和实现健康中国的过程中,持续不断进行着关系到民生、健康等多方面的思考与探索活动,它处于不断发展和完善之中。本节重点结合"健康中国"的相关系列纲领政策进行深入解读。

一、"健康中国"的战略构想

(一)"健康中国2020"

在2007年中国科协年会上,时任卫生部部长陈竺公布了"健康护小康,小康看健康"的战略。

2008年,为积极应对我国在健康方面切实存在的问题和挑战,卫生部启动了"健康中国2020"战略研究。陈竺指出,"健康中国"战略是一项旨在全面提高全民健康水平的国家战略。《"健康中国2020"战略研究报告》包括总报告和以下6个分报告:

(1)《公共卫生研究》。

(2)《促进健康的公共政策研究》。

(3)《科技支撑与领域前沿研究》。

(4)《药物政策研究》。

(5)《中医学研究》。

(6)《医学模式转换与医药体系完善研究》。

在"健康中国 2020"战略研究中正式提出了"健康中国"战略思想,这对我国在新时期的卫生事业发展和全民健康发展提供了重要战略决策参考和建议。

(二)"十三五"规划

2015 年 10 月 29 日,中共中央发布了《中国共产党第十八届中央委员会第五次全体会议公报》,对中国共产党未来"十三五"规划的建议做出详细阐述。

在医疗健康领域,"十三五"规划明确提出了推动"健康中国"的五大发展战略,具体内容如下。

(1)推进健康中国建设,深化医药卫生体制改革,实行医疗、医保、医药联动。

(2)建立更加公平、更可持续的社会保障制度,实施全民参保;养老金全国统筹;实施大病保险制度。

(3)实施食品安全战略。

(4)积极开展应对老龄化行动。

(5)促进人口均衡发展,全面实施一对夫妇可生育两个孩子政策。

(三)《全民健身计划(2016—2020)》

《全民健身计划》是我国全民健身事业发展的重要指导性文件,是我国大众体育管理的法规性文件,是我国大众健康发展的指导性文件。

我国于 1995 年首次颁布了《全民健身计划纲要》,对未来我国发展全民健身和开展全民健身活动,完善各项卫生健康工作作出具体的指示。

经过全民健康工作的长期探索和有效推动,我国不断对全面健身计划进行补充和完善。

2016 年 6 月,我国颁布和实施《全民健身计划(2016—2020)》,这为新时期的全民健身新时尚、建设健康中国等一系列全民健身工作内容作出了具体部署。《全民健身计划(2016—2020)》中明确指出,"深化体育改革、发展群众体育、建设健康中国"。

《全民健身计划》系列纲领性文件的不断推出,对我国健身事业的发展和国民体质健康水平的提高发展具有重要的促进意义。

二、"健康中国"的正式提出

（一）2016年全国卫生与健康大会

2016年8月19—20日，全国卫生与健康大会在北京召开，习近平主席出席会议并发表重要讲话，指出"人们常把健康比作1，事业、家庭、名誉、财富等就是1后面的0，人生圆满全系于1的稳固"。

正所谓"民之所望，政之所向"。习近平总书记在2016年全国卫生与健康会议上的重要讲话，指出"要把人民健康放在优先发展的战略地位"，在新时期重点关注民生建设，提出"健康中国"的概念，并对"健康中国"建设作出全面部署。

"健康中国"是2016年全国卫生与健康大会讲话内容的重要和高度概括，致力于实现"两个一百年"奋斗目标、实现中华民族伟大复兴的中国梦奠定健康基础。

习近平总书记在关于"健康中国"方面的重要讲话可概括为以下内容。

（1）健康是促进人全面发展的必然要求，是社会发展的重要基础，是国富民强的标志。因此，应不断完善医疗卫生服务体系，提高我国公共卫生的整体实力和疾病防控能力。

（2）当前，受多种因素影响，如工业化、城镇化、老龄化，我国多重疾病威胁并存、多种健康影响因素交织，在此背景下，健康中国建设的推进过程中要坚持中国特色卫生与健康发展道路，把握好相关重大问题。

（3）坚持正确的卫生与健康工作方针，以基层为重点，以改革创新为动力，"将健康融入所有政策""人民共建共享"，不断完善制度、扩展服务、提高质量。

（4）重视少年儿童健康，全面加强学生卫生与健康工作，促进青少年儿童健康生长发育。

（5）坚决贯彻预防为主方针，做到防治结合、联防联控、群防群控，最大程度减少患病人群。

（6）重视重点人群健康，保障妇幼健康，完善老年人健康医疗服务，关注流动人口健康、实施健康扶贫。

（7）倡导健康文明的现代生活方式，树立"大卫生""大健康"观念，将"以治病为中心"转变为"以人民健康为中心"，建立健全的全民健康教育体系。

（8）切实解决影响人民群众健康的突出环境问题，建设健康、宜居、美丽的家园。

(9)加大心理健康研究,做好心理健康科普工作,规范心理健康服务。

(10)贯彻落实食品安全法,完善食品安全体系,加强食品安全监管,从农田到餐桌严格把关,严控每一道防线。

(11)牢固树立安全发展理念,不断完善、健全公共安全体系,努力减少公共安全事件对人民生命健康的威胁。

(12)完善人口健康信息服务体系建设,推进健康医疗大数据的应用。

(13)深化医药卫生体制改革,全社会营造出尊医重卫的良好风气,打赢这场攻坚战。

(14)振兴中医药,加强中医药健康养生文化创新,促进中西医协调发展。

(15)积极参与国际上健康的相关研究和谈判,完善我国国际公共卫生紧急援外工作机制,加强同"一带一路"倡议沿线国家在卫生与健康领域上的合作。

从当前来看,健康中国建设的全面推进需要全社会的共同参与和支持,健康中国之路任重而道远。

（二）《"健康中国 2030"规划纲要》

2016 年 10 月 25 日,中共中央、国务院发布《"健康中国 2030"规划纲要》,在文件中明确提出了要"发展群众体育产业,促进全民健身与全民健康的深度融合",为我国在"健康中国"之路上的进一步科学发展提供了及时的、新的参考意见和建议。关于《"健康中国 2030"规划纲要》的具体实施,本章将在第二节着重介绍。

三、"健康中国"内容的深化

2017 年,中国共产党第十九次全国代表大会胜利召开,该次大会受到了举国上下的充分重视和国外的高度关注。当前,我国处于社会主义新时代,各族人民不忘初心,牢记使命,一张蓝图绘到底,撸起袖子加油干。十九大的经验总结,为中国未来的健康事业发展指明了方向。

（一）新时代、新目标

2017 年 10 月 18 日,中国共产党第十九次全国代表大会在北京隆重召开,总书记习近平代表第十八届中央委员会向大会做报告。在党的十九大报告中,习近平明确提出"不忘初心,牢记使命""决胜全面建成小康社会""实现中华民族伟大复兴",坚决贯彻和实施"健康中国"战略,"完善国民健康政策,为人民群众提供全方位全周期健康服务"。

十九大报告明确指出,当前,中国特色社会主义进入了新时代,新时代我国发展的总任务是"实现社会主义现代化和中华民族伟大复兴,在全面建成小康社会的基础上分两步走,在本世纪(21世纪)中叶建成富强民主文明和谐美丽的社会主义现代化强国",明确提出了"实施健康中国战略"的号召。

(二)新战线、新部署

十九大全方位地关注中国社会的全面发展。在国民健康领域,十九大作出了新的战略部署。

1. 大健康观勾勒健康中国宏伟蓝图

在十九大报告中提出了很多新的概念名词,其中"大健康观"成为一个热点名词。

大健康观是2016年全国卫生与健康大会提出的新理念。在十九大报告中,大健康观的核心与含义被再次阐述:大健康观提出的根本目的是"为人民群众提供全方位全周期健康服务",已经上升到国家战略的高度。大健康观从全局出发,关注到每个人的衣食住行和生老病死。

大健康观是多维的健康观,包括以下方面的因素。

(1)身体健康:让人民群众尽量少生病,有病能医,医病便捷乃至免费。

(2)精神健康:确保全体人民群众老有所依、老有所养,生活幸福健康。

(3)饮食健康:确保人民群众吃得放心、吃得有营养。

(4)生育健康:使人民群众有计划地、安全、放心生育。

(5)环境健康:确保全体人民群众拥有良好、适宜居住、美丽、健康的生活环境。

2. 改革体制,确保健康中国有序发展

党的十九大报告明确阐述了大健康观的地位和意义。大健康观关注所有人民群众从出生到死亡、从生理到心理、从生殖到居住环境等方面,涉及群众一生的、全面的健康,明确指出"人民健康是民族昌盛和国家富强的重要标志",可见党和国家非常重视人民健康问题。

在新时代,要确保人民群众的健康,就必须要建设健康中国,就必须要深化体制改革。

早在十九大以前,党和国家就在促进人民健康发展方面进行了很多改革与决策,取得了可喜的成就,使人民健康生活体制与环境得到极大改善,

如 2017 年 5 月 5 日,国务院颁布《深化医疗卫生体制改革 2017 年重点工作任务》,为十九大的全面体制改革打响了头阵。

十九大报告明确指出,要把人民的健康放在第一位,必须要进一步"深化医药卫生体制改革",全面建立"中国特色基本医疗卫生制度",构建并完善相关体系,具体来说有以下四大体系。

(1)公共卫生服务体系:加强基层医疗卫生服务体系建设、加强全科医生队伍建设。

(2)医疗服务体系:建立健全现代医院管理制度。

(3)医疗保障体系:建立健全我国的医疗保障制度。

(4)药品供应保障体系:建立健全药品供应保障制度。

中国特色基本医疗卫生制度的建立,旨在为人民群众提供优质高效的医疗卫生服务,确保人民群众能够健康、长寿。

3. 发展健康产业,推动健康中国建设

为更好、更快地推进健康中国建设,党的十九大报告要求我国在未来要大力发展健康产业。

健康产业是内容广泛、有着很大涵盖面积的产业,是多个产业的综合。健康产业有着巨大的发展潜力,有着广阔的市场前景,其必将成为国民经济增长的全新热点产业。格外重要的是,健康产业能提供大量就业机会,是促进人民群众健康的、利国又利民的产业。

十九大报告中高度重视发展健康产业,强调要从以下两个方面入手,促进健康产业的发展。

(1)传承发展中医药事业。

中医是我国传统医术体系,凝聚着中华民族先人的智慧结晶,是经过历史实践证明具有良好效果的医学,具有博大精深的体系。在当前,发展中医药不仅仅体现在人民群众健康的促进的重要意义上,还体现在国际竞争中弘扬中华民族传统文化、提高我国文化软实力上。

在党的十九大报告中第一次明确提出传承发展中医药事业,把传承发展中医药事业体现在"健康中国战略"的高度,要求我国中医药适应现代化的社会的发展,与国际医药接轨。

(2)加快老龄事业和产业发展。

我国早已进入到老龄化社会。伴随着诸多社会热点问题,如养老问题、医疗问题等,每个家庭和整个社会承受巨大的负担。因此,老龄化社会所带来的各种问题必须得到良好的应对和处理,这是建设健康中国的工作重点之一。

十九大报告高度重视养老问题,提出了"构建养老、孝老、敬老政策体系"的要求,营造良好的适宜居住和养老的社会环境,使老年人老有所居、老有所养。

4. 完善健康政策,促进健康中国发展

在 2016 年全国卫生与健康大会上,党中央提出了一系列建设健康中国的方针。2017 年党的十九大隆重召开,使健康中国发展的各项目标和决策更加明朗、更有力度。

十九大报告中重点强调了进一步完善我国各项具体的健康政策,强调要重点做好以下两方面的工作。

一方面,要坚持"疾控预防为主",针对人民群众的健康问题要高度关注,积极采取"预防为主、防治结合"的政策;报告中指出,要发挥我国爱国卫生教育的优良传统,"深入开展爱国卫生运动,倡导健康文明生活方式",有效防控重大疾病。

另一方面,促进生育与我国社会经济的发展相符,使生育政策与我国社会经济政策有效衔接。在未来,要加强我国人口发展战略研究。生育政策的实施能够对我国人口战略与健康中国战略的实施产生直接影响。

5. 关注食品安全,保障健康中国发展

十九大报告中形象地描述:"国以民为本,民以食为天,食以安为先,安以质为本,质以诚为根。"由此可见,食品安全问题始终是我国必须要面对和解决的民生问题,其直接影响到健康中国的发展。

党和国家始终重视食品安全问题。早在 2015 年,习近平总书记就提出"切实加强食品药品安全监管",在食品安全问题方面"最严标准、最严监管、最严处罚、最严问责"。

十九大报告中再次提出"实施食品安全战略,让人民吃得放心"。对食品安全问题的重点关注,充分显示了中国共产党将人民群众作为主体的重要执政理念,也充分体现出健康中国的建设必须全方面把好健康安全关。

6. 解决环境问题,确保健康中国发展

党的十九大报告对人民群众的居住安全环境问题进行了讨论和论述。特别强调要"着力解决突出环境问题,加大生态建设、环境执法力度"。切实维护人民群众的居住安全和健康环境,是我国建设法治国家、实现中华民族伟大复兴的客观要求,也是我国进入新的时代后,实施健康中国战略的必然要求。

第二节 《"健康中国 2030"规划纲要》解读

一、《"健康中国 2030"规划纲要》战略背景

《"健康中国 2030"规划纲要》的颁布和实施,其直接和根本目的是为了推进健康中国建设,提高人民健康水平。

2016 年 8 月 26 日,中共中央政治局召开会议,根据党的十八届五中全会战略部署制定《"健康中国 2030"规划纲要》,在会议中审议并获得通过。

2016 年 10 月 25 日,中共中央、国务院印发并实施《"健康中国 2030"规划纲要》。

二、《"健康中国 2030"规划纲要》战略概述

(一)战略意义

《"健康中国 2030"规划纲要》以马克思列宁主义、毛泽东思想、邓小平理论、"三个代表"重要思想、科学发展观为指导,坚持健康优先、改革创新、科学发展、公平正义四项基本原则,旨在为实现"两个一百年"奋斗目标和中华民族伟大复兴的中国梦提供健康基础。

首先,我国处于社会矛盾转型的新时期,制定、审议通过并实施《"健康中国 2030"规划纲要》是贯彻落实党的十八届五中全会精神的重要表现。

其次,颁布与实施《"健康中国 2030"规划纲要》是现阶段对人民健康进行保障的重大举措,对当前我国进入到全面建成小康社会的决胜期、加快推进社会主义现代化具有重大意义。

最后,《"健康中国 2030"规划纲要》的颁布和实施,是我国积极参与全球健康治理、履行我国对联合国"2030 可持续发展议程"承诺的重要举措。

(二)战略主题

《"健康中国 2030"规划纲要》的颁布进一步加快健康中国的建设进程,其战略主题为"共建共享、全民健康"。

1. 共建共享

在健康中国建设的推进过程中,共建共享是建设健康中国的基本路径。

健康中国的建设,要将健康分布到所有政策之中,在政府的主导与调动下,重点把握好基层建设,需要人人参与、人人尽力、人人享有。

具体来说,健康中国的共建过程中,需要从供给和需求两个方面同时发力,统筹社会、行业和个人三个层面,形成维护和促进健康的强大合力。

2. 全民健康

总体来看,全民健康是建设健康中国的根本目的。

建设健康中国,必须要立足全人群和全生命周期这两个着眼点,提高健康服务质量,使全民健康达到更高水平。

简单来讲,全民健康就是惠及所有人群,特别是特殊人群也应有权享受健康服务。在具体工作中,要重点做好妇女儿童、老年人、残疾人等群体的健康工作。

(三)战略目标

《"健康中国 2030"规划纲要》中对未来健康中国建设进程中的阶段性战略目标进行了明确的描述,具体如图 1-1 所示。

图 1-1

健康中国的建设在 2030 年将会进入关键性时期,到 2030 年应具体实现的健康目标主要包括五个方面的内容,即不断提升人民健康水平、有效控制健康危险因素、大幅提升健康服务能力、扩大加快健康产业规模、完善健康制度体系,具体参见表 1-1。

表 1-1　2030 年健康中国建设应实现的具体目标

目标	目标内容
提升人民健康水平	到 2030 年,使人均预期寿命达到 79 岁,人均健康的预期寿命大幅提升
控制健康危险因素	全面普及健康生活方式,基本上形成对健康有利的健康生产生活环境,有效地保障食品药品安全,消除一批重大疾病危害
提升健康服务能力	全面建立优质、高效的整合型医疗卫生服务体系;打造完善的全民健身公共服务体系;完善健康保障体系;健康科技创新实力达到世界前列;健康服务水平和质量显著提高
加快健康产业规模	构建完整体系、结构优化的健康产业体系,发展出一批创新能力强、具有国际竞争力的大型企业;使健康产业体系成为国民经济发展支柱产业
完善健康制度体系	进一步健全对健康有利的相关政策法律法规体系,基本实现健康领域治理体系和治理能力的现代化

在《"健康中国 2030"规划纲要》中,把健康中国建设的主要任务与目标放眼于未来的 20 年,这是对我国全民健康事业发展的长远规划与思考,具体参见表 1-2。

表 1-2　健康中国建设主要指标[①]

领域	指　标	2015 年	2020 年	2030 年
健康水平	人均预期寿命(岁)	76.34	77.3	79.0
	婴儿死亡率(‰)	8.1	7.5	5.0
	5 岁以下儿童死亡率(‰)	10.7	9.5	6.0
	孕产妇死亡率(1/10 万)	20.1	18.0	12.0
	城乡居民达到《国民体质测定标准》合格以上的人数比例(%)	89.6 (2014 年)	90.6	92.2

---

① "健康中国 2030"规划纲要[M]. 北京:人民出版社,2016.

续表

领域	指标	2015 年	2020 年	2030 年
健康生活	居民健康素养水平(%)	10	20	30
	经常参加体育锻炼人数(亿人)	3.6 (2014 年)	4.35	5.3
健康服务与保障	重大慢性病过早死亡率(%)	19.1 (2013 年)	比 2015 年降低 10%	比 2015 年降低 30%
	每千常住人口执业(助理)医师数(人)	2.2	2.5	3.0
	个人卫生支出占卫生总费用的比重(%)	29.3	28 左右	25 左右
健康环境	地级及以上城市空气质量优良天数比率(%)	76.7	>80	持续改善
	地表水质量达到或好于Ⅲ类水体比例(%)	66	>70	持续改善
健康产业	健康服务业总规模(万亿元)	65	>8	16

三、《"健康中国 2030"规划纲要》战略内容

(一)普及健康生活

1. 加强健康教育

在加强健康教育方面,首先要提高全民健康素养,其次要加强学生健康教育。

提高全民健康素养,必须重视基层健康服务体系的不断完善,要加强对家庭和高危个体健康生活方式的指导和干预,对此,应积极开展健康体重、健康口腔、健康骨骼等专项行动,到 2030 年,基本实现以县(市、区)为单位全覆盖。

加强学生健康教育,大力推进学校体育教育教学改革,提高学校体育在学校教育中的地位,培养学生良好的体育健康锻炼行为和终身体育意识的养成,提高学生参与体育锻炼的能力,并通过学生影响其周边的人。

2. 塑造自主自律的健康行为

健康的行为主要包括四个方面的内容,具体如图 1-2 所示。

图 1-2

对人民群众不同健康行为的引导应注意突出人群特点,体现出针对性。

首先,引导合理膳食。国家制定并实施国民营养计划,为人民群众健康饮食提供科学的参考,建立全民营养监测制度,针对重点区域、重点人群实施营养干预。预计到 2030 年,国民营养素养明显提高,营养缺乏疾病发生率降低,肥胖、超重人口增速得到明显控制。

其次,开展控烟限酒行动。一方面,提高控烟力度,全面推进控烟履约,室内公共场所全面禁烟,预计到 2030 年,15 岁以上吸烟人群减少 20%。另一方面,加大限酒健康教育,严控过度使用酒精,加强有害使用酒精监测。

再次,促进心理健康。加大心理健康宣传,建立健全心理健康服务体系。预计到 2030 年,常见精神障碍防治和心理行为问题识别干预水平显著提高。

最后,减少不安全性行为和毒品危害。加强社会治安管理,加强性传播高危人群综合干预;加强毒品危害宣传,健全全国戒毒医疗服务体系,减少毒品的社会危害。

3. 提高全民身体素质

提高全民身体素质应做好以下几个方面的工作。

(1)完善全民健身公共服务体系。预计到 2030 年,县、乡、村三级公共体育设施网络基本建成。

(2)实施国家体育锻炼标准,广泛开展全民健身运动,大力弘扬与推广我国传统体育项目和文化活动。

(3)加强体医融合和非医疗健康干预,发布体育健身活动指南,完善体质健康监测。

(4)关注特殊人群,积极干预和指导青少年、妇女、老年人、职业群体及残疾人等特殊群体科学参与体育健身。

（二）优化健康服务

1. 强化覆盖全民的公共卫生服务

首先，做好重大疾病的防控工作，集中把控慢性病、重大传染病的防控。

其次，关注人口健康发展，科学实施计划生育。预计到 2030 年，使全国出生人口性别比达到自然平衡。

最后，推进基本公共卫生服务均等化，关注城乡公共卫生服务的均等发展、关注流动人口健康问题。

2. 提供优质高效的医疗服务

首先，完善卫生医疗服务体系，根据常住人口和服务范围，使地区的医疗资源得到合理分配，建设完整、高效的整合型医疗卫生服务体系。预计到 2030 年，基本形成 15 分钟基本医疗卫生服务圈。

其次，创新医疗卫生服务供给模式。构建重大疾病防控机制，完善家庭医生签约服务，加快医疗卫生军民融合。

最后，提升医疗服务水平和质量。打造有中国特色、与国际接轨的医疗管控体系，形成国际化规范标准。全面实施临床路径管理；推进用药规范、用血安全；针对医疗服务加强人文关怀，构建和谐医患关系。

3. 充分发挥中医药独特优势

进一步提高中医药服务能力。预计到 2030 年，充分实现中医药在治疗中的主导作用、在重大疾病治疗中的协同作用、在疾病康复中的核心作用；发展中医养生保健治未病服务；推进中医药继承创新。

4. 加强重点人群健康服务

（1）关注母婴安全，关注妇女儿童的健康发育、成长和疾病防控。
（2）加强老年人健康管理。
（3）加强致残疾病以及其他致残因素防控，促进残疾人健康恢复。

（三）完善健康保障

1. 健全医疗保障体系

（1）完善全民医保体系。预计到 2030 年，全民医保形成稳定而成熟的体系。

(2)健全医保管理服务体系。预计到 2030 年,全民医保管理服务体系做到完善而高效。

(3)积极采取商业健康保险,落实税收等优惠政策,发展健康管理组织的新形式。

2. 完善药品供应保障体系

(1)深化药品、医疗器械流通体制改革。

(2)完善国家药物政策,巩固国家基本的药物制度。

(四)建设健康环境

1. 深入开展爱国卫生运动

重点做好两方面的工作。一方面,要持续不断地推进城乡环境卫生整洁行动,完善环境管理机制、改善城乡卫生环境,预计到 2030 年,我国居住环境明显改善,人与自然实现和谐发展。另一方面,深入实施农村安全饮水巩固提升工程,建立健全农村饮水安全保障体系。此外,要建立一批健康城市和乡镇,并在全国范围内示范推广。

2. 加强影响健康的环境问题治理

(1)深入开展大气、水、土壤等污染防治,推进流域共治和联防联控,改善环境质量。

(2)实施工业污染源全面达标排放计划,重点包括钢铁、水泥、石化等行业,推进行业达标排放改造。

(3)建立健全的环境与健康监测、调查和风险评估制度。

3. 保障食品药品安全

(1)加强食品安全监管,完善食品安全标准体系。预计到 2030 年,实现食品安全风险监测与食源性疾病报告网络全覆盖。

(2)强化药品安全监管,深化药品(医疗器械)审批制度改革,加强医疗器械和化妆品监管。

4. 完善公共安全体系

(1)加强安全生产,强化职业健康。

(2)促进道路交通安全。预计到 2030 年,力争使道路交通事故的死亡率下降 30%。

（3）预防和减少消费品安全伤害。

（4）提高突发事件应急能力。预计到 2030 年,基本实现城乡公共消防设施全覆盖;基本实现较完善的医学紧急救援网络全覆盖;道路交通事故死伤比降低到中等发达国家水平。

（5）健全口岸公共卫生体系,在出入境上把好健康、安全关。

（五）发展健康产业

1. 优化多元办医格局

制定健康医疗环境政策,鼓励民间正当行医、规范非公立医疗机构发展。

2. 发展健康服务新业态

积极促进健康与旅游、养老、健身休闲、互联网、食品等行业的发展融合,建立健康新业态、新产业、新模式,具体如图 1-3 所示。

互联网的健康服务　母婴照料服务　健康文化产业和体育医疗康复产业

健康医疗旅游行业　中医药健康旅游　健康服务产业集群

引导发展专业的检验中心、医疗形象中心、病理诊断中心和血液透析中心　反持发展第三方医疗服务评价、健康管理评价　鼓励社会力量提供食品药品检测服务

大力发展专业化、市场化的医药科技成果转化服务

图 1-3

发展基于互联网的健康服务,鼓励发展健康体检、咨询等健康服务,促进个性化健康管理服务发展,培育一批有特色的健康管理服务产业,探索推

进可穿戴设备、智能健康电子产品和健康医疗移动应用服务等发展。对母婴照料服务的发展进行规范,并对体育医疗康复产业和健康文化产业进行培育。制定健康医疗旅游行业标准、规范,打造具有国际竞争力的健康医疗旅游目的地。对中医药健康旅游进行大力发展,打造一批知名品牌和良性循环的健康服务产业集群,扶持一大批中小微企业配套发展。

引导发展专业的医学检验中心、医疗影像中心、病理诊断中心和血液透析中心等。支持发展第三方医疗服务评价、健康管理服务评价,以及健康市场调查和咨询服务。对依靠社会力量提供食品药品检测服务给予鼓励。对科技中介体系进行发展,并对市场化、专业化的医药科技成果转化服务进行大力发展。

3. 促进医药产业发展

(1)加强医药技术的创新,健全质量标准体系。努力提升质量控制技术,增强自主创新能力。

(2)提升产业发展水平,促进专业医药园区发展,提高产业集中度。同时,努力提高国际竞争力,实现我国医药发展和医药产品的全面升级,使其向中高端迈进。

4. 发展健身休闲运动产业

深入优化市场环境,对多元主体培育加大力度,积极引导社会力量更好地参与到健身休闲设施的建设、运营之中。推动体育项目协会改革和体育场馆资源所有权、经营权分离改革,加大体育资源的开放力度,创新健身休闲运动项目推广普及方式,进一步健全政府购买体育公共服务的体制机制,形成综合的健身休闲服务体系。

大力弘扬体育健身俱乐部等形式的体育产业,不断丰富业余体育赛事的举办与推广,对山地、冰雪、汽摩、极限、航空、马术等具有消费引领特征的时尚休闲运动项目进行培育,打造具有区域特色的健身休闲示范区、健身休闲产业带。

(六)健全支撑与保障

1. 深化体制机制改革

(1)将健康融入所有政策的制定与实施上。各部门、各行业加强联动、沟通与协作,形成健康促进的合力。

(2)全面深化医药卫生体制改革,实施属地化和全行业管理。健全卫生计生全行业综合监管体系。

（3）完善健康筹资机制。一方面，健全政府健康领域相关投入机制；另一方面，充分调动社会组织、企业等的积极性，形成多元筹资格局。

（4）加快政府职能的转变，进一步简政放权、放管结合、优化服务，促进公平竞争，推进健康行业的科学发展。

2. 加强健康人力资源建设

（1）加强健康人才培养培训，预计到 2030 年，确保平均每 1000 人拥有 2～3 名社会体育指导员。

（2）创新人才使用评价激励机制，落实医疗卫生机构用人主权，落实医务人员工资政策，健全、创新人才评价机制。

3. 推动健康科技创新

（1）构建国家医学科技创新体系。加强科研创新网络建设，加强医研企结合，加强科卫协同、军民融合、省部合作。

（2）推进医学科技进步，强调自主科研创新，提高我国医学技术，加强药物（医疗器械）的开发与创新。

4. 建设健康信息化服务体系

（1）完善人口健康信息服务体系建设，规范和推动"互联网＋健康医疗"服务模式。预计到 2030 年，实现国家、省、市、县四级人口健康信息平台互通、共享、规范应用。

（2）全面深化健康医疗大数据在行业治理、临床和科研、公共卫生、教育培训等领域的应用。

5. 加强健康法治建设

从政府工作层面来说，不断健全医疗卫生、中医药、药品管理等方面的立法建设，制定行业规范标准，加强政府监督和行业自律，完善社会监督体系。

6. 加强国际交流合作

以双边合作机制为基础，促进我国和"一带一路"沿线国家卫生合作，积极参与全球卫生治理，全方位积极推进人口健康领域的国际合作。

（七）强化组织实施

建设健康中国，强化组织实施，应做好组织领导、社会氛围、实施监测三个方面的工作,具体如图 1-4 所示。

图 1-4

具体来说,做好以下工作。

首先,加强组织领导。进一步完善健康中国全局性领导工作,加强重大项目、重大政策、重大工程、重大问题、重要工作的科学安排、实施与管理。

其次,整个社会营造出良好氛围。通过政府引导,依靠社会多元媒体,在健康中国建设的意义、目标、任务、举措等方面进行大力宣传,使全社会形成健康共识,营造出全民健身氛围,激发全民参与体育健身的热情。

最后,做好实施监测。对《"健康中国 2030"规划纲要》的各项工作内容、计划、规划的科学实施进行监督、检测,并在实施《"健康中国 2030"规划纲要》的过程中,及时发现问题、总结经验,在保持大政方针不变的基础上,不断修正具体措施。

第三节 健康中国背景下学生体质健康状况调查

本节以国家体育总局公布的《2014 年国民体质监测公报》(以下简称《公报》)为参考,对我国学生体质健康状况进行调查与阐述。

2014 年,国家体育总局、教育部、科技部、国家民委、民政部、财政部、农业部、卫生计生委、国家统计局、全国总工会等 10 个部门联合在全国 31 个省(自治区、市)开展了第 4 次国民体质监测工作。

本次体质监测工作中,国家体育总局负责实施幼儿、成年人(包括大学生)和老年人群的体质监测工作;教育部负责实施儿童青少年(包括小学生和中学生)的体质监测工作。本次监测指标主要包含身体形态、身体机能和身体素质三个方面。

为方便统计与调查,作者将 7~12 岁界定为小学生,将 13~19 岁界定为中学生,将 20~24 岁界定为大学生。由于《公报》没有直接将大学生归为一类进行单独研究,而是直接将成年人按照一定的年龄段进行分类,因此本文直接引用"20～39岁成年人"这个年龄段作为大学生的数据,以供参考。

一、国民体质单项指标情况

(一)小学生单项指标总体情况

1. 身高

测试结果参见表1-3。

表1-3　小学生平均身高

年龄	7	8	9	10	11	12
男生(厘米)	126.6	132.0	137.2	142.1	148.1	154.5
女生(厘米)	125.1	130.5	136.3	142.6	149.3	153.7

2. 体重

测试结果参见表1-4。

表1-4　小学生平均体重

年龄	7	8	9	10	11	12
男生(千克)	26.6	29.9	33.6	37.2	41.9	46.6
女生(千克)	24.7	27.6	31.3	35.5	40.6	44.5

3. 胸围

测试结果参见表1-5。

表1-5　小学生平均胸围

年龄	7	8	9	10	11	12
男生(厘米)	60.6	63.2	66.0	68.4	71.5	74.1
女生(厘米)	58.1	60.4	63.4	66.6	70.6	73.6

4. 心率

测试结果参见表1-6。

表 1-6 小学生平均心率

年龄	7	8	9	10	11	12
男生（次／分钟）	87.9	86.9	86.6	85.9	85.6	84.4
女生（次／分钟）	88.6	87.3	86.9	86.8	86.4	84.7

5. 血压

测试结果参见表 1-7。

表 1-7 小学生血压

年龄	7	8	9	10	11	12
男生收缩压（毫米汞柱）	95.2	97.2	99.2	101.0	103.7	105.6
男生舒张压（毫米汞柱）	59.0	60.4	62.2	63.1	64.6	65.1
女生收缩压（毫米汞柱）	93.6	95.2	97.6	100.6	103.1	103.8
女生舒张压（毫米汞柱）	58.3	59.7	61.4	63.1	64.8	65.2

6. 肺活量

测试结果如表 1-8 所示。

表 1-8 小学生肺活量

年龄	7	8	9	10	11	12
男生（毫升）	1150.3	1329.9	1530.7	1734.4	1969.1	2272.6
女生（毫升）	1037.4	1184.7	1358.6	1564.4	1783.0	1976.2

7. 50 米跑

测试结果如表 1-9 所示。

表 1-9 小学生 50 米跑测试结果

年龄	7	8	9	10	11	12
男生（秒）	11.1	10.5	10.1	9.7	9.4	9.0
女生（秒）	11.6	10.9	10.5	10.2	9.9	9.7

8. 握力

测试结果如表 1-10 所示。

表 1-10　小学生握力测试结果

年龄	7	8	9	10	11	12
男生(千克)	10.4	12.5	14.3	16.1	19.0	22.9
女生(千克)	9.1	10.8	12.6	14.8	17.7	20.0

9. 立定跳远

测试结果如表 1-11 所示。

表 1-11　小学生立定跳远测试结果

年龄	7	8	9	10	11	12
男生(厘米)	10.4	12.5	14.3	16.1	19.0	22.9
女生(厘米)	9.1	10.8	12.6	14.8	17.7	20.0

10. 50 米×8 往返跑

测试结果如表 1-12 所示。

表 1-12　小学生 50 米×8 往返跑测试结果

年龄	7	8	9	10	11	12
男生(秒)	135.7	130.9	126.8	122.3	117.8	114.1
女生(秒)	139.4	134.8	130.6	125.6	121.4	120.6

11. 坐位体前屈

测试结果如表 1-13 所示。

表 1-13　小学生坐位体前屈测试结果

年龄	7	8	9	10	11	12
男生(厘米)	6.2	6.0	5.3	4.6	4.4	4.3
女生(厘米)	10.2	10.3	9.7	9.5	9.5	9.5

12. 斜身引体(男生)和 1 分钟仰卧起坐(女生)

测试结果如表 1-14 所示。

表 1-14   小学生斜身引体和 1 分钟仰卧起坐测试结果

年龄	7	8	9	10	11	12
男生(次数)	21.3	22.5	23.2	24.1	24.7	26.7
女生(次数)	19.3	22.6	24.6	26.6	28.1	27.9

(二)中学生总体情况

1. 身高

测试结果如表 1-15 所示。

表 1-15   中学生平均身高

年龄	13	14	15	16	17	18	19
男生(厘米)	161.4	166.5	169.8	171.4	172.1	172.0	172.4
女生(厘米)	157.0	158.7	159.4	159.8	159.8	159.4	160.2

2. 体重

测试结果如表 1-16 所示。

表 1-16   中学生平均体重

年龄	13	14	15	16	17	18	19
男生(千克)	52.0	56.2	59.5	61.5	63.3	63.5	63.5
女生(千克)	48.0	50.4	51.6	52.7	53.0	52.6	52.4

3. 胸围

测试结果如表 1-17 所示。

表 1-17   中学生平均胸围

年龄	13	14	15	16	17	18	19
男生(厘米)	77.3	79.9	82.0	83.5	85.0	85.3	85.8
女生(厘米)	76.3	78.3	79.1	80.2	80.9	80.6	80.8

4. 心率

测试结果如表 1-18 所示。

表 1-18　中学生平均心率

年龄	13	14	15	16	17	18	19
男生（次/分钟）	83.2	82.5	81.0	80.2	79.9	79.2	78.1
女生（次/分钟）	83.6	83.2	82.3	81.5	81.3	81.0	79.6

5. 血压

测试结果如表 1-19 所示。

表 1-19　中学生平均血压

年龄	13	14	15	16	17	18	19
男生收缩压（毫米汞柱）	108.8	111.7	113.4	114.2	116.1	116.3	115.7
男生舒张压（毫米汞柱）	66.7	68.5	69.7	70.4	71.7	72.1	72.4
女生收缩压（毫米汞柱）	105.0	106.8	106.3	106.6	107.2	107.5	107.9
女生舒张压（毫米汞柱）	66.2	67.5	67.2	67.5	68.1	68.5	68.1

6. 肺活量

测试结果如表 1-20 所示。

表 1-20　中学生平均肺活量

年龄	13	14	15	16	17	18	19
男生（毫升）	2667.5	3045.1	3369.0	3575.7	3726.8	3772.3	3924.6
女生（毫升）	2132.8	2261.7	2345.0	2423.7	2450.7	2431.3	2574.0

7. 50 米跑

测试结果如表 1-21 所示。

表 1-21　中学生 50 米跑测试结果

年龄	13	14	15	16	17	18	19
男生（秒）	8.5	8.2	7.9	7.7	7.6	7.7	7.6
女生（秒）	9.6	9.6	9.6	9.7	9.7	9.8	9.6

8. 握力

测试结果如表 1-22 所示。

表 1-22　中学生握力测试结果

年龄	13	14	15	16	17	18	19
男生(千克)	28.7	33.4	37.4	39.9	41.9	43.0	42.6
女生(千克)	22.2	23.5	24.4	25.1	25.6	25.9	26.1

9. 立定跳远

测试结果如表 1-23 所示。

表 1-23　中学生立定跳远测试结果

年龄	13	14	15	16	17	18	19
男生(厘米)	185.6	198.9	212.2	219.9	224.2	225.8	222.8
女生(厘米)	156.7	159.5	164.5	166.0	166.5	166.2	165.5

10. 引体向上(男生)和 1 分钟仰卧起坐(女生)

测试结果如表 1-24 所示。

表 1-24　中学生引体向上(男生)和 1 分钟仰卧起坐(女生)测试结果

年龄	13	14	15	16	17	18	19
男生(次数)	1.9	2.7	3.4	3.8	4.2	4.5	4.8
女生(次数)	28.9	30.1	31.4	31.6	31.5	30.7	30.1

11. 1000 米跑(男生)和 800 米跑(女生)

测试结果如表 1-25 所示。

表 1-25　中学生 1000 米跑(男生)和 800 米跑(女生)测试结果

年龄	13	14	15	16	17	18	19
男生(秒)	300.4	281.8	269.6	265.7	264.5	263.7	260.5
女生(秒)	266.5	261.3	257.6	260.7	261.9	261.3	253.1

12. 坐位体前屈

测试结果如表 1-26 所示。

表 1-26　中学生坐位体前屈测试结果

年龄	13	14	15	16	17	18	19
男生（厘米）	5.9	7.2	9.1	10.1	10.6	11.0	11.6
女生（厘米）	10.7	11.5	12.6	13.2	13.4	13.6	14.6

（三）大学生总体情况

1. 身高

《报告》结果显示，在 20～24 岁大学生平均身高上，男生为 171.9 厘米，女生为 159.9 厘米。

2. 体重

《报告》结果显示，在 20～24 岁大学生平均体重上，男生为 67.2 千克，女生为 53.8 千克。

3. 胸围

《报告》结果显示，在 20～24 岁大学生平均胸围上，男生为 88.4 厘米，女生为 83.3 厘米。

4. 腰围

《报告》结果显示，在 20～24 岁大学生平均腰围上，男生为 79.5 厘米，女生为 71.8 厘米。

5. 臀围

《报告》结果显示，在 20～24 岁大学生平均臀围上，男生为 93.0 厘米，女生为 90.3 厘米。

6. 皮褶厚度

《报告》结果显示，在 20～24 岁大学生平均皮褶厚度上，男生的上臂部、肩胛部、腹部分别为 13.1 毫米、15.9 毫米和 20.5 毫米；女生的上臂部、肩胛部、腹部分别为 17.1 毫米、16.3 毫米和 21.3 毫米。

7. 心率

《报告》结果显示，在 20～24 岁大学生平均心率上，男生为 78.3 次/分钟，女生为 79.5 次/分钟。

8. 血压

《报告》结果显示，在 20～24 岁大学生平均血压上，男生的收缩压和舒张压分别为 119.4 毫米汞柱和 74.8 毫米汞柱，女生的收缩压和舒张压分别为 109.8 毫米汞柱和 70.5 毫米汞柱。

9. 肺活量

《报告》结果显示，在 20～24 岁大学生平均肺活量上，男生为 3746 毫升，女生为 2482 毫升。

10. 握力

《报告》结果显示，在 20～24 岁大学生平均握力上，男生为 44.9 千克，女生为 26.3 千克。

11. 坐立体前屈

《报告》结果显示，在 20～24 岁大学生坐立体前屈测试上，男生为 8.5 厘米，女生为 11.4 厘米。

12. 1 分钟俯卧撑（男生）和 1 分钟仰卧起坐（女生）

《报告》结果显示，20～24 岁大学生中，男生 1 分钟俯卧撑测试的平均结果为 27.1 次，女生 1 分钟仰卧起坐测试的平均结果为 21.1 次。

二、国民体质变化情况

(一)中、小学生

《报告》中指出，与 2010 年相比，2014 年我国城乡学生的身体形态发育水平继续保持提高态势，但在某些方面也有下降，具体体现在以下方面。

（1）身高、体重和胸围等指标的发育上继续提高。

（2）肺活量继 2010 年出现上升拐点之后,体现出持续上升的趋势。

（3）城乡学生营养不良检出率进一步下降,基本不存在重、中度营养不良的情况。

（4）乡村小学生蛔虫感染率持续降低。

（5）中、小学生身体素质总体呈现出稳中有升的趋势。

（6）大学生身体素质继续下降。具体表现为视力不良检出率依然很高,且继续呈现低龄化倾向,各年龄段大学生的肥胖率依旧保持上升态势。

（二）大学生

《报告》中表明,与 2010 年相比,包括大学生在内的 20～39 岁男性成年人皮褶厚度（肩胛部和腹部）、俯卧撑、腰围、臀围、胸围、体重、身高、纵跳、肺活量等指标均有所增长；闭眼单脚站立、背力、握力、坐位体前屈、选择反应时、上臂部皮褶厚度、台阶指数等指标出现下降,具体如图 1-5 所示。

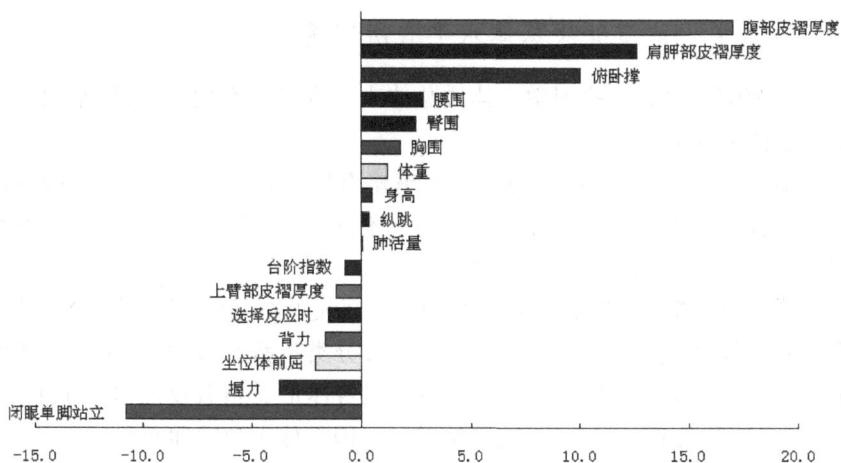

图 1-5

包括大学生在内的 20～39 岁女性成年人的皮褶厚度（上臂部、肩胛部和腹部）、仰卧起坐、胸围、选择反应时、体重、腰围、纵跳、臀围、肺活量、身高、坐位体前屈等指标都有增长；闭眼单脚站立、背力、握力、台阶指数等指标有所降低,具体如图 1-6 所示。

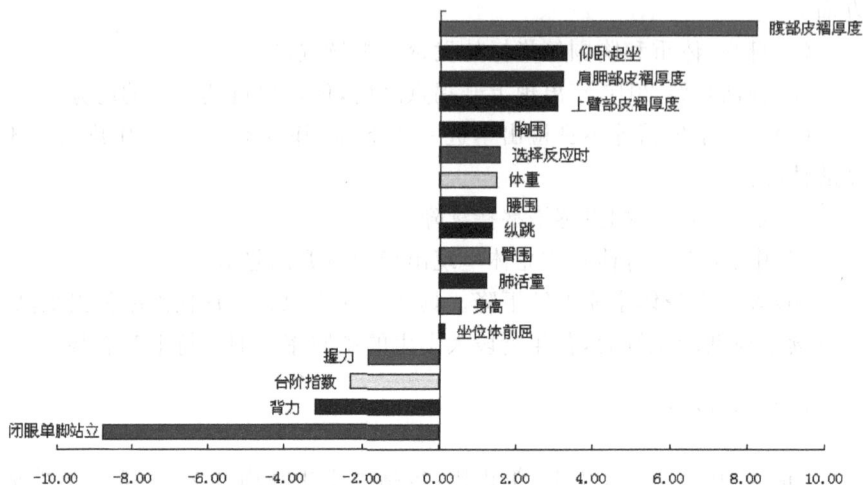

图 1-6

三、总体结论

（一）学生体质健康总体水平有所回暖

与 2010 年相比，我国学生体质总体来看水平略有增长，具体来说反映在以下两个方面。

第一，2014 年学生体质的总合格率略有增长，包含学生在内的所有国民体质合格率较 2010 年增长了 0.7%。不同年龄、性别以及城乡人群都呈现增长态势，乡村学生和女生尤为明显。

第二，从《报告》中可以看出，我国城乡居民的"国民体质综合指数"总体水平有所提高，总体增长了 0.15。从三大分类指数来看，身体机能指数增长了 1.13，身体素质指数增长了 0.01。但身体形态指数反而出现了下滑，比 2010 年降低了 0.01，出现这种情况的原因是体重超重和肥胖。

（二）身体形态水平保持增长，超重肥胖增幅降低

《报告》中指出，相比 2010 年，我国大学生的身高、体重、胸围、皮褶厚度等身体形态指标有所增长。事实上，自 2000 年以来，包括学生在内的我国各年龄层人口的身高、体重、皮褶厚度等指标均呈现出持续增长的趋势，体重、皮褶厚度等指标的增幅均高于身高。

根据我国 BMI 的等级标准进行评估，2014 年包括大学生在内的成年

人超重率达到了 32.7%，比 2010 年增长了 0.6%；肥胖率为 10.5%，比 2010 年同样增长了 0.6%。从《报告》中的数据可以看出，超重与肥胖问题已经成为我国学生体质健康的主要问题。虽然从 2014 年数据来看，超重率与肥胖率的增速放缓，但整体依然居高不下确是不争的事实，因此不能说增速放缓了就说明我国学生体质健康问题已经解决了，增幅降低说明近年来在体质健康方面做的工作是有成效的，但还未取得最终胜利。

（三）身体机能和身体素质稳中有升，握力指标持续下降

《报告》数据显示，大学生群体握力呈明显下滑趋势。这表明，大学生的力量素质普遍下滑明显，对于健康中国背景下校园篮球运动发展的研究来说要格外注意。

第二章 健康中国与校园篮球运动的发展审视

篮球运动作为一项综合性的体育项目,将团体配合、健身、趣味性、竞技性融合在一起,一直深受学生的喜爱。由 NBA 掀起的篮球时尚热潮席卷全球,也让篮球逐渐走进校园,成为学校最为普及的体育运动项目之一,极大丰富了学生的校园文化生活。篮球运动不仅可以锻炼学生的体魄,磨炼学生的意志品质,培养学生的心理素质,而且可以培养学生努力拼搏的意识与团队合作能力,对学生的身体素质和心理素质都产生了一定的积极影响。当前,"健康中国"治国理政新理念的提出,为校园篮球运动的发展注入新的动力,正在加速构建以人民健康为核心的"大体育"机制体制,营造健康的校园体育文化氛围,激发学生积极参与篮球运动的兴趣和热情。为此,本章深入分析了健康中国与校园篮球运动的关系,探讨了健康中国背景下校园篮球运动发展的现状,针对存在的问题,基于"健康中国"导向,提出校园篮球运动发展的策略,旨在促进校园篮球运动的进一步发展。

第一节 健康中国与校园篮球运动的关系

现代社会是一个知识密集、信息爆炸的时代,在新技术革命与国际竞争愈演愈烈的时期,我国正面临着以经济建设为中心的历史性转变,在体育领域,由体育大国向体育强国迈进。建设体育强国的中国梦需要年轻一代健康良好的身体素质作为坚实基础,推动我国体育事业不断发展是中华民族伟大复兴事业的重要组成部分。近几年来,篮球运动在我国校园里掀起了篮球运动的热潮,普及和提高篮球运动成了学校和社会的重中之重。学生通过参与篮球运动,开始更加关注自己的身体状态,以更强健的体魄来应对繁重的学业和学习压力,降低学生的心理负担。

一、校园篮球运动的概念

校园就是学校,为学生提供学习、休息、娱乐的场所。篮球运动就是将球投入悬置在高处的篮筐内进行比赛的一项球类运动。篮球运动分为上下半场,共分为四节,每节 12 分钟,以全场得分多者为胜。校园篮球运动就是篮球运动在学校开展,学生和教师为参与的主体,比赛场地设在校园内,以篮球为主要内容和运动手段。

1895 年,我国最早在天津、北京等校园内开展校园篮球运动,但是受到当时客观社会历史条件的限制,校园篮球运动并没有得到普及和被广大学生认可。随着新中国的成立和经济、文化的不断发展,校园篮球运动得到了快速发展,CUBA 联赛和大超联赛相继成立,校园篮球运动才得到了普及,进入到了一个崭新的发展阶段。

二、校园篮球运动的特点

（一）社会性

当今社会物质文明和精神文明高度发展,人们对篮球运动的不同需要使篮球运动具有了两大基本特征和功能:一种是为竞技运动而生,专门提高竞技水平和竞技能力的竞技篮球运动;另一种就是为大众运动而存在,目的是提高参与者的身体素质和健康水平的群众篮球运动。

竞技篮球运动有高度发展的科学技术为基础,以先进的理论与训练方法为指导,有专业的教练员、运动员、医护员、后勤保障人员为支撑,以提高竞技水平和竞技能力为目的,具有竞技性、专业性和商业性的特征。

校园篮球运动可以说是一种群众篮球运动。与竞技篮球运动不同,群众篮球运动以健康第一的思想为指导,以社会各阶层普通民众为基础,以丰富业余生活、强身健体、娱乐身心为目的,具有健身性和娱乐性的特征。

群众篮球运动对大部分年龄段的人来说都比较具有可操作性,拥有广泛的群众基础,目前开展较好的有"耐克杯三对三"和"肯德基三对三"比赛等形式。在校园里经常也会看到一群认识或不认识的人分为三个或四个队轮换进行"三对三"或"四对四"的"打擂台"活动,事先预定好进球个数,当一个队的总进球数达到设定值后,对手下台,另一队上擂台挑战。

这种自发组织的校园篮球运动,可以没有裁判,没有时间限制,但是比赛依旧很激烈,体现了校园篮球运动的社会性。篮球运动对参与者的身体素质还是有一定要求的,参与者在潜移默化中提升了自身的综合素质,如社交能力、团队精神、体能素质等,因此,校园篮球运动具有社会教育价值。

（二）健身性

现代社会的发展,给人们带来了诸多便利,但是也使得各种"文明病"侵害着学生的生理和心理健康,加上不良生活习惯和生活方式的负面影响,

"肥胖症""高度近视"等各种健康问题困扰着年轻一代,日益受到政府和社会的关注。

篮球运动作为综合性较高的体育运动走入大众的视野,篮球竞赛中需要灵活运用各种技战术,对掌握的理论知识能够运用在实际操作上,这就需要学生在这个过程中注意走、跑、跳动作的协调配合,使学生在进行篮球活动时达到健身的目的,培养团队合作精神,起到了放松的作用,减轻平时学习所承受的压力和负担,释放不良情绪,增添学习生活的趣味性。

三、校园篮球运动的发展

篮球运动传入我国已有 100 多年的历史,随着时代的发展变迁,篮球运动影响了一代又一代人,校园篮球运动作为竞技篮球运动的发展基础,从一开始在少数城市中开展,到普及到全国各地,从新中国建立邀请外国专家在上海体院招收首批篮球专选学生,到建立 CUBA 联赛、推出以"为梦想而战"为口号的全国大学生 CUBS 联赛,校园篮球运动的发展历经坎坷,目前篮球事业蒸蒸日上,培养出姚明、王治郅为代表的享誉海内外的篮球明星。

1895 年美国基督教青年传教士将篮球运动传入我国,此后天津基督教会举行第一次篮球比赛的表演,篮球运动就从天津逐渐走向全国,中国第 2 届全运会上,1914 年篮球运动被列为正式比赛项目。由于篮球运动的趣味性和竞技性,篮球运动很快在社会中得到了广泛开展,成为大众参与率较高、广受欢迎的运动项目。

在校园篮球运动的发展初期,受制于当时社会历史条件,篮球运动也仅仅是在有限的几个城市得到了开展,随着新中国的建立,篮球运动在学校中得到广泛普及。我国运动水平最高的篮球运动员以及执教能力最强的教练员都云集于各大高校之中,随后我国历经特殊的非凡变革时期,竞技体育事业从学校教育中剥离出来逐渐发展成为军事专用工具,校园篮球也独立于教育系统之外。随着社会的发展,篮球运动又回到了校园并得以蓬勃发展。

四、健康中国与校园篮球相辅相成

(一)健康中国指引校园篮球运动的发展

健康中国是一项国家战略,目的是全面提高全民健康水平,到 2020 年,主要健康指标基本达到中等发达国家水平。树立大卫生、大健康的观念,建立健全健康教育体系,提升全民健康素养,推动全民健身和全民健康深度融合,遵循健康优先、改革创新、科学发展、公平公正的原则。

　　健康中国中的健康指很多方面,包括社会各个方面的健康,涉及体育、卫生、医疗、文化等。健康中国的目标不只是要求大众身体健康,更是一种大健康,涉及身体、环境、经济、社会四位一体的健康理念,为全体人民服务,满足人民群众不断增长的健康需求,形成自主自律、符合自身条件的健康生活方式,形成热爱健康、追求健康、促进健康的社会氛围。

　　《"健康中国2030"规划纲要》中提到要实施青少年体育活动促进计划,学校要注重培养学生的体育爱好和兴趣,掌握至少一项以上的体育运动技能,学生在学校每天进行体育活动的时间不能少于1小时。到2030年,学校体育场地设施与器材的配置达标率要达到100%,学生每周进行体育活动达到中等强度达到3次以上,国家学生体质健康标准达标优秀率达到25%以上。

　　从《纲要》中可以看出,国家对青少年的体质健康提出了更高要求,篮球运动作为学校体育教学的重要运动科目,健康中国对学生健康的标准就是校园篮球未来发展的目标,健康中国为校园篮球的发展指明了方向,各种形式的篮球教学和训练活动的最终目的都是提高学生的体质健康水平,充分发挥篮球运动的健身价值。

　　(二)校园篮球运动是健康中国的重要组成部分

　　学生的体质健康与国家未来的发展息息相关,学生健康的体魄直接关系到中华民族的兴衰荣辱。在建设健康中国的大环境下,将学校体育纳入到大健康教育的格局中,才能激发体育教学的生机与活力,才更能体现出体育教学在体育教育中的独特地位和作用。

　　篮球是学校体育教学中最普遍的运动项目,具有较好的健身价值,可以提高学生整体的体质健康水平。校园篮球运动会直接影响到学生的体质健康情况,因此,学校要大力发展篮球运动,增进学生的身体素质,促进"健康中国"建设计划的顺利实施。

第二节　健康中国背景下校园篮球运动发展的现状分析

一、校园篮球运动发展的现状

　　校园篮球比赛相比于竞技篮球比赛,如NBA、CBA,在球技上缺少看点,更偏向于趣味性和文化性,但是校园篮球比赛却更容易吸引青少年的关注,像刘晓宇、李浩南这样的草根明星球员就是在青少年比赛中挖掘出的新星,是年轻人追逐梦想的代表。校园篮球运动中激情与学生青春活力的年龄特征实现了一种契合,因此篮球活动在校园中非常容易引起共鸣。

篮球运动作为深受学生喜爱的一种运动项目,可以引导学生快速融入集体,培养集体荣誉感,加强集体凝聚力,平时学业负担过重的学生们通过参与篮球运动,走出教室,走向操场,挥洒汗水,顽强拼搏,有利于学生的身体健康和心理健康发育。

(一)政策支持校园篮球发展

在健康中国理念的促进下,政府加大了对校园篮球运动在政策、资金、项目等方面的投入,倡导"健康生活,高效学习"的理念,开展丰富多彩的篮球健身活动。将校园篮球运动发展纳入"十三五"篮球运动的发展规划中,在政策上大力支持校园篮球的发展,根据《篮球运动法》,制定出台了关于加强篮球运动工作的意见等系列配套文件。

学校层面增加了对校园篮球事业的财政预算投入,激起了校园篮球运动热潮,完善校园篮球基础设施建设,各种类型的学校大面积拓展运动场地,开设门类齐全的健身项目,购置一大批篮球运动设施设备,满足学生们多样化的健身需求。

有条件的各级学校还建立篮球运动健康信息咨询平台,定期向学校师生宣传篮球运动的基础知识,提供校园篮球运动的相关信息服务,如场馆设施的使用时间、管理制度,对学生进行科学的健身方法指导,设置健身方面的温馨提示等,学生们可以更加便捷地享受校园篮球运动服务。

2017年11月,中国篮球协会宣布启动中国小篮球发展计划,出台《小篮球规则》。这一规则的出台是为了推动青少年篮球的发展,让孩子们能够走出教室,走出家门,走进球场,德、智、体、美、劳得到全面发展,同时也为中国篮球后备人才的选拔拓宽渠道。

《小篮球规则》以国际篮联《MINI篮球规则》为基础,按照小学六年学制划分为U12、U10、U8和U6等年龄组,宗旨在于激发孩子们的篮球兴趣,改变成人比赛规则,适合孩子们的身心发展规律,通俗易懂,遵循篮球发展规律为原则。小篮球的重量是580克,圆周74厘米,小篮板和低篮架也都是特定小规格,非常符合少年儿童的身体实际情况,满足青少年儿童的篮球运动需要。

小篮球规则删减了进入前场和进攻时间的限制,目的是给予小球员充分的进攻时间,组织有效的进攻,同时鼓励积极有效的防守。删减了可登记的暂停,比赛不允许区域防守,强调人盯人防守和个人技术的运用,以保持比赛的流畅性;因为小学生力量小、远投容易造成错误的动力定型而删减了3分投篮得分,以促进小球员掌握正确的投篮技术动作;删减了追加罚球,以鼓励积极主动的防守,保持比赛的流畅性。

这些特定的规则和设施都有助于降低少年儿童学习篮球入门技巧的难度,全面提升学生打篮球的激情和成就感。

(二)校园篮球活动内容丰富多彩

篮球运动发展的重要基础就是篮球活动本身,坚持大健康观,认真贯彻《篮球运动法》,教育主管部门是校园篮球运动的总指挥,制订校园篮球运动计划,以提高学生身体素质为目标,举办大型篮球竞赛活动,积极组织参加国家各类篮球比赛。

我国各地区学校的体育课程中都开设有篮球科目,基本上可以满足大多数学生对篮球运动的学习需求。目前都是以学校自行编写的教学大纲为主,基本上每学期设置 36 个学时,教学方法多采用传统的教学形式。

按照《教育部办公厅关于做好 2017 年青少年校园篮球特色学校遴选工作的通知》,认定并命名全国 1976 所中小学校为第一批全国青少年校园篮球特色学校。这些特色学校深入推进校园篮球教学改革,切实发挥示范引领作用,进一步强化体育课和课外锻炼,完善特色学校布局,切实提高学生体质健康水平。

北京市中小学生篮球冠军赛作为北京市青少年篮球运动发展的传统品牌赛事,历时 5 个月,设置高中男女组、初中男女组、小学男女组共 6 个组别。这一校园赛事积极推动了青少年篮球运动的发展,极大地丰富了学生们的校园文化生活,激发了学生群体参与篮球运动的热情,培养团队合作精神,展示出青少年良好的精神风貌,为培养高素质篮球运动员奠定基础。同时,也丰富了学生们的课余生活,通过比赛不仅认识了更多有相同兴趣爱好的朋友,促进了同龄人间的交流,而且提高了篮球技能,树立了比拼赶超的争先精神。

除了举办学校之间的比赛,还可以举办学校与政府、企业之间的篮球联谊比赛,积极推进学校与政府部门、企业的沟通和交流,学校内也可以开展贴近生活的群众趣味篮球运动会,促进群众篮球运动的蓬勃发展。多样的校园篮球活动内容,不仅丰富了学生们的篮球文化生活,身体素质得到提升,而且也成为校园精神文明建设中最重要、最和谐的元素和音符。

(三)校园篮球与体教结合

Jr. NBA 是 NBA 推广青少年篮球运动的平台,目的是通过基层篮球活动提高篮球运动在青少年中的参与度,提高青少年和教练员篮球运动水平和执教能力,使青少年体会到篮球运动的乐趣。NBA 在 2016~2017 赛季通过 Jr. NBA 项目,让全球 53 个国家和地区的 1800 万青少年感受到了篮球运动的独特魅力。Jr. NBA 联赛是面向在校学生的校际联赛。

2014 年,NBA 中国和教育部达成了战略合作伙伴关系,全面推进篮球运动在中国中、小学中的普及,除了举办 Jr. NBA 联赛外,还为来自全国的体育老师举办篮球教学培训,提升篮球教学水平,提高教师队伍的整体专业素质。教育部和 NBA 中国联合开发《全国中小学校园篮球教学指南——训练指导手册》和相应的训练指导视频,在 2016—2017 学年中,全中国 11 个省市的 525 所学校,在《手册》的指导下,开展每周一堂篮球课,超过 50 万的学生受益于此。

依托业余体校与人才基地、学校共同培育体育后备人才,初步形成"校为基础、互促共融、资源共享、人才共育、特色共建"的工作机制,充分发挥体校的作用,进一步加大篮球项目的申报创建工作,加强基础设施建设,营造良好的体教结合环境。

建设业余教练员队伍,努力提高教师队伍的整体素质和执教水平,对重大比赛中做出突出贡献的教练员、运动员予以奖励,激发运动员参与训练的积极性,培养教练员指导培训的专业性,让更多的体育爱好者参与篮球运动。发挥各级体育部门对体育竞技的杠杆作用,制定篮球业余训练制度,加强对各级校园篮球赛事的管理工作,每年定期举行区域性、多层次、分类别的校园篮球赛事,实现以赛促训的目的。

中国篮协和教育部下属的学生体协建立合作关系,最大限度提升体教结合工作的成效,在学生中普及篮球运动,提升校园篮球运动的质量,在和教育系统的合作中,打好篮球基础,做好篮球赛事。

2017 年 8 月,成立中国篮球协会篮球学院,中国篮球协会与上海体育学院集聚我国篮球运动和体育高等教育资源,合作打造国内一流、国际知名的特色学院。篮球运动的进一步发展需要复合型人才,包括篮球管理、市场开发、媒体从业、法律法规等方面的人才,特别需要专业院校的支持,为篮球改革发展创新出谋划策。

中国篮球协会篮球学院将创立"义务教育—中等教育—高等教育"一体贯通的精品办学模式,开展学历学位教育和高端培训,创新模式培养各类优秀篮球人才,吸纳国内外著名专家学者为中国篮球运动发展提供智力支撑,积极参与学校、社会篮球运动的普及和提高。

（四）校园篮球的产业化发展模式

近几年来,体育产业的发展都坚持"体育为主、文体并举、多业发展、保障运行"的思路,通过壮大发展体育产业,充分利用校园篮球运动的优势,开发校园篮球的市场潜力,带动校园篮球体育产业的稳步发展。

各级政府采取市场化的运作模式,举办校园篮球赛事、活动,通过企业冠名、广告、门票等实现收入,实现篮球比赛和篮球产业发展的双赢局面。积极招商引资,完善赛场配套服务,以商品销售带动产业发展。

肯德基全国青少年三人篮球冠军挑战赛,始于2004年,是中国目前持续时间最长、影响最广泛、规模最庞大的青少年篮球赛事之一。14年来,有近200万青少年篮球爱好者在这个舞台上挥洒汗水、追逐梦想,展示篮球技能,在赛场上享受篮球运动的快乐,展现出了中国青少年健康、阳光、自信的良好形象。

2017年6月,三人篮球被列入2020年东京奥运会正式比赛项目。肯德基三人篮球赛见证了三人篮球运动从最初的街头文化到如今登上奥运、全运赛场的专业竞技场的发展历程。较之五人篮球,三人篮球对场地及组织工作要求较低,便于青少年随时随地开展体育运动。

肯德基扎根中国30年,随着时代的变化,不断地进行品牌和产品的更新。最初三人篮球赛在中国并不普及,但是肯德基积极拓荒,全情投入。到2015年,肯德基三人篮球赛牵手中国教育学会,采取班级联赛模式,将赛事开拓进全国初高中校园,成为校园篮球产业化发展的典型代表。

三对三篮球运动如今已经登上世界舞台,为这项运动的发展带来契机,肯德基三人篮球赛抓住机遇,开创体教结合的模式,走进校园,为推动全民健身运动的发展助力。

（五）校园篮球的体制机制不断创新

要推动校园篮球运动的发展,必须将体制机制创新作为突破点。加强各级管理体制的创新,深化校园篮球运动改革,维修翻新篮球场馆,更新篮球运动器材设备,成立专门的校园篮球运动协调机构,实现场馆、赛事规范化运营、精细化管理。

1. 创新校园篮球队伍建设机制

以精品赛事吸引人,依托篮球协会将各行各业的篮球爱好者汇聚起来,建立健全日常管理、培养、竞赛、保障等机制,壮大篮球人才队伍,使篮球运动的人才能够有机会脱颖而出。

2. 创新校园篮球运行机制

积极探索企业化经营管理模式,保证校园篮球场馆的公益性,在这个前提下对部分场馆采取市场化运营方式,将运营收入全额返还作为篮球赛事的运行经费,拓宽了融资渠道,运行经费有了固定保障,繁荣了各地校园篮球运动事业。

二、校园篮球运动发展的问题

校园篮球运动具有非常重要的教育价值和社会价值,然而随着校园篮球活动的发展,一些发展中存在的弊端也逐渐暴露出来,根据马克思哲学原理,事物是不断发展变化的,校园篮球运动也是在不断发展中前进,探讨发展中存在的问题,是分析和解决校园篮球发展的实质性因素。

(一)动力因素错位

校园篮球运动的发展受到宏观层次、中观层次以及微观层次三个方面的影响和制约,其根本原因涉及社会、校园、家庭以及青少年个体四个层面(图2-1)。这四个动力因素对校园篮球有不同的发展需求,当四种需求共同推动校园篮球运动的发展时,就会重合,形成一个交汇的共同点,这期间就会出现一系列的问题。

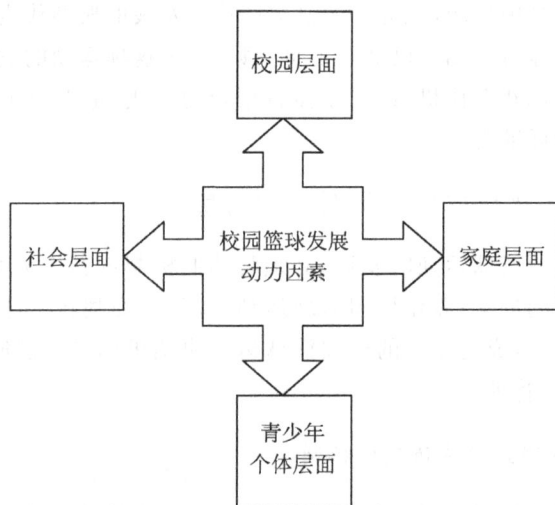

图 2-1

在当今教育制度的背景下,应试教育依然是教育的整体方向,在社会层面,就会对校园篮球缺乏关注度,缺少相应的资源保障。在学校层面,就会以提高中、小学的升学率为理由,占用篮球运动教学的课时,忽视开展校园篮球运动的意义和价值。

在家庭层面,为了让孩子能够顺利进入重点中、小学,树立孩子的学习观念,课余时间几乎都用来安排各种考试科目的辅导班和补习班。在青少年个体层面,以学习为缘由,忽略对篮球运动的兴趣的培养,致使青少年个体的动力被压抑。

出现这些问题的根源就在于这四个动力因素的需求发生错位,导致无法正常开展校园篮球运动。

(二)学校教育缺乏对篮球运动的重视

校园篮球运动的发展,需要将学生对篮球的潜在行为转化到具体的篮球运动中去,学生通过参与篮球运动,可以增强体质,加强团队合作意识,在运动中得到满足和乐趣。当然,这是一种理想的状态,会受到很多因素的制约(图2-2)。

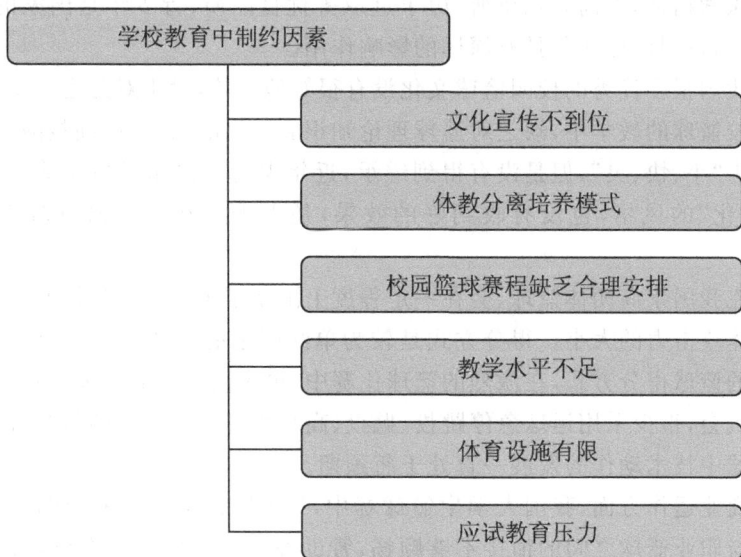

图 2-2

教育是传授技术规范与知识的社会活动过程,在遵循其自然身体发展规律的基础上,根据学校的需求,将学生培养成技艺精湛、博学多才、品德良好的高素质人才,为社会创造物质与精神财富。

教育对学生的重要性不言而喻,学生只有接受良好的教育,才能健康、苗壮成长,然而目前校园篮球运动并没有得到足够多的重视,限制了其发展,主要有以下几个方面的原因。

1. 文化宣传不到位

校园篮球文化是学生、教师以及服务篮球运动的思想的总和,其本质是校园内表现出来的一种以篮球运动为主体的文化氛围,其核心是篮球精神,校园群体的共同价值观、行为、凝聚力为基石,内容是快乐篮球,以竞技篮球的形式展现出来,空间选择是校园,主体是学生和教师。

但是,观察当前校园普遍缺乏校园篮球文化,中、小学生主要关注基础文化课程的学习,对篮球文化的认知几乎为零,很难开展篮球活动和与篮球相关的事件。青少年校园时期,是一个人成长发育的关键时期,是生理和思想走向成熟的时期,学生像海绵一样不断汲取各种文化和思想,对其后续生存、发展起着极为重要的奠基性作用。

校园篮球文化是一类文化现象及群体氛围的总和,对参与其中的个体行为方式和价值观起到潜移默化的导向作用,使学生们形成共同的思想、行为、价值评定,从而内聚成一个有秩序的共同体。校园篮球文化培养学生的自主探索精神,崇尚顽强拼搏、勇于进取等优良品质,青少年是国家的未来和希望,校园篮球文化具有深远的影响作用。

我国很多优秀的校园篮球文化没有很好地宣传,学生对此也并不了解。在学校篮球的教学中,缺乏对篮球理论知识和风格的培养,以前技战术风格表现为"小、快、灵",但是没有得到继承,近年来为了快速提高成绩,转变为"高大化"的风格,也没有收到好的效果,是青少年在接受篮球教育时的盲区。

在我国崇尚团体篮球,会在一定程度上限制了个人技术的提升,限制团队整体攻击力的大小。得分方式是较为单纯固定的运球突破、接球投篮等基础的篮球得分方式,在激烈的篮球比赛中,更多的是依靠团体寻找较好的得分机会,很少采用运球急停跳投、抛投、高打板等难度较高的得分方式,校园篮球中技术动作的发展一直处于瓶颈期。

商业运作方面,我国大学生篮球赛中,以 CBA 和 CUBA 为例,大学生联赛与职业篮球之间的衔接不够顺畅,赞助商李宁近些年来在赞助高校篮球方面一直处于亏损状态,较多的商业投资得不到应有的回报,篮球文化在校园篮球中缺乏宣传和培养有紧密关系。

2. 体教分离培养模式的弊端显露

20 世纪 60 年代,在"举国体制"政策的指导下,我国形成业余体校—省市专业队—国家队的自成体系、体教分离的竞技体育人才培养模式,这种人才培养模式投资小、效率高,在初期具有一定的效果,但是将体育和教育分离开来,歪曲了对体育本质的理解,剥夺了学校里篮球人才的发展机会。随着我国综合国力的不断发展,逐渐认识到此种培养方式的弊端。

校园篮球的人才培养方式主要有两种:一种是业余体校和省队培养相结合;一种是青少年校园篮球的培养。美国 NBA 联赛之所以能够走到成功的巅峰,其核心原因之一是 NCAA 为其提供了一个持续不断的、优质的篮球后备人才源,使得 NBA 生生不息。NBA 联盟 450 名球员中,至少有90%都是由 NCAA 输送而来,然而反观我国 CBA 赛场中来自 CUBA 的球员屈指可数,大部分 CBA 球员均来自各个省队、青年队。

我国各大高校中 CUBA 和 CUBS 的球队成员,大多都是通过体育特招进入高校篮球队,他们以前多是各个体校以及省青年队培养出来的竞技水平较高的运动员,早期主要是通过业余体育学校的专业训练提升技能,从小牺牲学习文化课的时间进行体育训练。

因此,大学联赛培养出来的篮球运动员只是大学期间接受了一部分教育,而在中小学期间并未接受到与全日制正常文化学校相近程度的教育。

然而,CUBA 和 CUBS 中的优秀球员并不是全部都可以进入职业篮球的殿堂,淘汰下来的球员由于文化基础薄弱,接受到的良好教育有限,就业前景堪忧,相应地这也减少了正常考入学校读书的学生参加篮球联赛的机会和享受大学较为专业的篮球训练机会。

随着社会经济的不断发展,21 世纪对人才综合素质的要求越来越高,家长也认识到文化素质对孩子全面发展的重要意义,业余体校培养人才的方式受到了很大的挑战。

我国竞技体育在自身发展过程中各类矛盾不断凸显,后备人才培养模式与不断深入改革的体制现实及人们不断变更的价值观不再契合,传统举国体制下的金字塔底端的业余体校,特别是少儿体校的运营受到了巨大挑战,急剧萎缩。

3. 校园篮球赛程缺乏合理安排

我国篮球事业的重要组成部分就是中小学篮球赛事,也是我国校园篮球的起步工作与过渡工作的调控杠杆,承载了篮球运动的启蒙与开发升级,是中国高水平篮球运动后备人才的发源载体。赛事结构的科学、合理与我国校园篮球的发展直接关系到竞技篮球人才的培养。

现行大学联赛中参赛的队员大多是特招进入,违背了人才培养的初衷,通过比赛可以检验学生训练的结果，也可以让学生们在比赛中充分展示自我，张扬个性。但是在除了一线城市以及篮球氛围较好的地区外，很多城市地区的学校很少有机会参加校园篮球比赛，一方面是由于学校缺乏重视，另一方面当地政府和机构校园篮球的赛制赛程缺乏合理安排，导致学校不能参加或者没有机会参加校园篮球比赛。

目前大多数的中学采用的篮球竞赛方式仍然比较传统，主要是校内年级之间、班级之间的竞赛，而学校与学校之间的竞赛比较少，这就造成了竞赛类型单一的局面。尽管这样可以满足学校建设体育文化的要求，但是不利于校际之间的沟通交流，缺少相互学习的机会，不利于校园篮球技战术水平的提高。

良好的中小学篮球赛制系统可以保障中小学篮球联赛高质量顺利进行，赛制是否合理、科学，可以通过校园篮球教学的阶段性成效进行检测，推动校园篮球运动训练良性发展，激励学生全身心投入训练，教练积极进行改革创新，积累竞赛经验，为进入高一级的训练竞赛打下坚实基础，提升校园篮球运动的综合效益。

社会的关注程度较低也是一个重要原因。篮球的硬件设备、器材陈旧，经费不充足，直接制约校园篮球运动的发展。特别是赛制方面，由于社会物质资源不充分，经费问题得不到解决，学校篮球在比赛方面始终处于被动局面。

另外，关于学生在运动过程中的受伤问题，学校面对家庭或社会的压力，尽量避免学生在运动中发生受伤、不和谐等情况，正是这种心理，导致中小学校园篮球运动的开展程度低。篮球赛事举办过少，最终磨灭学生个体对篮球运动的兴趣，使篮球技术及其技能很难得到有效的解决。因此，篮球赛事是学生取得进步、培养拼搏精神的有效平台，在中小学开展篮球赛事是篮球工作开展的重要保证。

4. 教学水平不足

教育部门、各级学校、广大家长都对篮球运动不够重视，投入校园篮球运动发展的人财物比例就会相应减少，导致篮球教学质量长期停滞甚至倒退。校园篮球教学水平主要受教师责任、示范讲解与组织能力、篮球运动氛围、场地器材等因素的影响。

教师的教学训练能力和综合能力同样重要，学生不仅需要通过校园篮球来学习篮球知识，同样需要通过校园篮球来学习做人，教练员在组织教学训练期间，不仅要关注学生运动员的篮球技能的情况，同样需要关注并教育学生的人格成长。因此，教练员的执教管理水平不仅关系到校园篮球的水平,同样也关系到校园篮球可持续发展的问题。

　　校园篮球运动的主体之一就是教师,由于受到现有篮球运动教育体制的制约,导致他们日益成为整个教育系统"边缘化的人物"。校园篮球教学中普遍存在着三个问题:一是篮球运动教师的基本教学条件难以满足。篮球运动教学所需的场地、设备、器材、专业教材等都出现紧缺、老化、滞后等问题,学生想运动没有条件。二是篮球教师的基本诉求难以传递和实现。在教学过程中,教师会遇到各式各样的问题,需要向上级反映并且得到解决,但是篮球教师在学校的话语权偏低,反映的问题无法真正引起重视和支持,导致篮球运动教学遇到的问题无法第一时间得到解决,长此以往,恶性循环。三是篮球教师的基本待遇难以保证。篮球运动教师为校园篮球运动事业付出了大量汗水和心血,但是他们的待遇长期比文化教学的教师低,许多福利保障也不高。

　　(1)中小学阶段。

　　中小学是学生篮球技能形成的初期,要想打好篮球,这一时期是基本技术和能力提升和巩固的最佳时期,但是这一时期的体育课内容多是自由活动,许多老师上体育课以简单的慢跑热身后就放任学生自己活动。多数中小学中篮球课程都是由一般的体育教师担任,体育教师的篮球专业素养得不到保证。

　　很多教师自己就没有过教授篮球的经验,甚至一些体育教师不是体育专业院校毕业,导致在中小学对篮球项目热爱的学生得不到很好的篮球启蒙和培养。即便是体育专业教师,由于学校比赛的缺乏、学校对体育的不重视等原因,他们并不会组织青少年参加篮球训练,自身的教学水平也得不到锻炼和提高。

　　这种情况极大地限制了后备人才方面的储备,在中小学阶段如果教师没有较好的专业素养和篮球专业能力,不利于培养学生对篮球运动的兴趣和能力,客观上限制了青少年校园篮球的发展。

　　(2)大学阶段。

　　大学是学生篮球技术的快速提升时期,在这一时期,校园篮球的氛围非常浓厚,学生的篮球技战术和篮球意识都是最佳提升阶段,而且会有较多的篮球比赛为学生提供锻炼的机会,提高技战术水平,增加实战经验。中国大学篮球联赛虽然火爆,推动着中国竞技篮球的进步,但是很少有人能够跻身于CBA职业赛事,甚至成为CBA明星。

　　这也就从另一方面证明了我国校园篮球运动与职业篮球运动的发展要求脱轨,给大学篮球向更高更远的目标发展制造了障碍。教练员的执教管理水平同样也是校园篮球运动发展的阻碍之一,大学校园篮球要想更好地发展,教练员的较高的教学能力、优异的管理能力是校园篮球运动中其他元素不可替代的。

5. 体育设施有限

校园篮球开展的基础是具有一定的场地设施,完善的场地设备和器材是进行体育教育、培养校园篮球人才的重要物质条件。学校体育场地是保证篮球教学、课外篮球活动和课余篮球训练等有关校园篮球活动必不可少的条件。

目前,重点中学的篮球架数和篮球数基本可以满足国家颁布文件的要求,但是普通中学一般都没有达到要求,我国大部分地区还存在篮球设施落后不齐全的情况,城市好于农村,重点中学的情况要好于普通中学。

很多高校在设立篮球场馆的标准上都与国家教委办公厅在其颁布的文件《普通高等学校体育场馆设施、器材配备目录》中要求的每250名学生需配备一个篮球场地的标准存在一定的出入。大部分中学还是缺少室内篮球馆,篮球课程和比赛都还是在室外场地进行,遇到下雨等恶劣天气时,篮球课程不得不取消。特别是一些地区恶劣天气情况较多,就会出现长期停止篮球课程的教学或体育活动。

城市中,大部分篮球场地的材质为塑胶地面,农村主要以沥青场地和水泥场地为主,大多数学生和老师觉得器材不能满足平时的教学需要,无论是城市还是乡镇地区,都缺乏足够的力量训练设备,场地质量环境的不同会造成运动效果的不同。这种场地的紧缺以及学校体育器材管理制度上存在的缺陷就造成了很多同学想运动却没有场地的现象,这在很大程度上对同学们的运动积极性产生了打击。

首先就是安全问题,学生在校园篮球运动学习的过程中难免有不正确的技术动作和一定程度的对抗,如果是塑胶或木地板的场地材质,可以较好地保证学生的自身安全,减轻学生因摔倒碰撞而造成的伤病。优质的场地可以对学生的脚踝产生保护作用,减少各个关节的磨损,有利于学生的身体健康和校园篮球运动的长远发展。在力量发展时间的青少年没能得到良好的肌肉和神经的刺激,力量设备的缺失会导致他们可能会与高水平运动员在对抗上不知不觉地产生了较大的差距。

对于高校篮球,优秀的球队必然会配备最佳的场馆和硬件设施,高校相对中小学而言条件较好,基本每所高校都有自己的室内篮球场,高校场馆主要涉及的是场地对外开放的问题。

许多高校的室内篮球场除了上课时间外并不对外开放,对外开放的场馆一般收费都比较高。一线城市以外的高校,虽然建设有室内篮球场,但是篮球场内的环境不尽如人意,球场地板、篮筐、篮板及篮网都已破损。力量器材陈旧,篮球课程的学习训练中缺乏较为先进的辅助器材。

这种场地条件虽然可以基本满足学生的篮球课程需要,但是较差硬件环境也会降低学生参加篮球课程学习和训练的积极性,不利于校园篮球的发展。良好的场地条件和训练环境是鼓励学生参与校园篮球的重要客观保证。

6. 应试教育的压力

虽然我国的教育模式正在由应试教育向素质教育过渡,但是长期受到传统教育模式的限制,教育改革并不能迅速完成,目前大多数学校依旧是传统的教育模式,选拔人才也依旧是以分数来衡量学生水平。这就导致了学生体育参与不足,更不用说参与校园篮球运动。

特别是对中小学生来说,应试教育的弊端最大,扼杀了学生们的个性和全面发展,一味追求考试成绩,学生在兴趣最浓烈、天性最纯真的时候应付各种考试,无论是运动能力还是其他任何方面的发展都受到了限制。

很多学生在中小学阶段,就会受到 NBA 和 CBA 的影响,受到校园篮球的熏染,对篮球运动产生强烈的兴趣,但是由于应试教育的"成绩化"思想,一切学习的目的都是为了提高成绩,学生没有太多的时间参与校园篮球的学习和锻炼,受到学校环境的影响后更多地是单方面为了提升学习成绩,完全忽略个性和全面发展。

在学校中,学生更多地是提升文化知识,德育、智育、体育、美育的发展只是辅助,学生的各项素质发展不均衡,也就限制了校园篮球运动的发展。应试教育也增加了学生的负担,从我国学生每天的锻炼时间就可以看出,中国学生锻炼时间明显少于日本学生(表 2-1),从美、日、中学生在初中阶段和高中阶段参与课外活动的人数比例也可以看出,我国中小学生几乎很少参与体育活动(表 2-2)。

表 2-1 中国和日本学生锻炼时间的对比

国家	锻炼时间	
	每天锻炼 2 小时	每天锻炼 3 小时
日本	21.3%	21.3%
中国	6.3%	1.3%

表 2-2 各国学生参与课外活动的人数对比

国家	参与课外活动的人数比例	
	初中阶段	高中阶段
美国	62.8%	53.3%
日本	65.4%	34.5%
中国	8%	10.5%

我国中小学生几乎没有时间开展校园篮球,家长们为了让孩子们不输在起跑线上,幼儿园阶段就给孩子报各种早教班,超前学习小学知识,到了小学阶段,为了提高孩子成绩,安排各种辅导课程,到了初中、高中就更为明显,为了考取重点高中、重点大学,许多家长让孩子把精力全部放在学习上,加时加课,不断增加孩子的课业负担,缩减了课外活动的时间。

一些初、高中老师还会开设课外补习班,平时教材上的内容都不在课堂上教学,留在自己的课程中进行教学,无疑给学生们的课程学习增加了更大的压力。大学开展的军训,很多大学生由于身体素质难以承受训练强度而晕倒,甚至有的学生还会在体育课中过度运动猝死。中小学在应试教育的压力下,学生的发展路径过于单一,学生们已经形成了唯成绩为目标的思想,即使进入大学,也依然会受到应试教育的桎梏。

(三)家庭缺失对篮球运动的启蒙

学校教育可以对学生引导国家倡导的体育价值观,通过校园文化的熏陶,构建校园学生群体体育活动,形成共同的价值认同。在家庭教育中,可以根据家庭的经济收入、体育态度等来影响学生的体育行为,对学校体育教育起到辅助护航的作用。

人们喜欢某项运动,直接的动力就是兴趣爱好,父母是陪伴孩子成长的关键人物,孩子从幼儿学会模仿的阶段开始,就会模仿家长的一言一行,并将其运用到自己的身上,从一个孩子的言谈举止就可看到孩子父母的行为方式。

父母对孩子的影响是不可替代的,从刚出生开始,父母就开始进行教育,用他们的思维方式和对生活的理解感悟来教育孩子如何健康地成长。父母的教育观、运动观、休闲观等观念,深刻影响到下一代的。在很多家里,父母喜欢篮球,就会在孩子的生活中涉及很多关于篮球的教育和活动。

在一个家庭中,父母对孩子的教育体现在很多方面,父母是主要推动力,在父母的影响和作用下,孩子会传承父母的教导,家庭因素是青少年篮球发展的重大推动力之一,也是影响校园篮球发展动力的重要因素(图 2-3)。

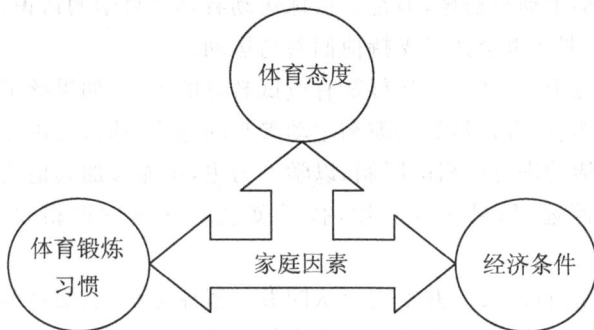

图 2-3

1. 家庭体育锻炼习惯

最典型的表现就是家庭体育锻炼习惯,父母在工作之余就很喜欢打篮球,深受篮球运动的影响,了解篮球运动的知识和相关赛事报道,有时还会选择去现场观看比赛。如果父母都没有体育锻炼的习惯,那么平时父母不会主动参与体育活动,孩子也就没有机会接触到体育活动,丧失参与体育活动的兴趣。

父母对篮球的喜爱之情会感染到孩子,父母的体育生活行为会直接影响到孩子,并指引孩子也朝这个方向发展。和孩子接触时间最多的社会成员个体就是父母,父母的生活习惯会成为孩子未来生活习惯的范本,父母的体育行为方式会成为孩子模仿的对象,这种模仿会在有意识无意识中进行。

父母也会将自己的体育价值观传承给孩子,在日后的学校生活中逐渐形成趋同的体育价值观,在趋同价值观的指引下开展体育活动。家庭体育模仿是孩子养成体育行为习惯的起点,在今后的运动过程中得到进一步强化。在不断的积累中根据外部环境得到改正,最终确定为自身的体育价值观。

每个孩子都有自己的体育运动方式,通过坚持参加体育活动,形成一定的体育精神价值观,逐渐形成内在的体育精神意识和外在的体育参与行为综合体,内外兼修的体育参与社会基本单元。家庭中良好的体育习惯,可以丰富孩子们的家庭体育生活内容,是孩子最好的体育启蒙,在孩子一生的体育锻炼生活中发挥其他社会因素不可替代的作用。

2. 家庭的体育态度

家庭对体育的态度会直接影响到孩子对体育的态度,很多父母自己都不参加篮球运动,更不要说会培养孩子去参加篮球运动。不过,有的家庭中父母虽然不会主动打篮球,但是对篮球运动有客观科学的认识,如果孩子热爱篮球运动,那么也会选择支持他们参与运动。

现实情况中,大部分的父母都有应试教育的思想,如果孩子对体育特别是篮球特别热衷,有强烈的兴趣和主动参与的愿望,那么父母在早期就会对孩子的课外活动进行严格的限制,以学习为主,不能参加其他活动。这对孩子来说影响深远,如果在青春期,孩子就会对父母的严格要求产生逆反心理。

在中小学阶段,父母并不完全认同参与篮球运动,主要是对孩子进行文化知识学习的担忧,受到传统升学观念的影响,很多家庭会选择让学生以学习文化知识为主,课后去培训班补习,参与篮球运动会影响到正常学业的完成。

在大学阶段,父母才会选择让孩子自由发展,不再过多地限制孩子的兴趣爱好,但是由于中小学时期过多地进行文化学习,到了大学阶段反而失去了对篮球运动的兴趣。自身运动基础相对薄弱,参与篮球运动的概率越来越少。

3. 家庭的经济条件

任何体育项目的参与都必须以一定的家庭经济状况为基本前提,所以经济条件也是影响青少年参与校园篮球运动的重要因素之一。随着经济社会的发展,老百姓的社会财富日渐丰裕,价值观、世界观、健康观都发生了变化,单纯的物质财富满足已经不能成为生活的全部,健康的生活方式成为人们日益追逐的对象。

"请客吃饭,不如请客出汗",健身运动的休闲娱乐方式已经深入人心,成为现代生活的一部分,很多父母也逐渐意识到激烈的同场对抗性体育运动项目,可以培养孩子吃苦耐劳、坚持不懈、奋斗拼搏的意志品质。

文化成绩的高低已经不能作为衡量孩子成功与否的唯一标准,健康的体魄、良好的心理素质、较强的社会适应能力是孩子成长过程中重要评价指标,是走向成功人生的基础。

经济条件越好的家庭,通常具备良好的体育价值观与体育运动参与意识,给孩子投入的体育经费就会越高,其体育行为方式及体育价值认同会潜移默化地影响孩子,培养后续生活中的体育行为方式,形成独立、正确的体育价值观。父母与孩子达成健康生活的共识,成为孩子进行体育活动的意识导向。

（四）学生个体对篮球运动的价值认识不足

学生个体对篮球运动的认知不够充足主要表现在三个方面（图 2-4）。

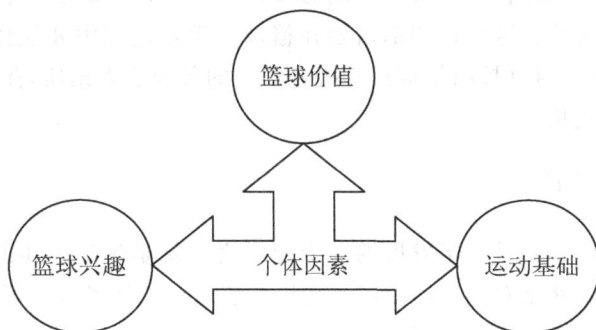

图 2-4

1. 篮球兴趣

目前我国校园篮球的发展并不尽如人意,校园篮球运动对学生篮球价值观有一定影响作用,学生是否能够真正认识到校园篮球运动对学生自身价值的作用是推动校园篮球发展的重要一步。校园篮球运动对学生个体来说,意义重大。

目前无论是中小学生还是大学生,对篮球项目和篮球文化的认识都相对匮乏,从小就被灌输好好学习的思想意识,凡事都要以学习为重,孩子们只需要关心学习,其他事情一律不用操心,这就导致了篮球价值观的严重缺失。篮球是一项团体项目,以团体配合为主,是同场对抗类项目,以竞争为前提,有利于培养人在追求成功道路上坚持不懈的精神。

2. 篮球价值

篮球运动所具有的健身价值和教育价值很多学生都没有意识到,但是却受益终身,校园篮球运动具有健身价值,学生通过参与篮球运动,可以锻炼身体素质,通过篮球运动可以培养团队意识。

学生很容易被校园操场上那些运动员高超的球技所吸引,青少年个体就会选择模仿,并且运用到自身实践中去。但由于学校学业和升学的压力,学生对校园篮球运动的认识从自身角度而言并不充足,没有体验到校园篮球对他们本身的益处,自然也就没有产生兴趣。

篮球运动能够愉悦身心,释放压力,在比赛的过程中培养人们坚强的性格和毅力,但是校园篮球在发展学生个人的执行能力方面,学生个体还是缺乏主动性,家长和学校需要共同承担责任。

校园篮球运动同样具有教育价值,很多没有参与其中的学生不能有深切的体会,这种教育价值体现在学习篮球技术动作时体会到实践的重要性,在提高熟练度的过程中体会重复的必要性,在学习篮球战术时体会到人与人配合的默契性。这些认知都需要在篮球的学习过程中才能体会得到,如果在学生时期,通过校园篮球运动提升学生的各项能力素质,孩子们一定会健康苗壮地成长。

3. 运动基础

校园篮球得到进一步发展的动力源泉之一就是学生个体的运动基础,个体运动基础就是对篮球运动的兴趣以及篮球运动技术水平等。对青少年来讲,生活方式不断变化,很多孩子会选择电子游戏作为休闲娱乐的方式,认为参加体育活动过于辛苦,缺少吃苦耐劳的精神动力。而学校和家长都更加关注学生的学习状态,直接造成了学生体质方面的缺陷。

究其原因,家庭和学校都没有满足学生个体的运动需要,造成一定的动力错位,青少年发展校园篮球的动力转化不足。学生通过篮球运动可以愉悦内心,强身健体,而且能够培养良好的进取精神,这些精神价值使学生们愿意参与,但是来自社会、学校、家庭等方面的制约因素,使得这些动力因素不够充足。

社会在选拔篮球人才方面,明确指出青少年是未来篮球事业的接班人,可是关注度小,制度落后,更多地将文化方面提到最高层次,这便直接影响到了青少年个人运动的基础动力。校园方面,场地器材的匮乏,经济投入少,学生很难投入到篮球运动中,长期受到应试教育的压迫,对篮球课程不够重视,压抑了学生个体在篮球方面的兴趣培养。

(五)社会因素制约校园篮球的发展

社会因素制约校园篮球的发展包括三个方面(图2-5)。

1. 制度引导

校园篮球发展的一个动力因素就是社会层面,主要包括政府部门对篮球运动的关注程度、传媒因素的传播导向以及周边伙伴、朋友对篮球运动的共同参与等。政府部门对校园篮球的关注度不高,是影响校园篮球发展的一个重要原因。

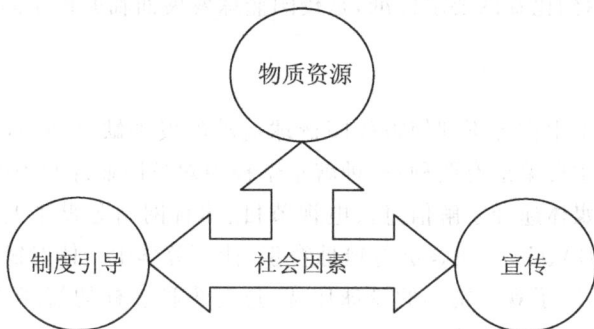

图 2-5

当前,政府部门出台了一系列鼓励学生参与校园篮球运动的制度措施,从制度实施反馈的信息来看,存在较多的困难。学校重视对文化课成绩的提高,在中小学校园当中,升学因素一直是校园考核制度的重点,衡量学校优质与否的硬性指标就是文化学习成绩,无形之中降低了篮球在校园中的地位。

传统中国教育体制及社会人才选拔体制要求智育至上、考分制胜、营养至上、技能至上,学校和社会都将体育锻炼和体能培养放在次要位置上,削弱了篮球运动的项目健康价值和教育价值。过于功利的教育主导了孩子们的成长过程,忽视运动的乐趣与健康的重要性,篮球运动在校园教育中的地位如同其他运动项目一样并不那么重要。

国家鼓励校园篮球的一些政策制度落实缺少监督,加强合理的切实措施是加强青少年篮球工作的关键,制度落实需要社会与学校、家庭共同监督,物质利益方面的保障性不足也是青少年动力被压抑的重要因素。校园篮球的经费目前主要是由社会、政府等相关企业、行政单位的经费扶持,要想使校园篮球运动发展,就要建立和满足学生利益的外在需要。

在校园篮球的开展过程中,偶尔会出现伤病问题,如在比赛过程中会出现激烈性或者意外性等不可控因素,或者由于运动疲劳所造成的损伤。针对这些问题,必须建立校园篮球运动中伤病的保障因素。经费的投入还可以对校园篮球器材设施进行更新与完善,将坚硬的沥青、水泥场地升级改造成为专业的篮球场所。

充分重视学生、重视篮球课堂,重视篮球在学生中的发展,经费的投入可以充分让校园篮球运动员进行更多的篮球赛事,目前除去高校拥有 CU-BA 和 CUBS 篮球赛事之外,初中、高中几乎没有正规的篮球赛事。

2. 物质资源

学校、社会更加重视文化课程学习,同时缺乏对物质资源的保证,经费较少,无法达到比赛的要求标准,是校园篮球发展面临的现实问题。

3. 宣传

社会因素中宣传不到使得校园篮球运动的发展缺乏动力,学生对篮球运动认知的主要渠道有两种:一种就是学校中对校园篮球知识的普及,另一种就是通过媒体途径了解信息。电视节目、体育网站等媒体上都可以欣赏到精彩的 NBA、CBA、奥运会等篮球赛事,让部分学生个体对篮球运动产生了极大兴趣,除了观看精彩的篮球比赛,还有多种多样的篮球节目,内容丰富,普及篮球知识和篮球文化。

可是由于学生的学习压力较大,很多家长并不赞同学生观看体育节目,认为是浪费时间,希望孩子把更多的时间放在辅导班学习、写作业等与学习相关的事宜上。媒体并没有有效地满足学生个体在篮球方面的满足感,因此,篮球运动的宣传还要着重于树立正确的篮球观念,提高篮球运动在社会上的地位,让更多的人参与到篮球运动中来。

第三节　健康中国导向下校园篮球运动发展的策略

一、落实国家政策提高重视

做好一切工作的前提就是提高思想重视程度,首先就是各级领导的重视。借鉴沿海发达地区的做法,加快制定和完善高校篮球运动选材、建队、训练、管理、竞赛、输送等"一揽子"政策法规,加强资金管理和保障,保持篮球运动事业投入的增长高于财政支出增长幅度。

大力推进一批事关篮球运动基础设施项目建设,鼓励和引导企事业单位、学校等进一步加大篮球活动场所开放力度,更好地满足群众日益增长的健身需求。2016 年 5 月,国务院办公厅印发《关于强化学校体育促进学生身心健康全面发展的意见》中指出,深化学校教学改革,完善体育课程设置,加强课外锻炼。建立大中小学体育课程衔接体系,目的是为了培养学生的运动兴趣,养成体育锻炼的习惯,掌握一定体育技能。

国家领导人高度重视和关心我国青少年一代的体育发展,习近平总书记也多次就青少年体育发展做出了重要指示,体育运动造就人民体质健康、意志坚定,这对国家民族长久来讲是保持旺盛生命力的重要保障。因此,各级政府和相关职能部门要切实落实和实施相关政策,建立有效的监督机制,责任有效落实到各个学校当中。

校园篮球是校园体育的重要组成部分,在长期发展过程中,形成了独具特色的价值观,完善篮球运动的课程设置,坚持篮球课堂教学与课外活动相衔接,在具体实施过程中,要保证篮球课程的时间,提高篮球教学效果。设置课外练习和科学锻炼指导,调动家庭、社区和社会组织的积极性,保证学生每天锻炼一小时,其中包括篮球运动。因此,在一系列的政策落实方面,政府部门要发挥主导作用,落实制度的保障与实施监督,从而有效促进校园篮球运动的发展。

篮球运动作为国家高度重视的体育运动项目,2015年国家教育部也和美国职业篮球联盟(NBA)开展一系列相关合作,举办相关体育论坛,共同开发设计校园篮球运动课程,定期对校园篮球的教师和优秀篮球运动员进行培训,通过中美合作交流渠道促进校园篮球运动的教育和发展。

政府管理部门要建立完善相应的管理体制,教育部发挥校园篮球的主体作用,促进篮球运动在校园中的推广,承担工作中的责任意识,贯彻落实制度、文件、竞赛体系。体育部门也要发挥相应的协助作用,发挥部门的技术特长,合理利用相应的资源经费,共同推动校园篮球的发展,各省、市城市成立由分管教育和体育工作的政府部门的主管领导、教育部门和体育部门分管体育工作的主要领导所构成的青少年校园篮球领导小组,共同协作发展。

二、加强体教结合

2016年,国务院办公厅印发《关于强化学校体育促进学生身心健康全面发展的意见》,明确指出要注重体教结合,构建完善的训练和竞赛体系。学校组织篮球相关的运动队、代表队、俱乐部和兴趣小组等,积极开展课余篮球体育训练,为热爱篮球运动,有篮球特长的学生提供上升的空间和途径,为国家培养竞技篮球体育后备人才奠定基础。

体教结合,就是竞技体育和学校教育机制相结合,目前篮球人才匮乏的重要原因就是篮球运动员的文化知识水平较低,退役后很难就业,在篮球运动学习的过程当中"学训问题"较为严重。篮球运动员的培养过程中,教师更关注学生的运动技能,对文化学习的要求并不高,学生在学习的过程中自律意识也较差,自身没有重视对文化课程的学习,再加上课余时间几乎都安排了训练,最终导致在篮球事业方面学习和训练造成冲突。

各级政府充分发挥体校作用,进一步加大篮球项目的申报创建工作,不断完善基础设施,为体教结合创造良好环境。各级体育部门把准体育竞技的杠杆作用,完善篮球业余训练制度,抓好篮球赛事的举办和管理。每年定期举行区域性、多层次、分类别的篮球赛事,实现了以赛促训的目的。

我国 20 世纪 80 年代,体育部门就与教育部门合作,出台了体教结合政策,并开始了卓有成效的实践。但是随着时间的推移,并没有达到体教结合原先的目标,在高校高水平运动队的建设中逐渐暴露出"学训矛盾"。学习和训练之间,体育部门、教育部门和运动员学生几乎都选择了训练,放弃了学习,这也就导致矛盾出现的原因。

社会发展到今天,体教结合的模式更趋向多样化,但学生的体质健康状况却逐年下降,人们又开始质疑体教结合。为了使体育和教育同步发展,促进"教体融合"模式的形式转变,可以加强体教结合,可以推动校园篮球的发展。在长期举国体制的发展下,转变传统的思想观念,有效发展竞技篮球运动,淡化成绩第一的思想观念,竞技篮球得到有效发展的同时,促进校园篮球的发展。各地纷纷依托业余体校与人才基地、学校共同培育体育后备人才,初步形成了"校为基础、互促共融、资源共享、人才共育、特色共建"的工作机制。

体教结合的思想观念主要是为了培养青少年,要加强学生体质培养好身心健康的发展,不能过度重视运动成绩和"金牌论"。加强业余教练员队伍建设,努力提高队伍素质和执教水平,选择建立相关的政策导向,规范学生的个体行为方式,体教结合不能仅仅只是停留在口号层面,要身体力行,用实际行动落实到工作中去。

当前高校篮球教学应该按照性别、基础差异进行分班教学,篮球的教学内容侧重点要有明显的区分。对男性学生要注重教授篮球基本技术和规则,在比赛中灵活运用所学的篮球技术和战术,对女性学生应该侧重娱乐性,培养篮球兴趣,懂得如何欣赏篮球,提高体育审美情趣。

教育工作的管理者,要根据实际情况构建完整的体育工作体系,最终建立完善制度进行监督和落实。建立公平的教育机制,优化配置体育资源,保证教育公平,要求学校教育工作者为运动员个体制订相关的培养计划,不是和普通学生一样进行文化学习,根据运动员自身的特点和实际情况,因材施教,体现教育的特殊性和个性化。对在重大比赛中做出突出贡献的教练员、运动员予以奖励,引导更多体育爱好者参与篮球运动,进一步激发了教练员、运动员的训练和参赛热情。

三、扩大对校园篮球运动的宣传

校园篮球运动的发展是一个系统、长期的工程,校园篮球文化建设是其健康发展的重要部分,校园篮球文化具体包括了物质文化、精神文化和制度文化。物质、精神和制度三个方面是校园篮球文化的重要组成。

物质文化就是学校中所有以篮球为载体而存在的有形的物器和活动方式,最典型的代表就是篮球场馆、器材设施。

精神文化就是指篮球的价值观、运动竞赛审美观以及理论体系等。

制度文化指篮球运动的组织机构、制度、组织形式等。

校园篮球的物质文化是制度文化和精神文化存在的基础,没有物质文化就没有精神文化和制度文化,校园篮球的物质文化丰富了校园篮球的精神文化生活。校园篮球的制度文化有效地约束了学生的行为规范,对校园物质文化进行有效的管理。校园篮球精神文化促进了校园篮球制度文化的发展,是整个篮球文化的核心。

校园篮球运动陶冶了学术的情操,强化其意志品质,提高了审美意识,但是当前我国校园里篮球文化十分匮乏,制约了校园篮球运动的发展。要使校园篮球运动得到发展,就要加强对其宣传和推广,特别是加强校园篮球文化的建设,制定宣传策略,完善校园的基础篮球设施,满足学生个体在运动中的需要。设置特色校园篮球课程,通过不同篮球特色教学或是训练使学生能够充分享受篮球的乐趣,学生主动学习篮球,养成良好的篮球运动方式。

在校园篮球的制度文化方面,要积极落实校园篮球的相关政策,制定校园篮球制度,通过各项规章制度约束一系列不健康的篮球行为,积极落实相关的篮球政策制度,最终建立正确的篮球舆论导向,使学生积极参与到其中。

在校园篮球精神文化方面,设置校园篮球比赛,开展篮球竞赛活动时,让学生参与赛事或观看比赛,激发学生的运动动力,发展校园篮球赛事,构建科学的、合理的校园篮球赛事体系,举办班与班、年级、跨专业的多级篮球比赛,为喜爱篮球的学生提供展示自我的机会和平台,活跃校园篮球氛围,推动校园体育文化建设。加强文化宣传,安排篮球系列讲座,邀请篮球专业的专家学者向学生普及篮球的基础理论知识,讲解篮球的技战术。

利用现代化的多媒体技术,在 36 个学时的课程中适当安排 2~4 学时篮球理论课教学,让学生了解篮球运动的起源和发展历程,这样更有利于加深学生对篮球运动的认知和了解,宣传篮球的精神文化,最终形成学生积极而又健康快乐的篮球发展模式。

四、完善校园篮球的基础设施

场地设施是篮球运动在高校快速发展的前提,充足的场地设施不仅能够满足教学之需,更能让学生在课余时间肆意享受篮球带来的乐趣。校园篮球工作中面临的最突出的问题就是基础设施,我国城乡经济发展不平衡,城乡之间的篮球器材设备差异过大,篮球教育训练机制存在较多问题。

校园篮球运动要想得到快速发展,就必须要有充足的硬件场地资源作为保障。场地器材设备的不充足会直接影响到课堂教学、课堂训练,以至于减少学生课余时间的活动量,导致学生个体兴趣的缺失。学校可以通过学校自筹、校企合作等多种途径加大校园篮球场地设施建设,推动校园篮球的进一步发展。挖掘、整理、推广一批民族篮球运动和民俗民间篮球运动项目,提升校园篮球运动上档升级。

发挥篮球运动组织作用,逐步实现由篮球运动部门主办赛事过渡到篮球运动部门监管下的各协会自行组织比赛,以各类活动为抓手,促进全民健身运动纵深发展。继续办好已经形成传统、形成品牌的标志性活动。

目前,我国校园篮球场地资源并不能达到满足全体学生活动的目的,尤其是在农村中小学,场地器材方面还存在一个重要的影响原因就是篮架本身的高度问题。目前针对所有学校的篮球场地来讲,大多数均为标准的篮架,中小学生进行篮球运动时并不能很好感受到篮球运动的魅力所在,大多数中小学生也会因为力量性、身体形态等问题而不能很好地进行技能练习。

解决校园篮球运动场地器材的缺乏,首先要提高社会的关注度,有效改善政府组织机构以及社会企业对场地资源的关注度,学校要加强物质资源方面的投入,保证校园篮球在教学、训练以及学生课余活动中充分利用。实施文体教结合战略,形成以业余体校为龙头,文化学校为重点,全县所有学校为基础的人才梯队建设网络。尽快完成各级学校篮球运动场周边看台的建设工作,抓好文体中心篮球运动主题公园建设,将文体中心建成国家级全民健身中心、篮球运动主题公园。

加强对校园篮球场地器材设备的创新,学校积极采取因材施教的政策,在器材方面进行改善,可以因地因人采取不同高度大小的篮板,适应学生个体的教学需要,最终提高中小学生学习篮球的兴趣。实施金牌战略,扩大项目的夺金点,实施人才战略,建立人才流动机制和激励机制,实行优胜劣汰,推动聘任上岗,确保优秀教练员队伍稳定。

五、构建完善的三级竞赛体系

2016 年 5 月颁布的《关于强化学校体育促进学生身心健康全面发展的意见》中明确提出,学校要积极开展课余体育训练活动,为拥有体育特长的学生提供上升的途径,完善竞赛体系,设置常态化的校园体育竞赛机制。篮球作为团体类项目,经过长期的发展形成了竞争激烈的竞赛模式。

但是,我国校园篮球的竞赛体系还有待完善,基本建立"小学—中学—大学"一条龙训练体制,许多高校与本省市及外省一些体校或体育重点中学挂钩,组队、人员编制、训练管理及经费来源都由高校负责解决。

各省、市体育局主管高水平竞技体育,很多有发展前途的运动苗子,直接进入专业运动队,高校只能招收到一些二、三流的后备人才。尽管"小学—中学—大学"一条龙训练体制已被大家接纳并付诸实践运行中,但是没有体现出整体的优势功能,无法和高一层次的专业队或职业比赛接轨。

小学和中学很少形成与外界学校相联系的篮球竞赛发展模式,到了大学之后才会接触到 CUBA、CUBS 篮球竞赛,从校园篮球长期发展的竞赛体系方面来看,在健全优秀后备人才的输送体制同时,更重要的则是要形成全新的"小学—中学—大学"竞赛体系。

一个完善的竞赛体系模式包含明确的目标、合理的组织机构、健全的规章制度。在校园篮球的发展过程中,明确的目标就是针对校园篮球发展过程中提出相应的开展宗旨,普及篮球知识和技能,实现育人目的。合理的组织机构主要负责篮球竞赛体系实施的管理、协调、评估等工作。健全的规章制度完善赛制,针对"小学—中学—大学"三级校园竞赛体系进行管理。

建立分区竞赛体制,对全国区域进行划分,每个区域都设置校园篮球赛事,然后各分区赛决出前几名,参加全国性的正式比赛。建立相应的竞赛资格制度和竞赛奖励制度,严格审批学校运动员,运动员要进行网上注册,制定严格、统一的学生运动员学籍、注册管理制度和公示制度,禁止在竞赛中出现冒名顶替或是弄虚作假的现象发生。建立相应的评价制度,客观评价小学、中学以及大学的竞赛情况,针对评价结果与学校的年终绩效相结合,重视校园篮球的竞赛体系发展。

六、发挥篮球明星效应

要让学生更多地关注篮球和发展篮球的一个重要动力就是明星效应。我国拥有最庞大的篮球球迷基础,97％的 12 岁到 18 岁的学生喜欢打篮球和看篮球,篮球用品是销量最高的体育产品,NBA 和 CBA 热门比赛的转播甚至超过三亿观众。

对于大部分学生来说,通过媒体关注篮球成为接触篮球运动的一个重要渠道,明星效应也是通过媒体让人们将注意力都集中在篮球明星上,关注、欣赏与喜欢他们的行为。通过明星效应能有效激发其参与篮球运动的兴趣与积极性,以动机与参与意识为导向,投入到篮球技能学习过程当中。利用明星效应激发学生学习篮球的积极性,应用表象理论,推动篮球技能学习质量。

基于篮球明星效应对学生的关注程度,可以选择让篮球明星走进校园,学生通过和篮球明星面对面交流,让学生感受篮球运动的魅力,感受篮球运动所特有的价值文化,推动学生及校园精神风貌的建设。

篮球明星还可以和校园篮球队员分享自己的职业经历,让学生能够直观感受到篮球队员的顽强拼搏作风和团队精神,形成学生特有的内心感悟。学校组织学生向篮球明星榜样学习,使学生能够零距离接触到自己喜欢的篮球运动明星,通过榜样的力量来使自身取得篮球方面的最终进步。

七、提高篮球教师的整体素质

校园篮球运动发展的重要因素之一是篮球教师,要提高校园篮球运动的教学水平,师资力量的保障是关键。在发展高校篮球的过程中,充足的师资力量是必不可少的,教师的综合能力和水平直接决定着校园篮球的发展水平,教师对青少年篮球运动技能以及体能、心理方面都有意义,目前篮球教师的知识结构单一、校园对篮球教师缺少一定的监督与评价机制、教学或训练经验少的问题以及培训力度不够。

教师的综合素质显得十分关键。篮球教师不仅要熟练掌握篮球运动技能,把握篮球运动发展规律,还应该熟悉篮球竞赛规则,充分理解篮球运动文化。因此,加强篮球教师的综合业务水平是强化校园篮球动力发展的重要举措,强化教师的综合知识能力,不仅要具备基本的篮球业务能力,还要具备职业岗位所需要的一系列的专项能力。提升篮球运动教师素质,注重"文武兼备",避免出现体育教师"重武轻文",以复合型体育教师培育复合型体育人才。

针对篮球教师的教学及训练情况进行合理的监督与评价,定期对篮球教师进行相关项目的考核,评价机制多种多样,可以采用学生评教的方式来进行,让校园篮球工作者保持积极先进的状态,最终使篮球教师在校园形成有效的篮球发展模式。在后勤保障、资格获得、职称评价等方面保障好体育老师的各项权利,提升他们在学校建言献策中的话语权。

重视校园篮球教师的选拔和队伍班子建设,充实篮球运动教师队伍,招聘专业强、水平高的体育老师。改革传统的篮球教师选拔制度,采用篮球教师的综合业务水平来进行工作引进。校园篮球的发展还需要构建一支综合素质全面的师资队伍,给教师提供一定的政策和制度,提高篮球教师工作积极性,让其专心教学,致力科研,提高教学科研水平,从而推动校园篮球的稳步发展。

积极采取"走出去"的培养计划,定期对校园篮球教师进行业务培训,树立先进的篮球理念,定期总结工作经验。注重篮球运动训练员市场化,采取竞争性机制引进专业化的篮球教学训练员,专门与体制外的教练员签订教学合同,从而促进校内体育老师的教学水平提高,切实提高学生的篮球运动成绩。

对校园篮球教师的培训,要积极采取交流合作的方式,篮球教师走出校园,多和外界进行学习交流,政府部门或者高层次的部门组织对篮球教师的学习,将最先进的国内外篮球教学或是训练理念传授给教师,从而取得一定进步与收获来促进校园篮球发展。

八、引入社会资源以改善经费紧张的问题

校园篮球在发展过程中经常会遇到经费紧张的问题,这会影响到学生参与篮球的积极主动性,学校可以改变思路,积极引入社会资源加强校园篮球的运动发展。建立完善的篮球竞赛体系,还需要借助外界的赞助,寻找赞助商进行一系列相关的比赛,有效节省校园的资金。

随着市场经济的发展,社会政府部门也要进行深入的改革和发展,有效借助企业公司的名义投资建立篮球运动学校,通过科学管理、丰厚的待遇,吸引一些因某些原因上不了重点篮球学校或篮球基地校的中小学生篮球爱好者,扩大中小学生接受早期训练的人数,扩大篮球后备人才的储备量,允许这些俱乐部直接代表企业和商家参加比赛。

校内比赛的形式对外界企业、公司部门进行相关联合,校园内的联赛会引起大家的广泛关注,长此以往,需要外界企业的扶持与帮助,对外界企业而言可以起到很好的宣传作用,因此通过外界资源的投入来满足青少年个体学生的利益保障,使校园篮球动力取得充足发展。

第三章 健康中国背景下我国校园篮球运动文化的构建与发展

校园篮球作为篮球的一个重要发展形式,其在很多方面都是相通的,在文化上也是如此,校园篮球运动文化是从篮球文化中派生出来的一个方面。在健康中国这一背景下,我国的校园篮球运动文化有了一定的发展。这里主要对篮球文化的基本知识,以及篮球运动物质文化、精神文化和制度文化及发展加以剖析和阐述,由此能够对我国校园篮球运动文化有较为全面且深入的了解和认识,为校园篮球运动文化的科学构建与进一步发展奠定坚实的基础。

第一节 篮球文化概述

一、篮球文化的概念

在认识篮球文化之前,首先要对文化和体育文化有所了解。

通常,人们对文化概念的理解有广义和狭义之分。从广义来说,指人类社会历史实践过程中所创造的物质财富和精神财富的总和。从狭义来说,指社会的意识形态,以及与之相适应的制度和组织机构。

作为文化的分支,体育文化是兼具体育本质特征和文化属性的。因此,可以将体育文化定义为"体育文化是一种以人的体育行为为特征的社会现象,从中表现人的体育观、体育价值观、体育行为准则、体育道德等在内的社会意识形态及反映这一形态的体育方式、民族风俗、心理特征、审美情趣的观念,具有物质和精神财富的成分"。

在以上两种大的文化概念基础上,篮球文化作为它们的子概念产生。在对篮球文化进行定义时,不仅要以文化概念的含义为依据,同时还要与体育文化的特征和篮球运动的特点有机结合起来,进行逻辑推理,从而使其能够与实际相符,并能将这一概念的内涵与外延涵盖其中。

（一）对篮球文化的现象描述

作为体育文化中的子文化，篮球的文化内涵是非常鲜明的，其是属于体育文化的范畴的，具体来说，就是人们在从事篮球运动的过程中所创造的物质和精神财富的总和。篮球文化包含的内容非常广泛，其中，篮球的自我观，价值观，篮球的技术、战术，篮球的各种思想、观念，从篮球发明到如今的规则比赛和制度，以及为篮球发展过程中物质成分以及为炫耀篮球比赛过程的各种辅助活动，都是篮球文化的重要内容。

（二）对篮球文化的历史探源

包括一切由人类发明并由人类传递后代的器物的全部，及活动方式，就是所谓的篮球文化，从另一方面理解，就是从篮球运动产生到如今所有创造的物质和精神的总和。因此，可以将其总结为一切人工产物的总和，就是篮球文化。

（三）对篮球文化的行为取义

篮球运动是为满足人类对运动需要而设计的活动，这个活动所产生的一切活动方式综合地表现出来的文化。

通过对上述内容的分析，可以把篮球文化的概念从广义和狭义上来加以理解。其中，从广义来说，篮球文化是隶属于体育文化的范畴，以篮球运动为活动形式，体现体育价值观、体育道德观的社会意识，围绕篮球运动而创造的物质和精神财富的总和；从狭义上来说，篮球文化就是指通过篮球活动进而获得人的感受性、人的价值观，从而体现出篮球运动的思想、观念和意识，使参与者的身、心和谐发展，以精神为核心的社会现象。

二、篮球文化的特征

篮球文化与其他的文化形式之间是存在着一定的差异性的，究其原因，主要是由于它具有自身的独特文化特征。具体包含以下几个方面。

（一）全面性和体质性

1. 全面性特征

篮球运动是一项在世界广泛开展的体育项目，其不仅有体育运动所固有的一般特征，同时还具有其自身的独特特征。现代奥林匹克竞技运动都是从人类生活中的游戏中逐渐演变而成的,从本质上来说,篮球运动也是一种以球为工具的游戏,作为一种固定出现的松弛,游戏成了一般生活的陪衬、补充和事实上的组成部分。它装饰生活,拓展生活,并作为一种生活功能而为个人和社会所需要,这主要归结于它所包含的意义、它的意蕴、它的特殊价值、它的精神与社会的交往作用,总的来说,就是由于它的文化功能。

2. 体质性特征

文化的表现是需要借助于若干符号才能实现的,从种种表现形式中可以看出,篮球文化包含了文化符号系统中的多个因素,其中音乐、舞蹈等艺术符号就属于该范畴,但是其核心内容却是比赛本身。篮球运动首先表现出来的是一种特殊的身体符号,具有自身的运动特征,也就是体质人类学所描述的体质性。除此之外,还对篮球文化具有体质性的意义进行了强调,由此就需要注意的是,提高运动竞赛的水平是篮球文化建设的核心所在,在此前提下才能将多种文化符号充分利用起来,使篮球文化通过综合性的文化符号系统表现出来。

(二)全球性和民族性

1. 全球性特征

全球性与民族性,不仅是文化的特征,也是篮球文化的显著特征。"所谓的全球性是指文化为人类的基本生存、生活需要和社会组织服务的特性,这种特性不因种族、民族、地域、阶级、时代而有所区别。因此,是全人类所共同拥有的财富。所以,这儿的普遍性就不能狭隘地理解为各个民族在各个时代都拥有相同的文化内容。"[①]

在统一的规则促进下,篮球文化的全球性特征主要从其形成上得到体现。从奈史密斯发明了篮球开始,作为接触到篮球的先驱者,将篮球传向全世界是其一个非常重要的愿望。但在前期,篮球虽然向世界各地不断地传播,由于规则的不同很难进行全球化的统一,参与这一活动的人非常少。1932 年世界有了统一的规则后和第二次世界大战之后,篮球的真正全球化才得以展开。当人们的生活不再是唯一的选择时,消遣和娱乐便成为人们的重要追求。篮球自然成为人们参与体育的一项重要活动,全球性特征非常显著。

---

① 郭永波. 篮球文化的理论框架构建[D]. 北京体育大学,2004.

2. 民族性特征

篮球在世界普及的过程中,形成了多种多样的风格,而这些风格的差异性主要是由于地域和文化的影响而逐渐形成的,这也就将文化的民族性特征体现了出来。"所谓的民族性则是指文化所具有的民族间差异性。文化的普遍性与民族性的统一的特征,使文化拥有自己的独特创造方式、存在方式和服务方式。"篮球更能够将体育文化这一特性反映出来,"人们形成反映本民族文化精神的体育文化,形成区别于其他国家的体育文化,区别于其他具体文化的体育文化个性"。

从文化学的角度上来讲,不同的风格上都能将不相应的民族文化反映出来。一个民族的体育文化总是要反映这个民族的文化精神,这就将篮球文化的民族性特征体现了出来。由于各种民族的历史和文化的不同,对篮球运动的理解与运用上也是有很大差别的,由此,不同的技术、战术风格便形成了。这些风格也是在一定的民族文化的基础上,具有鲜明的文化、观念和身体条件的烙印,是民族群体共有并区别于其他民族文化特征的。这些风格反映出文化在体育中的渗透,它能成为一种精神、一种行为制度、一种规范、一种习惯。

（三）社会性与个体性

1. 社会性特征

文化产品在产生过程中所融入的并在形式中所体现出来的人的社会性本质,就是文化的社会性特征。同体育文化一样,篮球文化从诞生起,就得到了社会的广泛认可,并很快融入了社会。由此可见,社会性也是篮球文化的重要特征之一。

篮球文化的社会性主要从两个方面得到体现。一个是篮球文化的传播迅速;一个是社会的认可度高。篮球的发明得到了社会的普遍认可和接纳,这也是篮球的传播迅速而广泛的一个重要原因。

2. 个体性特征

文化的实行方式,就是文化的个体性特征。篮球文化中的个体性主要从篮球文化是由许许多多的运动员在从事篮球活动中而表现的个体行为方式上得到体现。篮球运动包括的个人技术是有很多方面的,如投篮、运球、传球和防守等,这些技术在不同的运动员身上所表现出的运用组合是不同的,形成的风格与特性也会有所差别。这就将个体的行为方式体现了出来。

篮球赛场为球员、观众和所有参与者提供了将个人感情趋向于篮球比赛紧密结合的客观条件，人们的情感可以得到充分的宣泄，球员可以在自己的场上将个人技术充分发挥出来，观众也可将自己的观点充分表达出来，篮球文化本身就是在不断创造出尊重人格、体现个体自由的种种特质。社会道德和制度以及篮球自身规则，也就是文化学中所强调的文化的"规范功能"，都会严格约束篮球赛场中每个个体，使其能够自觉地遵守公共道德行为规范，这也在一定程度上将篮球文化社会性特征体现了出来。

（四）开放性和艺术性

1. 开放性特征

篮球比赛是按照特定的规则进行的，比赛中技术运用是以对手和场上的情况为主要依据而采取相应的行动的，这就将其开放性的特点充分体现了出来。在这里技术和智力的结合是非常重要的。在 NBA 比赛中，人们会经常看到运动员对突如其来的情况，做出适时的应答，随机应变。正是由于这些突发而生的变化，才体现出应急反应，才会带来惊叹，开放特性的魅力才会得到充分的表现。

2. 艺术性特征

体育的艺术性，主要从技术与身体结合而表现出来的美上得到体现。篮球的艺术性也是如此，完美动作达到的艺术境界以及时空概念的艺术造诣，都能给人以艺术感的欣赏和美的享受。

竞技性是体育的本质，但是如果没有艺术性的竞技，同样不会有更多的市场和观众。可以说，艺术性是在竞技性的基础上得以表现，没有竞技性的艺术，如同没有生命的艺术一样。

（五）继承性和时代发展性

1. 继承性特征

文化的基础性特征就是继承性。因为文化在不断的继承中才能够不断发展和创新，因此可以说，继承积累是发展的前提，没有继承积累，发展就很难实现。人类不仅能创造文化，而且能通过学习对文化有较好的掌握。相应地，还能通过教育等手段将文化予以传播累加，这就使人类与其他动物区别开来；另一方面，人类在使用文化时，又不是简单地重复，而常常是在重复的基础上加上自己的创造,体现出文化的时代性。篮球文化更是如此,某些篮球文化的内容不断地积累和发展,丰富了篮球文化的内容。

2. 时代性特征

篮球文化是动态的、发展的,这也是时代性特征的重要表现。同时,总是能将时代所创造的财富纳入其中,不断充实自身的文化内容,提高自身的文化品位,并与人们的生活方式和文化习惯相适应。这也是其成功的重要原因所在。这在 NBA 和 CBA 中都有较为显著的体现。比如,NBA 比赛始终成为具有时代特征的文化产品;另外,CBA 的制度建设和完善,CBA 俱乐部的更迭与扩充,CBA 品牌的塑造,篮球文化的营造等。这些也都将 CBA 文化的时代发展性特征充分体现了出来。

3. 发展性特征

从发展的角度来看,文化不仅是我国篮球继续扩展规模、提高水平的首要物质保证,而且各级联赛所形成的独特的文化形态更是篮球发展的基础,它使得篮球联赛超越了篮球比赛的范畴,成为人们文化生活的组成部分,在与篮球发展相关的诸多因素中,赛场形成的文化传统和习惯在较高的层次上影响着其发展的方向,决定着其发展的潜力,以此可以说,赛场文化使我国篮球的发展空间得到了进一步的拓展,同时也对篮球运动的快速发展起到积极的促进作用。

(六)积累性和变异性

1. 积累性特征

文化是在不断积累的过程中逐渐形成的,可以说,这是从个体的事件发展为具有文化意义的现象。"文化在存在过程中从一个个体、一个民族、一个时代向另一个个体、另一个民族和另一个时代的延续发展和积累叠加。所有的文化都是发展的,而这种发展是在继承累积基础上的发展。累积继承是发展的前提,没有累积继承也就很难有发展。"

体育文化的形成与发展也与积累有着非常密切的关系。奈史密斯先生发明篮球的初期,篮球只是作为一项运动和游戏而存在,真正意义上的文化还没有形成。篮球能成为一种文化现象还应该是 20 世纪 40 年代以后,篮球运动经过不断的积累和发展,从个体的事件逐步成为一种趋势、一种风格。由此可以看出,篮球发展是在积累这一重要前提下才实现的。

2. 变异性特征

"人类不仅能创造文化,而且能通过学习掌握文化。相应地,还能通过教育等手段将文化予以传播累加,这就使人类与其他动物区别开来;另一方面,人类在使用文化时,又不是简单地重复,而常常是在重复的基础上加上自己的创造,从而使文化内容发生变异。不仅数量增加,而且形态异化,甚至产生质的飞跃。"这对于篮球文化也是适用的,某些篮球的内容不断地积累和变异,使文化的内容发生了一定的改变。其中,在东南亚流行的"无板篮球",现在出现的"三人篮球"和"街头篮球",这些都是较为典型的例子,都将篮球的变异和创新体现了出来。可以说,新创造的项目在一定程度上反映出了社会经济和文化的发展水平,同时,也呼应了现代社会的大众化意识。

(七)多样统一性和互动合作性

1. 多样统一性特征

从本质上来看,人是自然和社会的统一体,是心理与文化相结合的统一体。文化是全人类集体财富的总和,民族文化是总体文化之根。每一个民族文化与其他民族保持联系并与它们的相互影响都是通过千丝万缕的关系实现的,如此,能够使全人类的文化成果更加丰富,对国际社会的共同进步起到积极的促进作用。篮球运动所创造的物质财富和精神财富有机地结合在一起,具有丰富内涵的篮球文化便形成了。

2. 互动合作性特征

篮球运动已经不仅仅局限于体育运动的范畴了,其还与社会的政治、经济、文化有机联系在一起,相互促进,共同发展。不同国家和地区的篮球文化世界的篮球文化得到了结合和统一。而各种篮球文化之间又是相互促进的,在碰撞融合中得到自身的发展。在这方面,NBA 和 CBA 都是较为典型的代表。

三、篮球文化的结构

"文化的功能和它的结构方式有着密切的关系。组成文化系统的要素相同,但要素在系统中的地位不同,即系统的结构方式不同,那么,它的功能也不同。"篮球文化,虽然是在大文化的范畴之内,但有着自己的明显特点和功能。

（一）篮球文化结构的相关因素

在剖析篮球文化结构时,需要对以下这几个方面的因素加以考虑。

第一,篮球文化是以精神为主要产品的文化,是以运动员的场上行为来表达各种思想和观念,通过技术、战术的外在表现来传达信息。

第二,篮球文化存在的形式是表演。运动员是通过一定的动作来表演的,不同于其他文化,并且这种表演即现即失,无法重复。其组合的形式也是无法重现。

第三,物在篮球文化中完全是一种工具。比如,球的规格等,这些都在规则中作了严格的规定,相应的一些规格是固定不变的。

第四,文化的时代性特征要求文化的要素要保持一定的动态,从实质上来说,就是篮球文化发展的某种趋向、趋势。

（二）篮球文化结构的层次划分

通常来说,文化所包括的要素主要有心理、行为、物质 3 个方面,或者说 3 个不同的层面。由此,可以将体育文化分为三个层面:一个是体育文化的心理要素,也就是文化的精神、观念层面,有时称之为精神文化;一个是体育文化的行为要素,也就是体育文化的行为方式、制度规范层面,有时称之为行为制度文化;还有一个是体育文化的物质要素,也是文化的物质的实体层面,有时又称为物质文化,凝结体育文化特质的各种物质产品都属于这一范畴。

精神文化层是篮球文化结构最内层,其中,篮球的思想、观念、精神、哲学、心理和谋略等都属于这一范畴(图 3-1)。也可以说,精神文化层是篮球文化的核心所在。

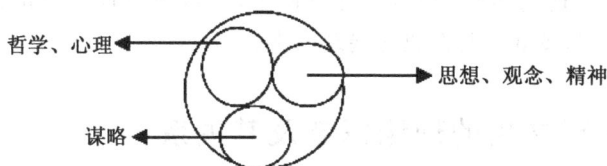

哲学、心理　　　　　思想、观念、精神

谋略

图 3-1

篮球的制度层是由内向外拓展的第二层,其所包含的内容主要有篮球的规则、比赛秩序、法规,以及在这些规则与制度规范下的技术、战术行为(图 3-2)。

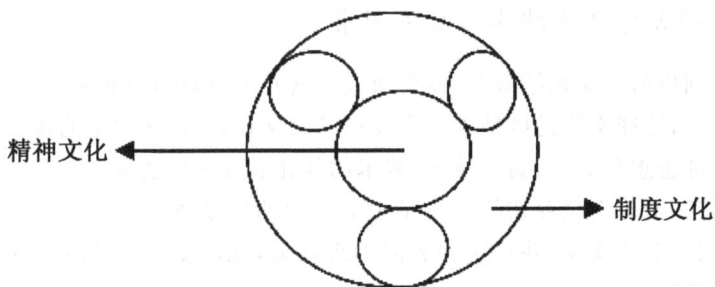

图 3-2

第三层是物质与象征文化的内容,主要是指人类加工的自然创造的各种器物,也就是所谓的物化的知识构成的物态文化层,篮球的各种设备和物质就是一个典型。在这其中位于物质文化和精神制度文化中还有一些特殊的、具有鲜明文化特点的要素,其往往被称为象征文化(图 3-3)。篮球文化中的象征内容,如队徽、队旗、队歌、队标,会徽、会标、会旗,联盟、协会的徽、标、旗,比赛音乐等就是这方面的典型代表。

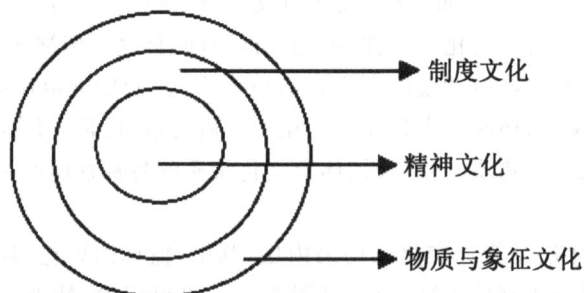

图 3-3

通过对上述内容的分析,在此基础上,可以将篮球文化的结构进行归纳,具体可以从图 3-4 上直观地展现出来。

四、篮球文化的理论框架及其关系

关于篮球文化的理论框架及其关系,可以从简单的框架图(图 3-5)上得到直观展现。

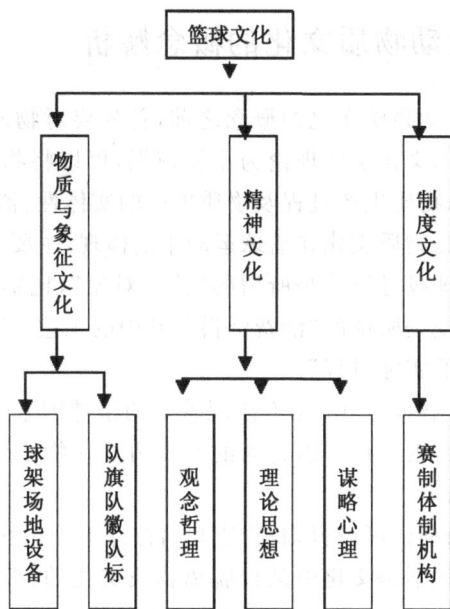

图 3-4

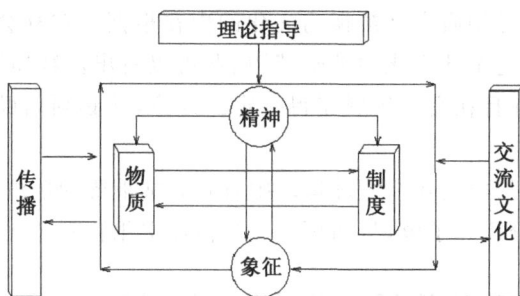

图 3-5

第二节　篮球运动物质文化及发展

在篮球运动文化中,物质文化是最为活跃的因素,从总体上来说,物质文化处于整个篮球文化的外层,其不仅能够为篮球运动文化的发展奠定良好的物质基础,而且也能够将精神文化体现出来。除此之外,篮球运动的物质文化在一定程度上将时代的某些精神和趋势反映了出来,同时,对篮球各类赛事活动也起到一定的渲染作用。

一、篮球运动物质文化的概念解析

在历届篮球运动物质文化的概念之前,首先要对物质文化的概念有所了解。具体来说,以文化学的理论为主要依据,可以将物质文化定义为"物质文化是指实际的物质生产过程及物质生产的实体性、器物性的成果"。[①]

由此可以得知,物质文化在篮球运动中的体现,主要表现为篮球是所谓的"劳动资料",将球投进篮筐是所谓的"劳动对象",比赛所需要的场地、服装、饮料和各种设施是所谓的"消费资料",其中的工艺、技术、科技含量等是所谓的"物质生产的实际过程"。

在篮球的这些物质之中,无不体现着人的精神因素,尽管如此,物的性质仍然是最主要的,由此也可以将人的本质力量在物质生产领域中的表现和发展程度体现出来。

通过进一步的剖析可以得知,物质和精神并不是相互独立的,而是一个统一体。"精神文化不是文化中某种脱离物质文化的、孤立存在的部分,即使是主体的精神活动,也离不开物质性的文化的大脑,精神依赖于物质。而物质文化也离不开精神,正因为它同时是精神的,凝聚着人类的精神劳动,才称作文化,这是物质产品被视为文化的内在根据。在社会文化的整体结构中,物质文化是全部文化的基础。"[②]由此可以看出,"物质"要想获得自身的灵魂、生命,并且在文化领域获得一定的地位,就必须借助于文化精神这一重要方面。

综上所述,物质文化在篮球运动中有着非常重要的地位和作用,要对其进行进一步的分析和了解,从而更好地为精神文化和制度文化服务。

二、篮球运动物质文化中"物"的解析

实物文化所涉及的内容主要有服装文化、陶瓷文化等,由此可以看出,物质文化是这种文化形式的主要形态。具体来说,篮球的物质文化中的"物",所包含的内容主要有以下几个方面。

（一）篮球

虽然篮球运动的出现时间是 1891 年,但奈史密斯先生未对球这项重要运动要素做全面考量,其只是在考虑篮球运动的规则和比赛形式后,就让工

---

① 郭永波. 篮球文化的理论框架构建[D]. 北京体育大学,2004.

② 朱立言. 哲学与当代文化[M]. 北京:中国人民大学出版社,1998.

人将两个桃篮钉在体育馆的看台上,并且上课所用的球也是随手捡的一个足球。由此可以看出,当时并没有引起奈史密斯对篮球的重视。

从 1891 年到 1894 年,篮球运动中所用到的球都是足球。之后,才做出了用比足球大一点的球的决定。从某种意义上来说,这个球就是现代篮球的雏形。球囊是在 1928 年才出现的,露的球嘴用皮带子扎住。当时的球是吹起来之后,把球嘴扎紧,塞进球里,外面再用带子缝上。可以说,这是篮球的一个巨大改革,也正因为这一变革,导致球能够弹起来了。这种球在十年之后才被重新进行改革,由此,新型的球也开始产生。

当前所用的球不仅有着漂亮的包装,还有非常好的手感。当前,这种正式用球已经在很多高中篮球联盟中使用,并且规则中也出现了使用这种球比赛的相关规定。

(二)篮筐和篮板

1. 篮筐

在最开始的时候,第一场篮球比赛中,奈史密斯博士将桃篮钉在看台上,在比赛过程中,参与运动者争相将球投进桃篮中,然后借助于梯子将球取出来,再继续进行比赛。后来,有底的网型代替了篮筐,并且在网子里安置了一个带子,只要球一投进去,一拉带子就弹出来,这样一来,使用梯子上去取球的这一麻烦动作就可以省掉了,但是这时的篮筐后面是没有挡板的。再后来,把篮筐安在篮板上的情况才出现。篮筐的下面安着篮网,球进篮筐应声而出。

2. 篮板

在改进篮筐的同时,篮板也得到了较大程度的发展。比如,最早的篮板后面是铁丝做成的网状,后改为木制,逐渐发展成为当前玻璃透明的篮板。

篮球的器材的改进和完善在一定程度上将人类的聪明才智反映了出来,可以说,这是人类智慧的结晶。

(三)场地与设备

尽管一般的篮球活动对场地的要求是相对比较低的,只要场地够宽阔、平坦,有篮筐即可,但是随着社会的不断发展,人们对篮球运动的场地和设备要求越来越高,不仅要有良好的场地,对灯光等的要求也越来越高。

从某种意义上来说,篮球运动的物质文化是文化的实体或载体,对人文精神和艺术品位越来越注重。文化的物质性形态不管是从建筑物、器材设备上,还是从服装、食品上,都能够得到体现,可以说,这些都是文化产品。这些文化产生同时具有使用价值和审美价值。比较典型的当属当前运动员的服装和球鞋,将设计与材料的选用、舒服与美观都有机结合在了一起。当前,人们的物质生活水平越来越高,精神需求越来越高,通过对篮球运动的欣赏,能够使人们的艺术欣赏欲得到很好的满足。对于观众来说,运动员本身就是一件运动着的艺术品,其观赏价值是非常高的。

三、篮球运动竞赛的"包装"

狭义上的包装"是盛装和保护产品的容器"。随着社会的不断发展以及体育产业的逐渐兴起,包装的定义也发生了改变。从广义上来看,包装也是文化的一种。但是需要注意的是,这种文化具有物质文化和象征文化两种文化的含义和内容。其中,所谓的物质文化的因素,主要是指人们接触到产品的时候,首先看到的是外包装。因此,包装在篮球运动竞赛中就显得尤为重要了,要加以重视。

以推销和渲染篮球比赛为主要目的,而附加在比赛中的各种活动和手段,就是所谓的篮球竞赛的包装。从当前的形势来看,篮球运动竞赛的包装主要包括联赛包装、球队包装和队员包装这几个重要方面。

通常来说,篮球运动竞赛所采用的手段主要有以下这些方面。

(1)举办开幕式、闭幕式。

(2)聘请名人出席开幕式与闭幕式。

(3)邀请少儿文艺、服装表演等各类表演。

(4)将联赛和各队的秩序册和宣传册制作出来。

(5)用各种艺术画像、广告来对球场进行装饰。

(6)对球衣进行包装。

(7)对本队的形象人物进行重点宣传。

(8)将啦啦队表演穿插其中。

(9)设计并导演别出心裁的开赛式。

(10)中场休息时的猜奖、抽奖、投篮比赛等各种观众参与的活动。

(11)制造比赛悬念。

(12)音乐伴奏比赛。

四、篮球物质文化层面的发展对策

篮球象征文化和实物都属于篮球物质文化层面的内容。以此为依据,可以将篮球文化的流动、传播，篮球文化所处的社会政治、经济环境，篮球运动的普及，职业联赛，明星队员，国家队大赛的成绩归类于篮球物质文化层面。

（一）社会政治、经济环境方面

1. 政治环境对篮球文化发展的影响

在体育与政治这对互动关系中，体育文化的发展始终都会受到政治的影响和控制，并且会随着社会的进步，呈现出更加理性化的特征，体育文化的宣传教化、培养、聚合、凝结的社会功能是政治集团引导和控制社会全体难得的有效方法与手段。体育文化能够在一定程度上调节和控制社会，尤其是体育文化的精神层面，不仅对体育生活具有较强的道德规范作用，还对一部分社会行为和越轨的思想起到调节和控制作用。体育文化与政治互动作用的人道主义文化触点是现代体育文化和当代政治的内容。

2. 从经济环境方面入手促进篮球文化发展

经济的发展对篮球文化的发展的作用，主要是针对篮球文化的行为制度层面和物质层面而言的，对篮球文化的精神层面则产生间接的影响，只是促进篮球精神文化实现的一种手段。

总的来说，要使篮球的文化精神与经济之间达到和谐发展，必须做到以下两个方面的要求。

一方面，篮球文化精神核心——满足人们日益增长的物质、精神文化需要。

另一方面，篮球精神文化与经济的发展不是同步增长的，从而使"经济决定论"得到有效避免。

（二）篮球文化的交流、传播

文化的发展是离不开传播的，没有传播就没有发展。对此，美国学者莫菲提出了自己的观点"可以万无一失地说，几乎所有文化百分之九十以上的内容首先都是来自传播"。NBA 的公共事务原则中也有"媒体第一，赞助第二，嘉宾第三"的说法。很多看台不设主席台，最好的观察位置都是留给媒体采访人员的，NBA 的竞赛计划除了要征求各运动队（俱乐部）的意见外，最重要的就是征求 NBA 电视台的意见，把最精彩激烈的比赛安排在周末举行，这样，就能够让更多的观众在现场观看比赛了。NBA 吸引最优秀的球员来美国打球，这样就能够引起全世界电视台、球迷和商家的关注，并把比赛引向海外,使其知名度得到进一步的扩大。大众媒介能够大大加快篮球信息的传播速度,使许许多多不能直接观看篮球比赛的人能够尽快甚至同时得到篮球的消息,并能身临其境地感受到篮球比赛的赛场氛围。从文化传播的方向上来说,可以将文化传播分为纵向传播和横向传播两种类型。我们的篮球文化传播应该在继承、创新、接纳的基础上得到自身内容的丰富。在实践领域,通过音乐、篮球宝贝表演、抽奖等手段营造比赛现场气氛,构建大众传播与篮球发展的互动体系。

媒介传播的社会效果是有着显著的综合性、长期性和客观性特点的,职业篮球与新闻媒体的关注和炒作之间是有着不可分割的密切联系的,但是要注意的是,既要加大与媒体的合作,把销售转播权作为收入,增强社会影响力形成品牌效应,又要保持自己的独立性,从而使新闻传播中的肆意炒作及广告泛滥的现象得到有效避免。

（三）篮球运动的普及

在 NBA、CBA、CUBA 的影响下,喜欢篮球的人越来越多。与足球和排球相比,中国的篮球无论是在普及程度,还是竞技水平在世界上的地位都要高出许多。即便如此,篮球运动场地的开放率是非常低的,这就对篮球运动的发展,特别是大众篮球运动的开展产生了较大的制约和限制作用。受市场经济及金牌战略的影响,传统篮球后备人才的"三级网络培养"模式正处于困境。目前,全国各省市篮球运动队断层现象严重,业余训练萎缩。群众性篮球运动的普及和业余篮球竞赛的广泛开展,是篮球市场发育的前提条件,培育和发展中国的篮球市场关键还要加大篮球运动的普及。具体来说,需要从以下几个方面着手。

一方面,要将现有的场地设施、体育社会指导员充分利用起来,从而为广大社会篮球爱好者提供更为便利的活动空间,带动更多的人参与到篮球运动中去。

另一方面,将体教有机结合起来,共同培养后备人才,充分发挥学校的教育优势,以校园篮球推动大众篮球的普及。

（四）职业联赛

篮球职业化运作模式是竞技体育的一种社会组织形式,它是市场经济发展的产物,其将某种社会制度、社会环境和社会意识形态对竞技体育的要求充分体现了出来。经过几个赛季之后,中国 CBA 联赛已经得到了有效的发展,其中,较为重大的举措有取消了升降级、进行南北分区增加了比赛场次、在 2005—2006 赛季正式更名为中国篮球职业联赛等,其在不断吸收借鉴 NBA 的经营管理模式的同时,也为走向真正的职业化道路进行了积极的探索。经过几个赛季的联赛,篮球项目特有的文化价值、商业价值逐渐突显。球市的火爆、上座率连续上升,市场开发初见成效。但在经营管理上与 NBA 相比,还是存在相当差距的。具体可以从 NBA 的组织结构图(图 3-6)与 CBA 的组织结构图(图 3-7)中可以得出这样的结论:篮球职业化的系统运作是一个庞大的系统工程,各要素相互影响,相互制约,共同围绕着整个联赛发挥各自的功能,篮球文化的内涵得以丰富和充实。

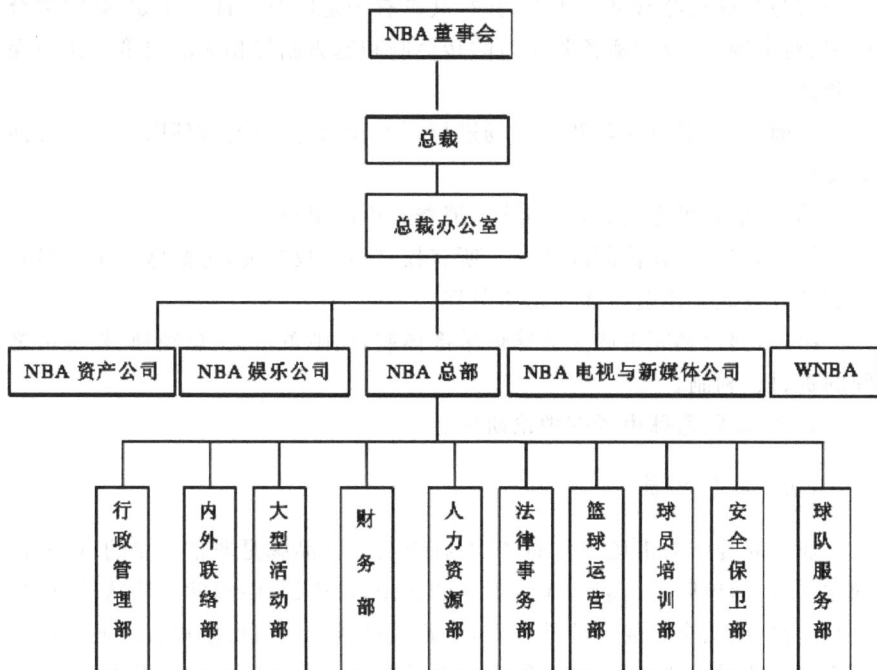

图 3-6

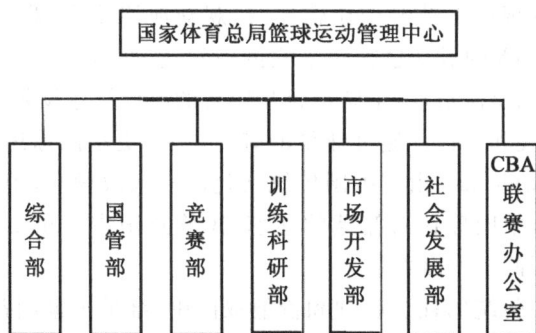

图 3-7

通过上面两图的对比可以发现,我国职业男篮俱乐部内部组织机构方面还存在着诸多问题。比如,设置不完善,负责经营事务的职能部门少,各部门的管理分工过于笼统,没有形成各自的具体分工,尤其在法律事务、人力资源的开发,以及球员的培训上没有具体的分工管理。这些都在不同程度上制约着篮球职业化进程。职业联赛对外是展示中国篮球文化的窗口,对内是我国篮球人士集体智慧结晶的体现,也直接影响着我国篮球运动的发展。篮球职业化是市场经济的产物,市场经济是法制经济。篮球职业化的经营与企业化经营是有所不同的,其具有一定的特殊性。比如,必须用合同制、薪金制,以及均衡各队实力的转会制和选秀制等相应的政策和法规保护和制约。

当前,要想对篮球联赛的市场进行开发和培育,需要做到以下几个方面的要求。

第一,更新思想观念,加强篮球消费意识的引导。

第二,继续深化体制改革——所有权与经营权分离,为篮球俱乐部经营者实现自负盈亏创造法律和物质条件。

第三,健全和完善职业篮球俱乐部体制,明晰董事会、总经理、教练员之间的责、权、利制。

第四,加强篮球市场的理论研究。

(五)明星队员

职业联赛作为市场经济的产物,拥有自己的品牌是非常重要的,而要做到这一点,篮球明星会起到非常重要的作用,可以说,明星就是球队的灵魂、核心和得分手、全队战术的围绕者,比赛关键时刻最值得信赖者。明星的作用不仅仅使得比赛变得更精彩,更重要的是他们有着巨大的号召力,他们的名字本身就是票房的保证。姚明、王治郅就是明星效应较为典型的事例,我们的 CBA 联赛现在正是缺少让媒体、让观众津津乐道、难以割舍的明星。而与之相反,NBA 的成功也得益于它的造星运动。因此,我们的联赛也必须培养自己的明星队员,除了队员自身应有的超群篮球技艺外,还要通过媒体进行大力包装和宣传。通过球星的魅力,来将更多的球迷对中国篮球的关注进一步带动起来。由于中国传统文化的非宗教倾向,中国球迷形成了自己独特风格,中国球迷对篮球的迷恋,民族意识占有重要地位。具体来说,应该从以下两个方面着手。

一方面,在传统的社会心理和价值取向中,维护国家利益,维护群体利益,成为人们关注的重心。

另一方面,中华民族的传统文化中“尚仁”“崇义”特点使中国球迷要求中国的球星不仅在技术上要有高超的技艺,而且在思想上还应该成为伦理道德的典范。

(六)国家队大赛的成绩

国家队大赛的成绩,能够将篮球运动的真正水平体现出来。中国女排的再次夺冠,将人们对女排队员、对排球的热情充分激发了出来。而当前,我国男女篮整体水平与世界强队还是具有一定差距的,这是不可否认的事实。世界赛场是展示中国篮球文化的最好舞台。[①] 姚明的成长、王治郅的归队,已经在一定程度上将中国男篮的整体实力提高了一些,但是还要对世界篮球发展的最新状况有清晰的认识,以先进的篮球理念来为训练比赛提供科学的指导,争取在世界大赛取得优异成绩。由哲学普遍联系的原理:任何事物都是普遍联系的,构成篮球文化诸要素之间又是相互影响相互制约的,是矛盾运动的统一体。在将篮球文化的影响要素确定下来之后,在全面发展的基础上要将重点突出来。发展职业联赛,提高我国篮球竞技水平,加深对篮球文化的认识,使其内容得到进一步的丰富和充实。[②]

第三节　篮球运动精神文化及发展

一、人文篮球理念

(一)人文精神是人文的本质所在

人文精神,是人文的一个重要本质所在。一般来说,人们会将人文大致分为两个方面:一个是对文化内在价值和意义的自觉,也就是所谓的人文精神,其是通过人们的行动体现出来的是"体道";一个是人们对自身文化的一种了解、一种学问,是"知道",这就是所谓的人文知识。

因此,可以将人文精神归纳为"人文化成——文明之初的创造精神;刚柔相济——究本探源的辩证精神;究天人之际——天人关系的艰苦探索精神;厚德载物——人格养成的道德人文精神;和而不同——博采众家之长的文化会通精神;经世致用——以天下为己任的责任精神;生生不息——中华

---

① 巩庆波.中国篮球文化主要特征及发展对策研究[D].武汉体育学院,2006.
② 同上.

民族的人文精神在当代的丰富与发展"①。

(二)人文篮球的主要特性

在以人为本这一基础之上,通过篮球的教学、训练、竞赛等手段,将竞技与教育有机结合起来,从而达到对从事者的人生教育的目的,这就是所谓的人文篮球。

具体来说,"人文篮球"主要有以下几个方面的特性。

1. 使人与自然和谐相处,将科学与人文融合在一起

起初,对篮球的研究往往将篮球的技战术,以及教学和训练的方式方法作为重点,却忽视了竞技的主体——人。因此,"打架""假球""黑哨""兴奋剂"等事件就接连出现,这就将运动竞技中存在单纯探索竞技的特性充分体现了出来,偏重"物道"而忽略"人道"的倾向也将竞技中科学与人文分裂在一定程度上体现了出来。由此可以看出,在竞技中,"物"的地位提升,而与之相应的"人"的主体地位却呈现出下降的趋势,严重者甚至被剥夺,这种现象是在所难免的。但是,实际情况是,仅仅依靠良好的技战术水平和教学训练方法,哪怕能够获得比赛的胜利,这对于篮球运动的可持续发展也是非常不利的。由此可以看出,只有注重人的发展,才能够保证篮球的长远发展。

2. 以人为本,重视人性、人格

人文的核心就是以人为本。从根本上来说,最重要的改变就是对教育对象的看法,具体来说,就是从单纯将教育的对象视作学习的机器、赛场上获胜的工具,转变为一个有思想、有感情的活生生的人(或是运动员)。

在人性、人格的修炼方面是要格外讲究的。之前,对运动员的训练的理解往往是较为片面的,即是以提高运动成绩、技术训练为中心的单一的训练过程。然而,人文篮球的运动训练过程更加多样化,具体是指运动训练和人格修炼有机结合的竞技教育过程。除此之外,运动的竞赛、选材、教学、训练、恢复和评价六大过程及其育人措施也是其中较为重要的方面,所有这些都是一个培养智体型运动员的竞技教育新模式的重要组成部分,不可或缺。

要对人格进行修炼,需要从两个方面着手:一个是教练员的修炼,另一个是运动员的修炼。具体来说,教练员首先要进行自我修炼,然后在此基础上,还要为运动员的自我修炼提供一定的帮助。同时,运动员的自我修炼也是不可缺少的。

---

① 张岂之. 论大学文化素质教育[A]. 中国大学人文启示录(第3卷).1999.

大力倡导"人文篮球",同时始终遵循这个理念,可以对变革国家运动员培养方式发挥一定的积极作用,也能在某种程度上改变之前固定的培养方式,从而大幅度提升学生的思想道德素质与运动成绩。

篮球运动是一项集体性项目,而在篮球运动的过程中,就能够对运动员的集体主义精神进行积极有效的培养,齐心协力、团结协作则是这一精神的主要内容。这一精神有着非常重要的作用和意义,尤其在未来与人交往方面也会起到积极的帮助作用。

3. 注重人的情感教育

情感教育,往往也被称为美感教育,其是文化素质教育中的一项重要内容。

现代心理学对人的情感研究的重视程度越来越高。一个人对事物的专注程度,就是所谓的"情商"。

通常,可以将教育分为三个层面:第一个层面是知,具体是指知识与认识能力;第二个层面是情,就是所谓的情感、审美能力;第三个层面是意,就是所谓的意志、志向、理想。

从某种意义上来说,人文精神中所包含的内容是非常丰富的,情感就是其中非常重要的一个方面,具体来说,就是对人应以更多的情感关怀,另一个就是教育人对事物的情感追求,使他们的感情调节能力得到有效的提升,同时也使其审美能力得到有效的提高,进而使精神追求得到进一步的提升。

人文篮球的感情追求已经得到了进一步的提升,具体来说,逐步从低级向高级转变,从初级的物质和"金钱"的追求,向高级的精神和理念追求转变。

在篮球运动文化中,不同层次的追求都能够在对竞赛的理解和对人文篮球认识上得到相应的体现。竞赛最后所取得的成绩是竞赛的必然结果,精神过程的表现则是竞赛精神内容,是追求竞赛的成绩和竞赛的结果。如今,区别人们情感追求的一项关键标准是注重胜负,注重比赛过程中运动员的具体表演,向观众贡献出"美"和"艺术"的表现。

当前,人文篮球的最高追求在于使竞"技"性得到有效提高,并且为篮球的"艺术"而创造。

4. 奠定人生价值基础的人文精神

从相关的调查中,得出一个问题,即没有进入到 NBA 的篮球爱好者何去何从? 正确的答案是让他们学会在球场上思考,学会人生努力,掌握人生奥秘,学会求生的本领。这不仅是人文篮球需要解决的重要问题,同时,也是体育文化学所面临的重要问题,需要对此加以重视。

在对篮球运动这项有效手段加以运用的基础上,来培养人的谋生技能。传授高品位的竞技人文知识,积极开发人类的生命,对人的本质进行深入的认识,然后在此基础上,再去对当今社会人的本性与竞技的关系进行积极的探索,从而对人文理念和竞技专业知识进行尽可能全面的掌握,对人的生命潜能进行进一步的开发和挖掘,从而将具有人文精神和科学精神的运动人才培养出来。

从全局的角度上来说,人就是面向世界开放的生物、心理、社会"三合一"的"文化人"。不管是普通的人还是运动员,只有在社会的大舞台上得到一定的锻炼,并且使适应能力得到越来越好的提升,才能够使其社会发展的适应能力也得到进一步的提高。

(三)人文篮球的功能与价值

1. 篮球的创新功能

人的创新能力,有着非常重要的社会作用的。"没有创新,就没有发展。"在知识时代,可以说,创新就是"金钱"。创新对经济的全面发展起到积极的促进作用,这在新兴产生、工业和农业上都有所体现。从某种意义上来说,"篮球"的发明就是一个创新,规则也在不断地发展和创新。由此可以看出,在体育领域中,篮球运动文化就是一个创新的典范,有着非常强的代表性。

在篮球比赛中,运动员技术运用的实质就是时刻进行的"创新"劳动,究其原因,主要是由于在运用篮球技术的过程中,并不是必须依照固定模式来进行,教练员同样无法代替与具体指挥,只有运动员亲临球场并结合实际情况来有针对性地创造出来。

2. 改善完全思维

形象思维和逻辑思维对人产生的影响并不是完全相同的,是有一定的差异性的。一般来说,人的右大脑所主导的是形象思维,而人的左大脑所主导的是逻辑思维。通过篮球运动训练,能够有效改变这两个方面。

二、篮球运动文化与哲学

哲学对体育文化,尤其是篮球运动文化有着重要的指导作用。也就是说,在篮球领域内,哲学有着较为广泛的实践运用。具体来说,主要从以下几个方面得到体现。

（一）对人们认识篮球运动有着积极的指导作用

体育哲学的研究对象,就是体育整体的、共同的、最一般的本质和最普遍的规律。从存在和思维的关系来看,体育哲学是对体育整体的共同的最一般本质和最普遍规律的辨析,换句话说,体育哲学就是人们对体育的本质看法。以此为依据,能够对篮球运动文化的哲学有更加深入细致的了解,具体是指研究篮球的特殊规律、人们对篮球运动产生的普遍认识、篮球哲学基本范畴、篮球运动和其他学科之间的联系。

随着社会的不断发展,人类的认识也是逐渐得到发展和提升的,具体来说,就是从最简单逐渐向复杂递增,换句话说,就是从各种可以直观的感性现象出发,一步一步地深入到事物的本质。

通过上述内容的剖析,可以将篮球运动哲学的范畴确定为对立统一、整体与个人、全面与特长、实力与潜力、训练与比赛等几个方面。

（二）要对篮球运动发展史动态有所掌握,并对其进行反思

哲学是需要借助于抽象思维,对具体科学知识进行概括和总结的,并且在此基础上得到了进一步的升华,具体来说,就是上升到了对世界一般性和普遍性的认识。与此同理,反之其又借助于此,从而对各个领域和具体事物的研究与把握展开正确引导和有效推动。哲学的指导作用在篮球发展的整个过程中都起到非常重要的作用,尤其是哲学中辩证统一规律,将其指导作用充分展现了出来。另外,哲学原理与哲学思想有助于归纳篮球发展的基本规律以及篮球运动发展走向。

在篮球的发展过程中,哲学有着非常重要的作用和意义,具体来说,其是作为重要的原理依据而存在的,积极指导篮球本身的事物进行概括和总结,同时,通过哲学的一般和个别、普遍和特殊的辩证统一的关系的运用,来对此学科的发展动态进行研究,是哲学的主要功能和价值所在。通常来说,是在认识个别与特殊的基础上,升华成对一般与普遍的认识,同时以此作为重要基础,对深入认识个别与特殊发挥积极作用,以此归纳出篮球运动发展的动态,最终准确把握篮球运动的发展方向。

（三）积极指导人们对篮球理论的探索与研究

"科学理论就其内容而言,具有客观性,是对自然、社会和思维诸领域的客观对象的认识和把握;但就其形式来说,又具有主观性,它是主观的概念体系。这种概念体系的建构,是人的思维自由创造的产物。因此,离开了哲

学的思辨和想象,离开了哲学对思维方式的锻铸,就不可能产生伟大的科学发现和科学理论。"①

篮球在产生之初,是作为一个游戏而存在的,在经过不断的发展后,才成为一项在理论指导下的重要竞技项目,并且在世界范围内得到了广泛的发展和普及。在篮球运动发展过程中,哲学的基本原理和方法产生了十分关键的作用,在哲学理论的科学指导下,篮球运动逐步发展成了一种不容忽视的文化现象。

(四)为人们对篮球的科学研究提供了必要的方法论

关于哲学,对其的理解较为深入,可以说其不仅是世界观,同时也是方法论,对自然科学的研究能够有效提供方法论方面的指导。通过总结具体科学中的具体方法,并且对其进行反思,哲学能够将这些方法的合理性区分出来,并且将其一般的方法论原则提取出来,同时,在其他领域的科学研究中进行广泛的运用,从而能够更好地指导其他领域的科学研究,同时也将其启示作用充分发挥出来。

科学的研究在篮球的发展过程中起到重要的指导作用,同时,这也离不开正确的方法。哲学能够在一定程度上科学指导人们对篮球运动的研究。由此可以得知,哲学是理论的思考武器,同时也是人们研究科学的方法工具。

(五)对篮球运动及其关系有更深层次的了解和认识

哲学往往会通过逻辑、归纳、比较的方法,来使人们对篮球与社会发展之间的关系有更加深入的了解,这对于篮球基本理念的形成是非常有利的。

"哲学要把科学和技术的发展严格限定在人道的轨道上,使科学和技术真正成为促进人类幸福的事业。"达到追求篮球的真、善、美,是篮球文化研究的最终目的所在。

三、篮球精神文化层面的发展对策

篮球精神文化层面包括的内容有篮球的思想、观念、精神、哲学、心理和军事谋略。以此为依据,可以将民族文化,篮球理念,教练员、运动员的文化素质,对篮球文化的认识,归类于篮球精神文化层面。

---

① 吴鹏森,方列曙. 人文社会科学基础[M]. 上海:上海人民出版社,2008.

（一）民族文化

对于世界上所有的高水平体育文化内容与形式来说，它们的形成都是在一定的条件和前提下才形成的，而这个前提条件就是民族个性创新精神与吸收的文化，这在个体人到群体人，再到一个民族和国家，再到全球多元交融化的创新发展上都有所体现，可以说，这些均是特定国家民族和制度环境、特定历史与生活互相影响所形成的。在现阶段应当积极探索，增强和大幅度提高我国篮球文化内涵中的历史的民族个性和优势特点。在"天地人合一""知行合一"哲学观的引导下，中国传统体育文化追求身与心、机体与自然协调发展整体效益的价值取向。在"中庸之道""持两用中"的影响下，体育文化顺其自然而然地被纳入"不争"的节制之下。其主要从正心、诚意、修身、养性的运动观上得到体现，中国传统体育不把竞技胜负看作其唯一价值，进而表现出的则是一种明显注重人格培养。它所追求的内在的、含蓄的、和谐的审美价值观。其在产生积极影响的同时，也不可避免地产生了一定的负面影响，这在我国篮球运动中有着较为突出的表现：我国篮球在战术上历来注重整体水平的提高，但对个体的自我意识重视不够，这也就导致中国篮球少个性张扬，缺少侵略性，缺少技术独到的明星，在比赛的最后关键时刻往往没有人能够挺身而出奠定胜局。现代竞技篮球运动所具有的竞争、对抗、个人技艺与整体配合的完美结合是传统文化所欠缺的，但中国传统文化博大精深，蕴含了丰富的文化底蕴，中国传统文化的整合性和地理文化的多样性对篮球职业化的形成和发展起到了积极的作用。从某种意义上来说，中国传统的伦理观、人生观，对西方文化的不足起到了重要的弥补作用，对篮球运动的健康发展起到了积极的促进作用。

（二）篮球理念

篮球运动的思想和观念，就是所谓的篮球理念，从某种意义上来说，它是篮球文化最深层次的东西。中国与世界篮球强队之间有着较大的差距，这在篮球场上竞技结果，以及篮球的理念上都有所体现。这也在很大程度上对中国篮球的发展产生了较大的制约作用。较为典型的为，国内教科书对篮球的定义为"将球投入对方篮筐，以得分多少决定胜负的集体球类运动项目"。其中，就透露出了篮球为一个投篮取胜的比赛，至于人的发展完全委托给自然的思想，这是典型的见物不见人的思想。但是，美国 NBA 篮球的观念为篮球的本质是通过这项运动去培养全面发展的"人"。由此可以看出，美国所遵循的是篮球"人本位"的理念。美国篮球观念是人性的篮球观念，是"以人带球"的思想，是研究"人道"与"物道"合一的篮球。相反，国内

"物道"的篮球,是"以球带人"的运动。国内篮球观念的落后,也反映了中国竞技"重物轻人"的倾向。国外竞技的目的在于"人",国内的竞技目的则是"物(球)"。这种观念上的滞后、人文精神的失落是导致运动文化深层次的落后的重要原因,同时也是中国竞技与国际高水平竞技存在差距的关键所在。偏重于研究开发运动员生物体能的"物化"训练,忽略同步进行人格修炼,将限制运动员可持续发展的能力。对国外先进的篮球理念进行研究和借鉴,能够使我们传统的观念意识有所转变,使我国篮球文化的内涵得到进一步的丰富,使其具有重要的现实与长远价值。因此,这就要求变革过去"重物轻人"的旧观念,建立人物并重、更重"人"的新理念,研究篮球育人规律的"人道"与"物道"的整合效应,这与孔子在《论语》中提倡把做人与治学融为一体的理念是相一致的。

(三)教练员与运动员的文化素质

1. 教练员的文化素质

教练员的思想道德素质、业务素质、心理素质与文化素质的提高之间都有着密切的关系。

(1)教练员文化素质的基本状况。

李富荣曾经说过"一个国家竞技体育水平的高低,一个运动项目水平能不能上去,教练员起着非常关键的、不可替代的作用。一个好的教练员可以带好一批队员,一批好的教练员可以把整个项目都带动起来。"当前,国外教练员教育培训的重点往往放在教练员的教学训练意识、教练活动的观念等深层次的内在思想活动上。与此相对应,培训模式也从"训练"逐渐向"开发"与"发展"转变。因此,从教练员专业可持续发展的视角来看待教练员的教育培训,确立超越单纯的技术培训和能力发展的层面,走向更深层次的"观念的建构"的新理念就成为一种必然。行为是在观念的指导下进行的。我国的篮球教练员队伍多是"师傅带徒弟,徒弟升师傅"的模式,虽然直接从事篮球专项训练,但对篮球运动专项训练理论的研究探索能力较弱,对篮球运动专项特点、发展趋势、训练实践规律把握不清,很多都是以经验训练,这就对我国篮球运动的科学化训练产生了重要的制约作用。

(2)教练员文化素质提升的途径。

鉴于此,加大对各级篮球教练员的培训,促使教练员不断吸收和拓展新的科学知识,建立教练员合理的知识结构体系就显得尤为重要了。具体来说,可以从以下几个方面着手进行。

第一,丰富篮球理论知识,更新观念,强调科学化训练。

第二,培养教练员的事业心和责任感。

第三,掌握世界篮球运动的最新发展趋势,发挥创新思维能力。

可以说,良好的篮球专项技术、理论素质和文化素质是现代篮球教练员必备的重要条件。

2. 运动员的文化素质

(1)运动员文化素质的基本状况。

教练员或教育部门赋予运动员的教育、信息和科学技术化等含量的高低,都在很大程度上决定着竞技把运动员生物属性的潜能开发出来的百分比的多少。从实践中可以得出结论,运动员获得的做人与教育的机会越多,他们可持续发展的能力就越强。当前,人们在运动训练中,把大量的时间、精力投入到提高运动员的技术和体能等生物性的层面上,并且许多教练员认为这就是"科学训练"。通过对这方面进行系统的分析研究得知,运动员的训练所涉及的内容非常广泛,其中,不乏技术和体能的物化训练,思想、情感、责任感的培养等。单纯进行人的生物层面的训练,忽略同步进行人的心理层面和社会层面的修炼,很可能会促使运动训练成为一种"造物"不"造人"的物化训练,结果使人的生物性一面得以强化,而真正属于人的一面却不断弱化,造成主体(人)的迷失。主体迷失程度的加深,就是竞技者自我异化的加强。从以往国内运动队师徒反目、队伍解体、成绩滑坡的问题中可以得知,这些问题往往都是由于重训轻教所致。也正是因为如此,运动员的文化教育在国外受到了普遍重视。

篮球运动,曾有"巨人"的运动之称,但更多人却认为篮球运动是"智者"的运动,用"脑子"打球才是更重要的。运动员在场上比赛的主要目的在于提高运动成绩,获胜,但是,这是需要在一定的智慧、篮球意识的基础上才能实现的,仅仅依靠良好的体力是无法实现的。现代的运动训练目的在于增加人类心理、文化的积累,加速人的生物进化。同时,通过竞技"教"运动员学会做人、学会竞技的准备过程,"用"竞技教育习得做人和竞技的本领。实际上,篮球运动之间的比赛,就是双方队员身体和智力的双重较量,这就对运动员的文化素质提出了更高的要求。我国高水平篮球运动员基本上是在省体校或地市中专上学,由于从小学阶段就开始从事半专业化训练,占用了大部分时间和精力,没有受到系统的基础文化教育,这样对篮球技战术水平的提高,以及今后运动员的就业都是非常不利的。

(2)运动员文化素质提升的主要途径。

重视运动员的文化教育,解决学习与训练竞赛的矛盾,体教结合培养运动员,不仅是提高运动员文化素质的关键所在,也是非常有效的途径,具体从以下三个方面得到体现。

第一,解决读训矛盾,发挥体育院校的办学优势,建立教育、训练、科研三结合基地,加大体育院校竞技篮球运动员的培养,利用社会和高校的教育资源,提高运动员文化水平。

第二,科学管理,加大经费投入,为各级运动员提供良好的学习环境。

第三,通过政策法规的配套,使运动员文化教育工作切实建立起有效的制约、监督、激励和保障制度。

(四)对篮球文化的认识

存在决定意识,作为意识形态的范畴物质对意识起到重要的决定性影响,意识可以使物质从量变到质变。近年来,随着体育事业的不断发展,篮球文化才引起研究者的重视,很多方面还处于探索构建阶段。

在中国篮球文化的建设过程中,必须以中国篮球运动现状和世界篮球发展趋势为现实依据,研究篮球文化的核心所在,明确中国篮球文化的特征与价值,构建自己的理论体系,在实践中得以检验,形成指导实践的理论依据,使中国篮球理论具有真实的文化内容。受民族文化、种族以及社会条件的影响,中国篮球文化应是在体现中华民族精神风貌的基础上,立足于时代和民族的需要,适应篮球运动的技术动作以及攻守对抗的特点,并以此为依据来将我们的训练、比赛的指导思想确定下来。

第四节 篮球运动制度文化及发展

一、篮球运动制度文化的概念

在剖析篮球运动制度文化的概念之前,首先要对制度文化的概念加以了解。所谓的制度文化,就是以一定的思想观念为依据而建立起来的各种制度、规则和执行这些制度的机构和组织,以及风俗习惯和礼仪。

由此可以得知,篮球的制度文化是围绕着篮球运动的开展而产生的规则和比赛体制,以及与篮球文化有关的组织机构。[①]

二、篮球运动制度文化的中心思想

篮球运动制度文化的中心思想主要是在篮球规则上得到体现的,下面

---

① 郭永波.篮球文化的理论框架构建[D].北京体育大学,2004.

就对篮球规则的相关理论进行分析和阐述。

（一）篮球运动规则及其原则

早在 1891 年,篮球就已经诞生了,为了保证篮球运动的顺利开展,篮球规则也同时产生,因此,篮球规则的产生比篮球文化要早。尽管早期的篮球规则并不完善,但是其也已经具有一些鲜明的思想和精神。

奈史密斯博士作为篮球运动的创始人,在制定第一部篮球规则时,就确定了三个精神:一个是篮球运动一定要与足球和橄榄球有所区别;一个是篮球运动要能够将文明运动充分体现出来,身体接触和严重触犯规则是不允许的;还有一个是,这一运动项目不仅能够在室外进行,也可以在室内进行。在这三个精神的基础上,奈史密斯博士将篮球规则的五项基本原则提了出来,具体如下。

（1）它需要一个较大的,可用手控制的球。

（2）持球跑是不被允许的。

（3）对队员之间的身体接触进行严格的限制。

（4）场上任何区域都是允许被两队随意占据的。

（5）在垂直高处安置球篮,并且要注意呈水平。

（二）篮球运动规则修改的原则

1892 年 1 月,奈史密斯博士将第一个正式篮球规则公布出来,在经过 40 年的不断补充和修改后,第一本国际统一的篮球竞赛规则才于 1932 年形成,这也是篮球规则逐步走向完善和成熟的一个重要标志。需要强调的是,在规则的修改过程中,一直遵循着一些基本原则,具体来说,这些原则主要有以下几个方面。

（1）有效保证比赛的合理性,同时,也使不同的人群都积极参与其中,从而使取巧的行为得到有效避免。

（2）加快比赛的发展速度。

（3）对单纯追求高度的做法进行有效的限制,对运动员的技术发展与提高起到积极的促进作用,并且使其向更灵活、更广泛的方向发展。

（4）严格限制一切不道德的行为,并对其进行相应的处罚,从而使篮球运动正常、健康的发展得到有力的保证。

（5）对运动员勇敢、顽强的意志品质和集体主义精神进行积极的培养,从而使他们的体质得到有效增强。

（6）进一步丰富篮球规则的内容,使其得到进一步的充实,规则的合理性以及完善、科学的特性也要有所增强。

三、篮球运动竞赛体制

竞赛是篮球运动中非常重要且不可或缺的重要方面,其所具有的重要作用和意义是不能忽视的,具体来说,这主要从三个方面得到体现:第一,能够使篮球技术、战术水平得到有效提高;第二,能够将社会政治价值充分体现出来,使篮球市场进一步扩大;第三,能够使大众文化生活得到丰富,从而起到有效调节篮球运动文化的显著作用。

除此之外,竞赛的意义在篮球文化的繁荣方面也有着充分的体现。从某种意义上来说,赛事比较多是篮球文化繁荣的一个主要标志。

(一)篮球比赛的主要类型

当前,篮球比赛的类型较为常见的主要有以下三种。

1. 单项协会主办的篮球比赛

国际篮联和中国篮协是单项协会主办的篮球联赛的主办方。其中,世界青年锦标赛、世界锦标赛、各大洲的锦标赛、各大洲的青年锦标赛等是较为典型的几个赛事。

2. 交往性的比赛

交往性比赛的主要目的在于加强交流,增进友谊,发展相互关系。其中,较为典型的国际性的比赛当属国家之间双边的访问比赛,几个国家之间多边的邀请比赛等。

3. 综合性运动会中的篮球比赛

在综合性运动会中,篮球是重要的比赛项目。其中,世界军人运动会、世界大学生运动会、世界中学生运动会、奥林匹克运动会、各洲际和地区运动会(亚运会)中的篮球比赛等是较为典型的国际性赛事。

(二)常见的篮球竞赛体制

竞赛体制能够在一定程度上保证竞赛的顺利进行。当前,篮球竞赛体制主要有两种,一种是赛会制,一种是赛季制,具体如下。

1. 赛会制

将参加比赛的球队集中在一个地方,然后用一定的时间,进行连续的比赛,将相应名次决出来的一种竞赛方式,就是所谓的赛会制。目前,赛会制的运用较为广泛,如奥运会篮球赛、世界锦标赛、亚洲的亚运会和全运会等都是采用的这种竞赛体制。

2. 赛季制

所谓的赛季制,就是在赛季较长时间内,每个参赛队与其他对手分别在主、客场进行 1~3 场比赛(最终按总成绩排名)的一种竞赛方式。其中,美国的 NBA 比赛和中国 CBA 等是较为具有代表性的。

四、篮球制度文化层面的发展对策

篮球的规则、比赛秩序、法规等都属于篮球制度文化层面的范畴,在这些规则与制度规范下的是运动员的技术、战术行为表现。依此为依据,可以将篮球竞技水平,篮球技术、战术,管理体制归类于篮球制度文化层面。篮球制度文化层面的发展对策也从这几个方面着手。

(一)篮球竞技水平

对篮球制度文化的发展产生影响的因素中,处于首位的就是篮球竞技水平,高水平篮球的竞技观赏性、趣味性、艺术性能够让社会广大人民群众对篮球的魅力有精神上的享受和感受,这也在一定程度上促进了篮球竞技、技艺和篮球比赛能够成为一种商品进入市场。竞技水平是篮球竞赛运动这一特殊“商品”的价值标志。竞赛所提供的商品价值和文化价值与竞赛水平之间是呈正相关的关系。同样的,观众和市场也都是在高质量的比赛基础上才实现的。观众对篮球比赛质量的要求是比较高的,他们的主要观点是“运动员高超技术的运用”、“比赛结果的不可预测性”和“战术的灵活多变”等是篮球竞赛质量的主要构成要素。提高运动竞赛的水平,在此前提下借助音乐、舞蹈等多种综合性的文化符号来搞好篮球赛场文化的建设,使得篮球的文化内涵能够在比赛中得以系统体现,以获得充分的物质和精神回报,这就是篮球文化建设的核心所在。

(二)篮球技战术

篮球运动中,将技术、战术、体能、意识、心理等集于一体,进行综合性较量的竞技运动,观众会对运动员运用娴熟的技术和灵活多变的战术以及教练员间斗智斗勇等场面有较好的精神享受。我国篮球运动员在世界大赛中,特别是在与欧美强队对抗中,往往会表现出一些不足,如对抗能力差,主动性、攻击性和综合应变能力不强;进攻上把握不好投篮时机,防守积极性差、犯规增多;在与世界强队的对抗中没有将自己的风格打出来。这种结果产生是缘于多方面原因的,当今世界篮球运动在对抗上越来越表现出凶悍、突变、准确特点的情况下,我们在训练比赛中应该充分调动队员的积极主动性,培养那种勇猛顽强、果敢的拼搏精神,提高强对抗条件下技术的运用能力。对于青少年来说,提倡合理的个人表现,就要求个人攻击能力和攻击欲望的培养上要进一步加强。防守上则应以个人攻击性防守为主,在充分发挥个人能力的基础上再来对集体的配合加以强调。如此一来,不仅与篮球运动的竞技性特点相符,有利于篮球运动整体水平的提高,同时也使人们篮球审美价值上的追求得到较好的满足。

(三)篮球运动管理体制

体育组织机构的设置、领导隶属关系和管理权限划分等方面的体制和制度的总称,就是所谓的管理体制,体育目的的组织就是依靠管理体制而得到保证的。由此,可以将篮球管理体制理解为为实现中国篮球运动目的而设立的篮球组织机构在实施管理方面的体制和制度。管理水平在现代生产要素中占有很重要的地位,其在很大程度上制约着生产效率和对市场的占领等方面。

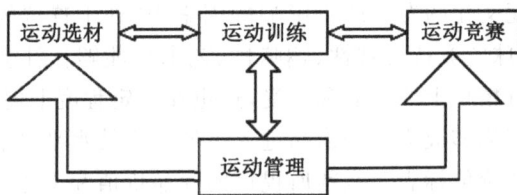

图 3-8

由图 3-8 现代竞技体育的构成中可以看出,运动训练、选材、竞赛这几个要素都与管理之间有着密切联系,不可分的,管理在竞技体育中有着举足轻重的作用。通常情况下,不同国家的篮球管理体制是不同的。

第五节　校园篮球队文化及建设

一、校园篮球队文化的特征与功能

(一)校园篮球队文化的特征

1. 比赛竞技性特征

比赛竞技性是高校高水平篮球队文化的鲜明特征。而高校高水平篮球队文化作为篮球文化的子文化由于竞技性,才造就了高校篮球场上的"更高、更快、更强"精神。现代高校篮球比赛,不仅比身体、比技术、比经验,而且比思想、比意志、比作风和拼搏精神,是一种全面的抗衡和竞争,对运动员的各个方面都是一种严峻的考验。因此,可以说竞争是篮球运动的灵魂,没有竞争就没有超越,就没有创新和发展。同样竞争也是高校高水平篮球队发展的杠杆。

2.战术谋略性特征

篮球战术的谋略性是篮球比赛中一种权谋,是随机应变的策略。作为一种方法理论,它告诉球队的教练员、运动员等如何处理组织队伍、训练、临场指挥和运动综合力等局部问题的学问。篮球运动中的谋略是通过"知""智""见"三个方式来达到,在立人和用人谋略、竞赛谋略、治队管理谋略中表现出来,所以说战术谋略性是高校高水平篮球队文化艺术性的一种体现。

3.竞赛艺术性特征

高校高水平篮球队文化的艺术性也主要是通过队员在比赛中技、战术的精彩表现以及比赛以外的诸如拉拉队的表演及球迷、观众内心情感的外在行为表现等体现出来的。在 CUBA 比赛中,运动员精湛的球技、高强的身体对抗将篮球运动的魅力展现得淋漓尽致;教练员纵观全局、运筹帷幄,紧逼与破紧逼、联防与攻联防等战术的布置,将篮球竞技运动提升到一种精神较量的高度;在赛场外,拉拉队精彩的表演,观众们自发的人浪、整齐的口号、力竭的呐喊等这一系列通过人本体外在表现出来的,都承载着竞技篮球运动的艺术性特征。

4.教育性特征

参与篮球运动过程本身就是一个具有独立意义的教育过程,是一种实现对参与者德育、智育、美育、身体锻炼和技能教育的方式。学生在参与篮球运动的过程中,不断学习、改进和提高篮球活动技能,掌握促使个体达到健康的理论和方法、锤炼自身的意志品质、培养团结协作的意识,获取自我价值的体现,并最终达到身体、情绪、智力、精神和社交的完美状态;通过艰苦的训练和激烈的比赛对抗,又可以培养运动员顽强的意志品质和良好的心理素质;还有使队员学会做人、学会做事的人文教育特征,促进运动员的人格修炼,有助于人全面发展,是高校高水平篮球队广泛的内涵特征。

(二)校园篮球队文化的功能

由于高校高水平篮球队文化的形成必然会促进高校篮球运动的开展,

那么高校篮球运动的功能就构成了高校高水平篮球队文化功能的基础,所以要从篮球运动本身的特点去考虑高校高水平篮球队文化的功能,从文化建设的角度考虑篮球队文化的功能。高校高水平篮球队文化的功能从篮球运动本身的特点分为强身健体功能、实现自我功能、提高竞技水平功能、培养集体主义精神和培养良好意志品质功能;从文化建设角度分为促进社会交往功能、陶冶情操功能、丰富精神生活功能、培养高尚情趣功能、推动商业化进程功能。

二、校园篮球队文化建设的对策

(一)加强篮球理念的认识

篮球理念,就是篮球运动的思想和观念,它是篮球文化中最深层次、最主要的东西。普通高校高水平篮球队篮球文化构建中变革过去"重物轻人"的旧观念,建立人物并重、更重"人"的新理念,研究篮球育人规律的"人道"与"物道"的整合效应,还应该遵循实践性、个性、持久性、系统性、艺术性、辩证性、传承性等文化构建原则,处理好我省高校高水平篮球队文化构建中社会效益和经济效益的有机统一与和谐发展,是我省高校高水平篮球队精神文化构建的重要内容。

(二)注重篮球队核心球员的培养

核心队员是球队的灵魂,全队战术的围绕者。在训练比赛中,应重视核心球员的沟通、组织和决策能力的培养,如多组织队内训练比赛,让核心球员作为一方的教练员,在这个过程中,潜移默化地提高其沟通和激励的能力;重视核心球员激励能力的培养,是通过个人技术、身体素质和心理素质的重点培养所体现出来的,如在比赛中核心队员良好个人技术和身体素质是其较强攻击力的体现,在得分后往往能够起到鼓舞和带动全队的士气;在比分落后时,核心队员稳定的心理素质是激励队伍逆转局势的有力保障。因此,注重球队核心队员的培养是促进我省高校高水平篮球队物质文化构建的又一关键。

(三)健全和完善教练员、运动员的思想文化管理制度

(1)丰富篮球理论知识,更新观念,强调科学化训练。
(2)培养教练员的事业心和责任感。
(3)掌握世界篮球运动的最新发展趋势,发挥创新思维能力。良好的篮

球专项技术、理论素质和文化素质是我省高校高水平篮球队教练员必备的重要条件。同时还应该考虑提高运动员思想文化素质,其关键在于重视运动员的文化教育,解决学习与训练竞赛的矛盾,教体结合培养运动员就是一个值得探索的途径。

（四）加强运动员生活、学习和训练的结合

高校高水平篮球运动员训练遵循业余性原则。因此,在高校篮球运动员参加校际比赛时应尽可能小地影响其接受正常的教育,保证大学生运动员的正常文化学习不受干扰,杜绝职业或商业比赛;高校还应设置高额的体育竞赛奖学金,制定相关减免学费的政策,同时对运动员训练时间严格限制,不能片面追求运动成绩,以防止对高校篮球运动员的学业和大学生活产生负面消极的影响。因此,高校高水平篮球运动员生活、学习和训练比赛的相互结合是我省高校高水平篮球队行为文化构建的必要手段。

第四章 健康中国背景下我国校园篮球运动教学发展探索

现代社会的快速发展,人们追求健康生活的心愿越发强烈。国家也为了满足人们的需要,提出了健康中国理念,并开始从多个方面着手来推行这一理念。而学校是推行和实施健康中国理念的重要场所和途径。学校体育对健康的促进有着重要的影响,而篮球运动是学校体育的重要教学内容,同时也是校园中学生最为喜欢的体育运动项目。因此,本章就健康中国背景下我国校园篮球运动教学发展进行探索。

第一节 校园篮球运动教学理论体系

一、校园篮球运动教学的原理

(一)认知理论

校园篮球运动教学中,通过组织学生参与身体运动是最为基本的一种形式。而随着校园篮球运动教学的发展,除了要组织学生参与身体运动之外,校园篮球运动教学还要向学生传授大量的操作性知识。

由此可知,校园篮球运动教学的过程也就是促使学生认知能力得以不断提高和发展的过程。学生的年龄不同,身心发展所处的阶段也不同,对于事物各方面的认识同样存在较大的差异。所以,要根据其认识事物的规律与特点来开展有目的、有针对性的教学活动。

在校园篮球教学实践过程中,学生的认识活动是指理解、感知、巩固、体会、运用和评价等。对于篮球教材的认知过程,学生是有一定规律的,如在认识事物过程中一般都从感性认识上升到理性认识,即遵循实践→认识→再实践→再认识的过程。

因此,在教学过程中,教师要严格地遵守这些规律,需要注意的是篮球基础理论与篮球技术表象,在两者之间建立起巩固的联系。同时,通过学生的认知活动,教师还要将学生学习篮球的动机和兴趣予以激发出来,促使学生对篮球理论和实践知识学习的效率得以不断提升。

(二)运动中机体机能活动变化的规律

校园篮球运动教学就是教师组织学生开展篮球实践活动。

身体练习是学生对篮球技术技能进行掌握的重要途径。

教师要遵循运动过程中人体的生理机能活动变化规律,组织学生进行篮球运动技能的身体练习。一般来说,学生的生理机能活动变化规律在篮球运动过程中是从静止状态逐渐进入运动状态的,人体的活动能力得以不断提高,然后机体活动水平达到最大限度,接着活动水平又不断降低直至恢复初始状态。学生经过长期的基本活动练习后,身体素质和篮球技术水平有所提高,也良好地改善了身体的运动能力。

在校园篮球运动教学中,对运动过程中人体机能活动变化规律进行遵循,对于学生的身心健康和教学质量都具有非常积极的作用。

(三)篮球运动技能迁移理论

1. 技能迁移规律

根据相关研究表明,个体的运动技能在学习其他运动技能时会产生一定的影响,这种影响可能是积极的,也可能是消极的,统称为"迁移"。

能够产生积极影响的,为正迁移。

产生消极影响的,为负迁移。

技能的不同性质,可以将技能迁移进行不同的划分,主要有动作技能迁移和心智技能迁移,而动作技能迁移对学生运动技术的学习有着非常重要的指导意义。

在篮球运动技能的学习过程中,篮球运动不同的技能之间也会产生一定的迁移性,这主要表现为学生在对某一篮球动作和技能进行掌握之后,已经学会的篮球动作或技能会对其他的篮球动作或技能产生促进或干扰,这种现象就是动作技能迁移。对迁移规律有一个充分的认识和掌握,能够很好地帮助学生和教师借助于不同篮球技能之间的迁移更加高效地掌握篮球运动技能。

2. 技能迁移的教学原则

(1)教学中的微观原则。

①练习任务的量越大,那么迁移量也会越大。

②训练条件越接近，那么迁移量也会越大。

③练习任务有着不同的反映，刺激越相近，正迁移就会越小。

④学习任务有关联时，通过进行连续的联系，对于动作技能的掌握更为有利。

⑤大量练习序列性相关任务，可以更为频繁地产生顿悟。

⑥两个学习任务采用的学习原则越相似或相同，两个学习任务建立认知关系之后，产生的迁移量就会增大。

⑦正迁移的前提往往是相同或相近的刺激，迁移量与相同或相近刺激的量成正比例关系；不同的刺激，机体产生不同的反应，迁移量也就会不同，很有可能会减少或抑制。

（2）教学中的宏观原则。

①理论的指导性原则。

理论的指导性原则的依据为"已有经验的概括水平是技能发生迁移的重要条件"理论（由心理学家贾德提出），同时基于"感觉到了的东西，我能对它不能立刻就能理解，只有理解了，才能对它有更为深刻的感觉"的认识同样也是理论的指导性原则的重要依据，这就要求在校园篮球运动教学过程中，教师要在技术教学中加入对技术原理的讲授。

②内容的相关性原则。

内容的相关性原则是依据心理学家桑代克关于学习问题的"联军说"和技能迁移理论的"共同要素说"提出来的。

在校园篮球运动教学过程中，所采用的专门练习、辅助练习、模仿练习、分解与完整练习要同所学技术动作的结构、肌肉用力感觉、肌肉用力时间、动作空间特征等具有相关性。要对完整技术的学习和掌握中练习所能够产生的效果加以重点强调，对辅助练习进行合理选择，对篮球课的内容和任务进行合理安排，尽可能少地使用不必要的练习。

③练习的程序性原则。

迁移性规律的存在，使得练习具有程序性。详细地说，在对各种练习和教学顺序进行安排时，要遵循一定的程序，将前面所学到的知识和技能向着下一项目的学习中进行有效的转移。

在组织篮球教学时，教师应注意程序教学和模式训练的基本含义和要求相一致，对教学大纲、进度进行合理制定，对教学过程进行合理组织，尽量避免学生已经掌握的知识技能对之后的学习产生干扰。

篮球动作技能学习的迁移理论所涉及的范围非常广，在校园篮球运动教学中具有很好的指导意义。在校园篮球运动教学组织中，教师要进行科学的应用。

二、篮球教学的主要任务

(1)促进学生身体素质和心理素质的全面发展。

(2)提高学生的篮球运动技战术水平和篮球基本理论知识水平。

(3)对素质教育进行贯彻,对学生正确的世界观进行培养。

(4)对学生的创新能力加以培养。篮球运动技战术的运用要求练习者要具备一定的多变性、复杂性以及随机应变的能力,篮球运动具有时空对抗性、多元组合性、集约性等特点,这对于学生创新能力以及应用能力的培养有着很好的促进作用。

三、篮球教学的主要内容

(一)基本理论知识

在篮球基本理论知识的指导下,教师和学生能够更好地参与篮球运动的学练。

篮球运动的基本理论主要包括篮球规则与篮球裁判、篮球教学与训练理论、篮球技战术分析、篮球竞赛组织等方面。这些理论知识共同组成了篮球运动的学科体系。

(二)技术动作

篮球技术动作是篮球教学的最为主要的内容之一,它主要包括篮球技术动作的名称、动作要领和动作方法、技术规则以及具体运动等内容。

在校园篮球运动教学中,要着重强调动作的规范性,从而进一步提高学生的篮球运动技能水平。

(三)战术配合

协调配合是篮球比赛得分和比赛胜利的重要手段,这主要是由篮球运动的集体对抗性等特点所决定的。

在校园篮球运动教学中,篮球运动战术配合也是其中的重点。

篮球运动战术配合包括两人和三人基础配合以及整体配合等。在篮球运动战术配合中,要使学生对人与球的移动路线、运用时机、攻击点及变化等进行了解和掌握。同时,也要培养学生的配合意识,从而更好地保证比赛实践中,学生能够更加灵活的运用。

四、校园篮球运动教学大纲的制定

（一）教学大纲的内容

校园篮球运动教学大纲一般来说主要包括以下几个方面。

1. 教学大纲说明

要阐述清楚篮球教学大纲制定的主要依据、主要的原则和课程的性质，同时也要提出为了达到教学大纲的要求应当采取的一些措施等。

2. 篮球教学目的和要求

要清楚地阐述篮球教学的具体任务。这主要包括篮球的基本技能、基本理论知识、技战术、学生身体素质发展的具体要求以及专业思想教育、思想品德教育，对学生的优良的品质和作风进行培养，培养学生集体主义精神，培养学生将来从事篮球教学工作所需的能力。

3. 篮球教学内容及时数分配

对篮球教学的理论、技战术、裁判与规则以及相关的基本能力的培养等各个教学内容所占的教学时数比例、理论与实践教学的比例、考核评价、参考书目、教学条件、理论教学的题目和课时等进行明确。

4. 篮球教学考核内容和方法

根据篮球的目标来确定篮球教学课程的考核标准和考核方法，其内容主要包括理论知识、技战术和技能。

5. 篮球教学成绩评定

该部分主要包括学习态度、思想品德、技术与技能、基本理论知识等的评定。

6. 篮球教材及主要参考书

——列出篮球教学课所使用的具体教材以及与之相关的参考书。有选择性地参考具有权威性的篮球专著，以更好地丰富和补充篮球教学内容。

7. 篮球教学设施的准备和使用

规范和指导篮球运动教学活动所使用的场地设备和器材，以更为合理地使用篮球运动场地和器材,做好对篮球教学设施的管理和维护工作,最大限度地发挥篮球运动教学物质资源的价值。

（二）制定篮球运动教学大纲的要求

（1）根据具体实际来制定教学大纲,要落实好教学计划中所制定的培养目标和培养要求,同时针对篮球课程提出具体的教学目的和教学任务。

（2）教材内容要结合篮球运动的特点、篮球课的教学时数和教学任务来进行确定,将基本理论知识、基本技术和技能的教学训练与培养突出出来。

（3）在对篮球教学大纲进行制定的过程中,要合理分配教学课程的教学时数,并保证理论和实践能够处在适当的比例,以确保教学任务能够得以更为顺利完成。

（4）对教学内容的科学性、系统性和先进性进行重视。

（5）在篮球运动教学考核中,篮球教学的基本理论、基本技术和技能是其中的考核重点。因此,要采用合理的考核方法,来客观、全面地将学生的真实技术技能水平和理论知识水平予以反映出来,评分的方法也要科学和合理,考核要力求公平和公正,在客观评价学生的同时,也要促使学生得到全面发展。

五、篮球教学进度的制定

（一）教学进度的定义

教学进度是以教学大纲的任务、内容、时数分配为主要依据,将教材内容具体地落实到每次课的教学文件,是教学过程的重要指导性文件。

对篮球教学进度进行合理制定,必须要有效地把握篮球教学内容的逻辑性,所采用的教学内容要符合篮球知识技能的认识学习规律,能够充分反映教学方法和教学策略。

（二）教学进度的格式

篮球教学进度的格式可以分为名称式教学进度和符号式教学进度两种。具体内容如下。

1. 名称式教学进度

表 4-1 所示,名称式教学进度在篮球运动教学的理论知识传授、篮球实践教学和研讨等方面具有非常广泛的应用价值。

表 4-1　名称式篮球教学进度表

课次	教学内容	课程类型	备注
1			
2			
3			

2. 符号式教学进度

表 4-2 所示,符号式教学进度主要是根据编号顺序在教学内容栏中逐个填入教材内容,再根据出现的先后顺序在相对应的课次栏中打"√"。

表 4-2　符号式教学进度表

内容＼次数		一		二		三		四		五		六		七		八		九	
		1	2	3	4	5	6	7	8	9	10	11	12	13	14	15	16	17	18
理论部分	1											○		○		○		○	
	2																		
技术部分	1	△	×																
	2																		
战术部分	1																		
	2	△	×	×	×														
考核																		⊕	⊕

注:"○"为理论课　"△"为新上课　"×"为复习课　"⊕"为考核。

(三)制定教学进度的要求

(1)要充分重视篮球教学内容的逻辑关系,在合理逻辑关系和迁移原理的指导下,制定教学进度,要充分体现出篮球运动知识单元和技术的合理逻辑关系,充分关注学习教材时迁移原理所能起到的积极作用,以避免在教学过程中会出现太多的消极干扰。

(2)在篮球教学中,遵循循序渐进的原则,结合教学需要和具体实际,合理地分配一次课中各教学内容所占的比例,逐渐提高学生的运动能力和理论知识水平。

(3)以全面为基础,突出教学重点。在对教学进度进行制定时,要参考教学大纲的具体要求以及运动技能形成规律,将教材内容安排到合适的位置。在全面考虑教学内容的同时,突出教学重点,合理科学组织教学。

（4）充分重视理论与实践相结合。在对理论与实践进行合理安排方面,要坚持理论指导实践原则,有针对性地安排理论课教学,从而更好地指导实践,将这两类课程的相互补充、相互配合的紧密关系充分体现出来。

六、篮球教案的制定

（一）教案的定义

教案,也称"课时计划",它是最为基础的教学指导文件,是根据教学进度来进行编制而成的。

（二）教案的格式

1. 表格式教案

表 4-3 所示,表格式教案具有填写方便、直观明了的特点。

表 4-3　篮球课教案表格式

上课日期	年　　月　　日		授课教师			
班级		第　　周	场地			
人数	男	第　　次课	器材			
	女		媒体			
教材内容			教学任务/目标			
重点难点						
教学过程	教学内容和达成目标	教学组织与方法练习				
		教师教法	学生学法		次数	时间
作业和参考文献推荐						
病弱处理						
课后小结						

2. 条文式教案

在篮球运动教学理论课中,条文式教案比较常见,除了包括表格式教案的相关规定内容之外,还要将组织教法与讲授提纲的方式与理论课讲稿相互配合来进行共同使用。

(三)制定教案的要求

(1)要明确教学任务、教学目标。

(2)合理地确定课的组织模式和教学方法。

(3)重视教学的完整性和系统性,各课之间应承上启下,循序渐进,做好衔接。

(4)充分了解本次课的客观条件。

(5)编写教案应注意合理选择和运用教法步骤、练习方法,合理安排练习次数和运动负荷。

(6)篮球教学课并不是一直都不发生变化的,其教学对象有着诸多不确定性,在对篮球运动教学方案进行制定时,要区别对待、因材施教。

七、校园篮球运动教学课的组织

(一)篮球教学课组织的要求

1. 加强学生的理论知识学习

(1)加强学生的思想政治教育。

(2)重视对学生良好品德进行培养。

2. 加强学生的实践练习

(1)对训练方法加以合理选用。

(2)加强培养学生的集体意识和合作意识。

(二)篮球教学课组织的手段

篮球教学课的组织手段主要有课堂常规、课的结构、学生干部作用的充分发挥三方面,具体如下。

1. 课堂常规

对于学生来说,课堂常规有着较强的约束力,也是教师进行课堂教学管理的一个重要依据。

在篮球运动教学课中,对于课堂常规的管理,教师应给予高度重视,要按照相关规定对学生的课堂考勤、语言行为等进行严格约束,并加以贯彻。此外,对于课堂常规的规定和要求,教师应进行严格遵守。

2. 课的结构

课的结构包括三部分,分别是准备、基本、结束部分。在严格遵循课堂教学规律的基础上,教师要结合课的结构顺序来采用不同的管理办法和措施,以避免在课堂上出现混乱的情况。另外,对突发事件的处理也要采取果断而有效的措施。

3. 发挥学生干部的作用

在篮球教学课中,由于练习时比较分散,对于管理方面的组织工作有着较大的难度,这就需要尽可能培养一些学生骨干,以更好地进行分组练习。

在进行小组练习时,通过学生骨干来组织、带领和帮助,协助教师更好地开展教学活动,顺利完成相应的教学任务,提高学生骨干分析、组织和管理的能力,提高他们发现、分析和解决问题的能力,为我国篮球事业培养高水平、高素质的篮球运动人才。

在小组练习中,通过学生骨干来进行带领、组织和帮助,能够很好地为教师开展教学活动提供帮助,协助教师更好地完成相应的教学任务,同时还能够增强这些学生骨干的分析、组织和管理能力,提高他们发现问题、分析问题和解决问题的能力,从而为我国的篮球运动事业培养高素质、高水平的篮球人才。

八、校园篮球运动教学课的具体实施

(一)理论课的具体实施

课堂教学是篮球理论教学课通常所采用的组织形式,也就是主要以教师的讲授为主,同时配合适当的课堂讨论,以使学生的学习兴趣得到激发。具体步骤如下。

首先,通过采用讲述或提问的形式,教师将前一次课的教学内容引出,以为接下来的新授课内容做好相应的准备和铺垫。

其次,在对本次课的内容进行讲授时,要重视反复论证篮球课的重难点,从而更好地达到强化的目的,促使学生对本次篮球课的主要内容进行更好的掌握和理解。

最后,在课的结束部分,要将课的重点进行简明扼要的归纳和总结,同时还要布置相应的课后作业,以宣告下次课的教学内容。

(二)实践课的具体实施

1. 篮球实践课的结构安排

在篮球教学实践课中,要重视合理安排准备部分、基本部分和结束部分的相关内容,并注意安排好各个部分所占课的比例关系。

(1)准备部分。

①主要目的。

从生理和心理两个方面来确保学生做好准备,以承受较大和最大运动负荷,以避免在练习过程中出现运动损伤。

②主要任务。

篮球实践课的任务主要有两个,具体如下。

第一,组织学生,集中注意力,不断提高教学效率。

第二,加强神经系统、内脏器官和各肌肉群的活动,不断提高其兴奋性,不断增强课堂的学习氛围。

③主要内容。

首先由班长、队长或值日生整队并清点出席人数,向教师报告;教师进行考勤检查,向学生简要说明本次课的任务和要求。根据基本部分的教学内容来确定准备部分所采取的相关练习内容,也就是说,要根据基本部分教学内容的具体需要,来选择与之对应的准备活动练习。

通常情况下,在准备部分安排的练习内容主要包括走、跑、跳以及各种控球、支配球和徒手体操、游戏等。除了要设置一般准备活动之外,在实践课中还要结合具体实际来设置专门的准备活动。

④组织方法。

通常情况下,都会采用集体形式进行课的组织,但不是说所有的教学和训练都是采用集体的形式开展的,也存在特殊情况。

⑤时间安排。

准备部分主要是以在教师组织下学生能够快速进入到训练状态作为主要目的的,在一堂篮球实践课中,身体准备活动是其中必不可少的重要部分,通常会安排15~20分钟的时间来进行准备活动。在这一部分,既能够很好地集中学生的注意力,使学生的身体得到充分放松,同时还能够为基本部分的活动奠定良好的基础。

（2）基本部分。

①主要目的。

训练课主要目的包括教学课的主要目的，以此促使学生的适应能力和比赛能力得以提高。

②主要任务。

根据教学大纲和教学计划的具体要求来创造各种有利条件，促使学生掌握和提高篮球运动技战术水平和能力，并不断提高学生的运用能力。此外，遵循循序渐进的原则不断加大运动量和运动强度，促使学生运动素质得以更好发展，增强学生体质，不断提高学生的运动水平、篮球技巧和篮球意识；进一步加强学生的心理练习和思想教育，培养学生良好的作风和拼搏精神。

③主要内容。

结合相关计划来合理安排具体内容，通过采用各种形式的练习和比赛，如个人的、小组的、全队的身体练习、技术和战术练习、教学比赛、对外比赛等，来发展各项素质和能力，以提高实践能力。

此外，结合各时期具体任务，来循序渐进地增加运动强度和运动量，不断增强学生的各项能力和素质。

④时间安排。

教学课（两节课连上的）的时间安排一般在 70 分钟左右。实践课的时间安排通常占全课时的 70%左右。

（3）结束部分。

①主要目的。

实践课的结束部分其主要目的是通过使体内积存的乳酸加速排除，使运动时的氧债得到一定的补偿，使参加运动的肌肉尽快地恢复到运动前的状态，而最终使运动员从生理上逐渐由运动状态平复下来，从心理上由运动状态逐渐恢复到平静状态。

②主要内容。

在结束了激烈的训练之后，采用一些适当的整理活动，来使学生紧张的兴奋状态和生理状态能够得到缓和和平复，从而更好地恢复到训练之前的状态。

这一部分的内容主要包括关于游戏、慢跑、放松练习和注意力转换的练习。此外，一些运动量不大的罚球、投篮练习也是比较适合的选择。

此外，在篮球运动实践课结束之前，教师要进行小结，并对学生的表现做出评价。主要形式包括以下两种。一是对本次教学课，教师进行小结。二是对本次教学课，师生共同进行小结。

小结要简明扼要，具有针对性；要以表扬为主，批评为辅；尽可能地进行正面教育，避免负面教育。

③时间安排。

一般情况下,教学课结束部分时间在5～10分钟,训练课结束部分的时间在15分钟左右。

2. 实践课的内容安排

实践课的内容主要包括运动员的组织、练习的组织、课的时间的安排,以及运动负荷的安排四个方面。下面进行简要介绍。

(1)运动员的组织。

组织运动员的形式主要有两种,一是集体训练,二是个人训练。一般来说,在篮球教学实践课中,这两种组织形式要结合使用。

(2)练习的组织。

练习组织的内容主要包括训练课作业的程序和作业内容的安排。通常来说,要进行基本技术练习,然后进行战术配合,再进行全队战术练习,最后进行教学比赛训练。

(3)课的时间安排。

一节篮球课的时间有45分钟和90分钟两种形式。在对课的时间进行安排时,通常学习内容占到60%,巩固和复习的时间占到40%。

(三)篮球教学实习课的具体实施

这一类型课的目的主要是促进学生篮球学习训练能力、组织比赛能力、裁判水平等得到快速提高。

在实习开始时,确定参与实习的学生人数,指导学生做好充分的准备工作。

在实习过程中,对于学生的表现,教师要做好及时的观察和记录。

在实习结束时,对于学生具体的实习情况,教师要及时进行评价,鼓励学生积极参与实习课的讲评和讨论。学生也要做好实习总结,进一步提高自身的学习能力。

第二节　校园篮球教学理念的发展与更新

一、校园篮球教学中"生命为本"理念及应用

(一)在篮球教学中体验生命

以生命为本这一篮球教学理念对于学生身心方面的体验是非常重视的,通过身心体验能够使学生更好地融入篮球运动教学之中。这样的学习

也才能算是真正的学习。

体验就是人得以存在的方式,同时也是对生命的真谛和意义进行追求的方式。在篮球运动学习过程中,生命体验是促使学生产生参与学习的动力的重要原因,在提高学生学习效率、保持篮球运动学习活动、养成良好的运动习惯等方面都有着非常重要的作用。

在对篮球运动技术进行学习时,要经历一个不断认识和重复熟练的过程,在具体实践中,要更好地帮助学生体验、探索、分析和解决问题。在篮球运动教学中,要细心感受其中所蕴含的奋发的生命情感,挖掘自身所存在的强大的潜力,并从中体会到生命的乐趣和成就感。

只有参与亲身体验,才能从中发现问题,才能充分调动学生进行思考和解决问题的积极性。这样所形成的动作记忆也才会是最深刻的、最持久的,对于篮球学习有着很好的促进作用。

换句话说,通过更好地发展学生的认知经验,使他们以生命的形式体验篮球运动,从学习的过程中来更好地领会篮球运动规律。

(二)篮球教学就是尊重生命

在篮球教学中,要充分尊重学生的个性和学生之间的个体差异,要将篮球教学同学生个体的认识融合到一起。篮球课需要教师在经过精心策划之后才能得到更好的开展,但教学内容和教学方法方面,不能采用过去传统篮球教学中的"集体操练""整齐划一",而是要充分考虑学生的个体差异,在充分尊重学生的基础上,加以循序渐进的引导。

首先,根据学生的整体情况,来定位篮球课程的难易程度。

其次,要结合学生的学习能力和具体实际来制定教学目标。

最后,采用启发式诱导教学来向学生传授篮球运动知识和技战术。

篮球教学就是在尊重生命的基础上,使整个的篮球教学过程变得更有意义,在对篮球运动技术动作进行学习方面,除了要采用学生模仿练习和教师讲解示范之外,针对篮球运动技术动作,教师也要积极引导学生进行探究。传统教学理念过于注重权威性和控制力,而通过"生命为本"理念指导下的篮球运动教学不再是在教师的统一指令下学生进行操练,而是通过营造出更为融洽的学习氛围来对学生的学习、练习和温习进行引导;不再是以往教学中跨越不了师生之间那道教授与接受、先知与后知的鸿沟,而是针对篮球知识,作为一个群体进行共同研究的合作与对话。在师生共同提高的过程中,在具体学习进程中,教师能够更为全面地掌握学生的学习潜力和学习进度,并及时发现和了解学生学习中存在的问题,以更好地进行有针对性的指导。

在这种以生命为本的篮球教学理念指导下,篮球教师既是一名教师,同时也是一位导师;篮球教师是一位灵魂工程师,同时也是一位人民的艺术家。

二、校园篮球运动教学中"张扬自我"理念及应用

（一）篮球作为年轻人对新生活的追求和向往

街头篮球发源于美国,它将过去烦琐的规则都舍弃掉,人们在强烈节奏的带动下,来到街头一起自由地打篮球。

从文化的起源来说,街头运动源于 20 世纪 60 年代的美国所爆发的一场反主流文化运动。青年人创造出了独立于社会文化之外的一种新颖生活方式,这种文化是对美国嬉皮士运动和英国朋克运动的反叛,他们的共同点就是反抗正统文化,并坚持不妥协和抵制主义,积极推崇享乐、刺激、幻想,不服从传统的道德规范。

总之,他们适时安逸的生活被社会中充斥的矛盾所打破,他们透过美国的虚幻找到了传统美德所存在的污点,开始寻找新的出路,对心中美国的幻境时代进行怀疑,认为是衰落的时代。

在特定的社会时期和背景下,街头篮球同主流的篮球运动相对应、相对立而得以产生并发展起来,成为一种反主流文化的运动,这也是错综复杂的社会矛盾得以不断激化升级的结果。

（二）篮球教学中张扬自我理念的生命力

"张扬自我"这一理念就是鼓励教师将传统的比较僵化的教育状态打破,破而后立,营造出一个积极、鲜活的学习氛围。

在这一理念指导下,学生更能够真切地感受到篮球是一种生命,需要用一生去坚持、去追求。学生通过这一理念的指导,既能够学习和掌握篮球运动的基本知识和基本技术,同时还能够很好地宣泄自身所承受的课业压力,并释放内心的唏嘘,更好地表达自我。这一篮球教学理念比较新颖、刺激、潮流,能够促使人的潜能得到释放,减轻心理承受的压力。

街头篮球是对自由进行追求,将所有的束缚打破,是对自我进行张扬、发挥和完善的过程。学生是体育运动的爱好者和拥护者,他们通常对于新奇刺激的运动方式都是比较热衷的,无论是街头篮球所带来的精神还是街头篮球的花式动作、凌乱的步伐,都对学生形成了强大吸引力,所以街头篮球在对身心进行调剂之余,既能够是对学生的学习兴趣进行激发,提高学生

的参与动机,同时也能够在篮球运动中更好地促使学生深刻感悟生活,对人格加以完善。

在演绎自我风格、张扬个性的过程中,超出了比赛的胜负观,学生对于参与比获胜更重要的观点有着更为深刻的认识,这也使得终身篮球得以顺利开展。实际上,这种通过亲身参与篮球运动所获得的"感悟"才是"弘扬自我"篮球教学理念所真正希望学生获得的财富。

在学校期间,学生快速形成和发展自我意识,其自我欲望和自我需求也得到不断增长。学生离开父母的怀抱来到校园之中,更希望能够在人格方面获得独立,并以将对大人的情感依附摆脱掉作为成人的标志。通过将街头篮球作为弘扬和珍视自我的方式,在篮球运动中能够更好地展现青春的活力和激情,通过篮球来更好地表达进取、年轻、快乐的生活态度,更为深刻地领悟享受生命、做自己、勇于挑战的精神。

第三节　校园篮球教学模式的创新

目前,校园篮球教学模式也进行了不断创新,构建起了一些新的、有效的模式。本节主要就多样反馈和"课内外一体化"篮球俱乐部教学模式展开详述。

一、多样反馈篮球教学模式的创新构建

（一）多样化反馈教学模式的概念

多样化反馈教学是指在教学过程中按照教学活动的反馈信息,充分利用人类的生理运动和心理认知规律,运用多种手段来提高学生知识技能的掌握、个性以及兴趣爱好的培养,从而达到多元目标的一种教学模式。[1]

（二）多样化反馈篮球教学模式的设计

多样化反馈篮球教学模式包含的内容有很多,因此要设计这一教学模式,就需要从教学条件、教学目标、教学实施以及评价方式等方面入手,具体

---

[1]　刘坚. 多样化反馈教学模式在高校篮球教学中的应用研究[D]. 中南大学,2012.

如下。

1. 教学条件的设计

在对多样反馈篮球教学模式进行设计时,要严格限制实验条件,以更好地保证教学模式能够得以顺利开展。

一方面,可以通过样本选择法来对教师和学生进行选择,要求教师的素质和学生的技能等都处于中等水平,同时在实验开始之前,教师和学生要进行一定的交流。

另一方面,要对教学实验的场所以及教学实验器材进行检查。

此外,要对学生的个体素质进行了解,以更好地保障信息反馈的代表性。

2. 教学目标的设计

(1)体能目标。

通过反馈模式的实验,能够使学生的身体得到有效的锻炼,不断增强体能,达到要求的体能标准。

(2)技能目标。

要求学生必须能够掌握一定的篮球技能。具体来说,主要包括技能的熟练程度和学习技能的方法等。

(3)其他目标。

这一方面主要涉及学生的情感兴趣的培养和能力,个性还包括意志等心理品质等内容。具体来说,就是通过多样的反馈教学模式,促使学生能够形成合作意识,保持乐观心态,具有比较坚强的克服困难的勇气。同时,让学生从篮球运动中能够体会到乐趣。

3. 教学实施的设计

多样化反馈教学模式实施结构的设计,如图 4-1 所示。

具体来说,可以将多样化反馈篮球教学模式的特点大致总结为在教师的引导下,学生通过学习与思考、总结与创造同步,同时在掌握知识之后通过知识的传入与传出过程控制和调节学习。

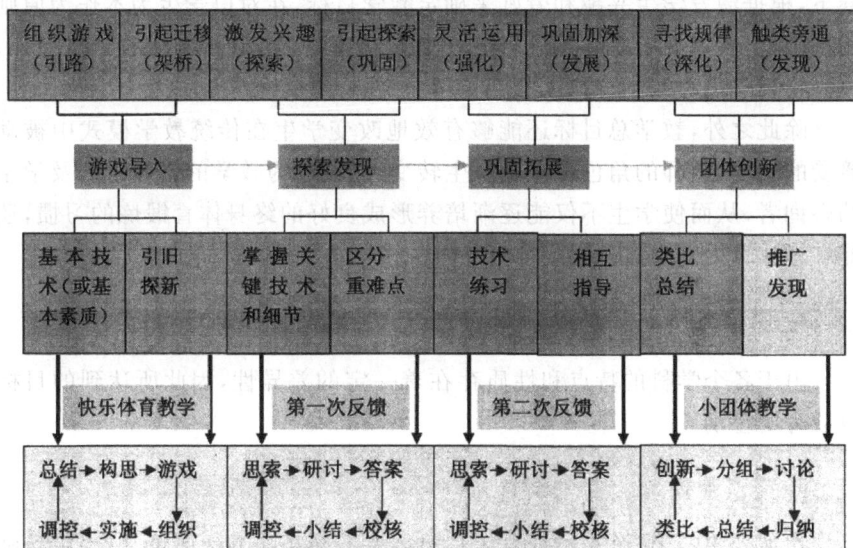

组织游戏（引路）	引起迁移（架桥）	激发兴趣（探索）	引起探索（巩固）	灵活运用（强化）	巩固加深（发展）	寻找规律（深化）	触类旁通（发现）

游戏导入	探索发现	巩固拓展	团体创新

基本技术（或基本素质）	引旧探新	掌握关键技术和细节	区分重难点	技术练习	相互指导	类比总结	推广发现

快乐体育教学	第一次反馈	第二次反馈	小团体教学

总结→构思→游戏 调控→实施→组织	思索→研讨→答案 调控→小结→校核	思索→研讨→答案 调控→小结→校核	创新→分组→讨论 类比→总结→归纳

图 4-1

4. 评价方式的设计

在评价系统中,多样反馈模式采用的是成员成绩的定量分析与定性分析之间的结合。这种模式使得以个人成绩为最终评价的传统方式发生了改变。在实验中,教师的考察对象主要是团体成绩,而实验结束之后,考察对象就变成了成员个体的成绩。另加的内容也由成员的成绩转变为"三维目标",即基本技能和知识,情感和态度还有能力三个方面。这三个方面所占比重有所差别。通常来说,基本技能知识占到50%,能力占到30%,态度和情感占到20%。评价的主体也开始从单一的教师评价逐渐变成教师与教师的共同评价,教师对基本知识和基本技能进行评价,教师与学生共同评价。

综上所述,这种评价体系在设置方面,其合理性是比较高的,在将教师在评价中的大部分权重突出出来的同时,也结合了学生的交互评价和自我评价。既对评价内容进行了改建,增加了对情感和能力的评价,同时还促使学生身心得以健康、协同发展。

二、"课内外一体化"篮球俱乐部教学模式的创新构建

（一）"课内外一体化"篮球俱乐部教学模式的教学目标

1. 教学总目标

"课内外一体化"篮球俱乐部的教学总目标是在"健康第一"的思想的指

导下,根据激发学生兴趣和爱好来确定教学目标,在对以学生为本作为原则的基础上,在对人的主体性进行弘扬的前提下,高度重视学生的个体特征、体育特长和体育兴趣。

除此之外,教学总目标还能够有效地改变学生在传统教学模式中被动接受的局面,教师的角色也正在发生转变,逐渐成为教学的指导者以及学生的咨询者,从而使学生不仅能逐渐培养形成良好的终身体育锻炼的习惯,还能够对体育的魅力有更好的体会。

2. 课程目标

由于各个学科的特点和性质存在着一定的差异性,因此所达到的目标也会有所差别。

3. 单元目标

在教学实践中,单元教学目标是对该单元教学的具体要求,对指导教师的教学具有重要意义。

4. 课时目标

课时是教学活动的基本单位。通常来说,一个单元教学目标都是由连续的几个课时目标来实现的。每一课时的教学目标,既是课时目标,同时也是对单元教学目标的具体化。

课时目标是和每次教学活动相联系的目标,是非常具体、明确而富有成效的。正是一个个课时目标的实现,才为整个教学目标系统的逐层落实奠定了基础。

(二)"课内外一体化"篮球俱乐部教学模式的操作程序

1. 操作程序概述

"课内外一体化"篮球俱乐部教学模式在操作程序方面就是教师通过引导式的教学组织形式的运用,来让学生了解学习的总目标、总的内容,然后根据自己的个性特点和学习风格来对学习方式加以设计出来。

2. 操作程序设计

(1)如图 4-2 所示,"课内外一体化"篮球俱乐部教学模式操作程序总体设计。

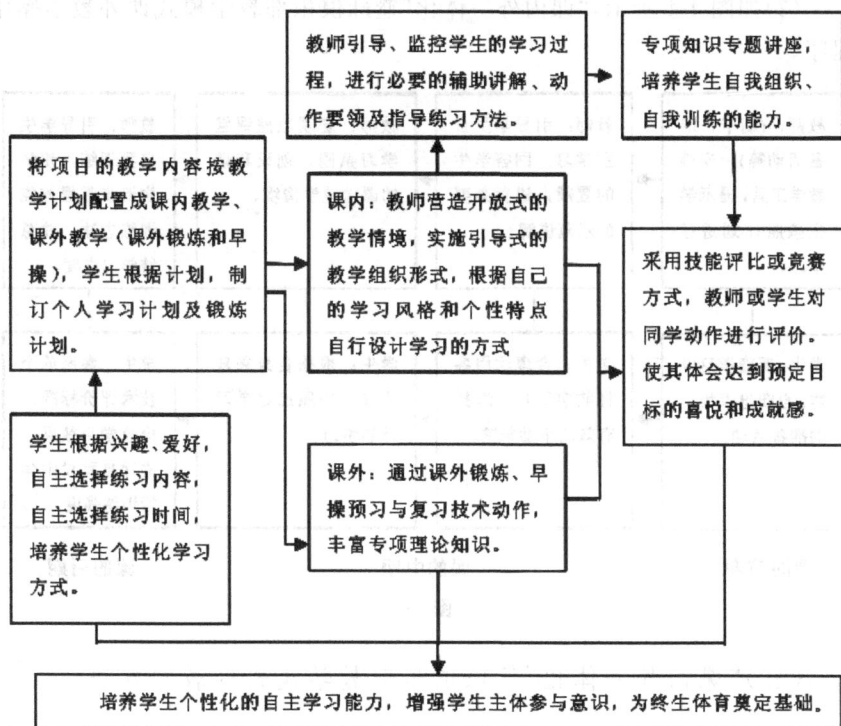

图 4-2

（2）如图 4-3 所示，"课内外一体化"篮球俱乐部教学模式课内教学操作程序。

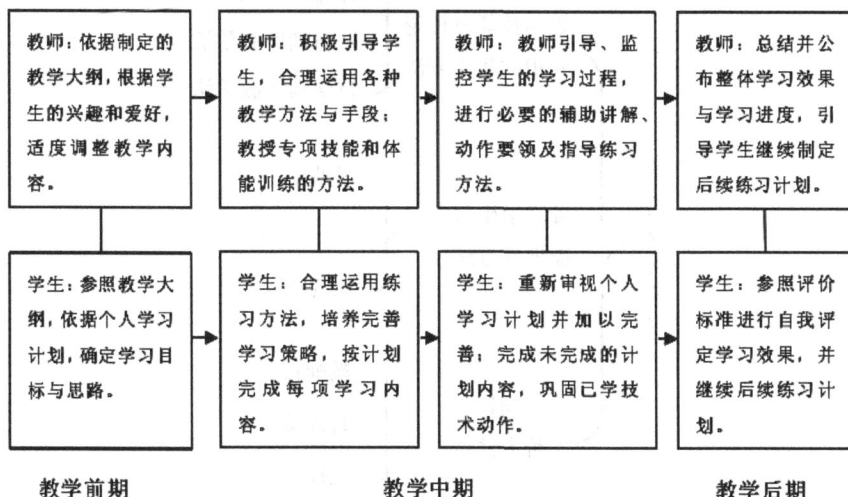

图 4-3

(3)如图 4-4 所示,"课内外一体化"篮球俱乐部教学模式课外教学操作程序。

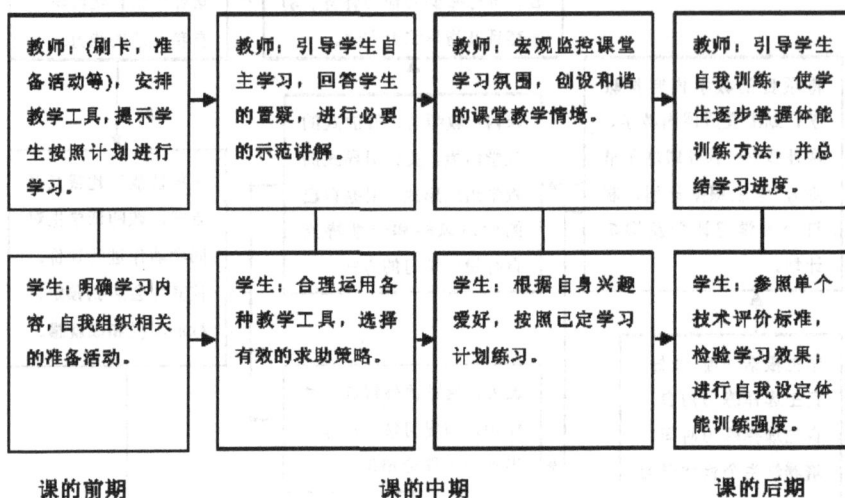

| 教师:(刷卡,准备活动等),安排教学工具,提示学生按照计划进行学习。 | 教师:引导学生自主学习,回答学生的置疑,进行必要的示范讲解。 | 教师:宏观监控课堂学习氛围,创设和谐的课堂教学情境。 | 教师:引导学生自我训练,使学生逐步掌握体能训练方法,并总结学习进度。 |

| 学生:明确学习内容,自我组织相关的准备活动。 | 学生:合理运用各种教学工具,选择有效的求助策略。 | 学生:根据自身兴趣爱好,按照已定学习计划练习。 | 学生:参照单个技术评价标准,检验学习效果;进行自我设定体能训练强度。 |

课的前期   课的中期   课的后期

图 4-4

(三)"课内外一体化"篮球俱乐部教学模式的教学方法

在"课内外一体化"篮球俱乐部教学模式的教学过程中,研究者分别从运动技能和理论知识的掌握、体能训练的提高、教学评价的实施三个层面来对教学方法进行分类说明,并构建了其教学方法体系,如图 4-5 所示。

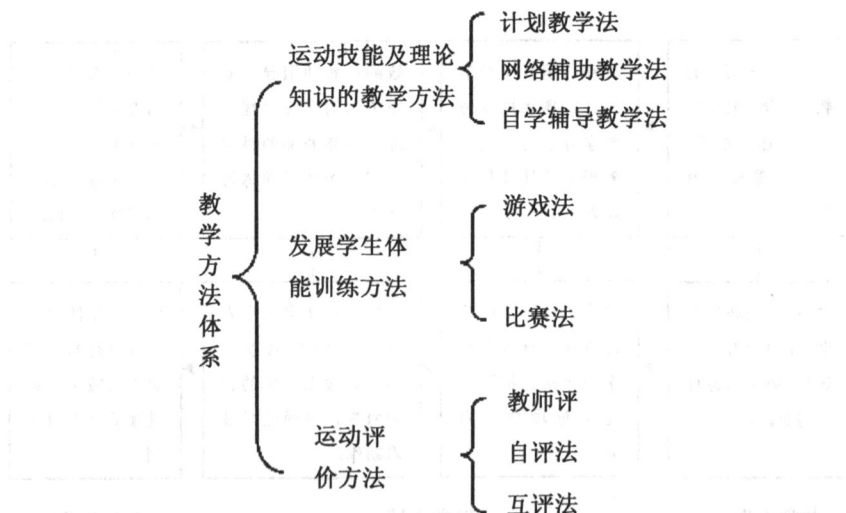

教学方法体系
- 运动技能及理论知识的教学方法
  - 计划教学法
  - 网络辅助教学法
  - 自学辅导教学法
- 发展学生体能训练方法
  - 游戏法
  - 比赛法
- 运动评价方法
  - 教师评
  - 自评法
  - 互评法

图 4-5

（四）"课内外一体化"篮球俱乐部教学模式的教学评价

1. 评价标准和评价方式要做到公开与透明

公开化的评价标准,要有利于学生的系统学习,有利于制订学期计划,有利于学生对课内外学习完成自我评价。

评价方式的透明化,就是要将评价的作用和意义毫无保留地告知学生。不要使用修饰性语言,以避免使学生产生误导,否则就会影响对学生评价的科学性和客观性。

2. 综合评价标准

（1）学生体质健康标准:达标得 10 分,不达标得 0 分。

（2）学习态度和出勤:由基础分、扣分和加分三部分组成。

基础分为 10 分。

扣分包括旷课 3 分/次;病假和事假 0.5 分/次;课堂上学习态度消极和不遵守纪律的学生,点名一次扣 0.5 分,两次 1 分,依此类推。

加分包括课堂表现突出加 0.5 分,参与体训部组织的课外体育活动或比赛,每次加 1 分,获得第一名加 1 分,前三名加 0.5 分,观众加 0.5 分。需要注意的是,基础分扣完不再扣分,达到最高分（20 分）不再加分。

（3）身体素质:俯卧撑（男子）、1 分钟仰卧起坐（女子）学期初测试一次,记录原始成绩,学期末测试,根据学生成绩提高幅度分别进行扣分和加分,此项成绩满分为 30 分。

（4）运动专项评价:（学生自评＋学生互评＋教师评价）×30％。

（5）基础理论课程:学生笔试成绩总分×10％。

第四节　校园篮球教学的发展

一、校园篮球运动教学的良性发展

（一）社会发展背景

在世界上,篮球运动是最受人瞩目的比赛项目之一,在我国有着非常广泛的群众基础,它凭借自身的特点和独特魅力吸引了我国众多人口参与。在我国各大企业、机关、部队、学校、工厂、农村中都有篮球运动爱好者,并且组建了篮球运动队,篮球运动开始成了深受人们喜爱的文化健身活动,这也为篮球运动在我国的发展提供了良好的社会基础。

近年来,我国包括篮球运动在内的体育事业获得了较快的发展,国家非常重视大众篮球运动的发展,对社会大众篮球设施建设也在不断加强,对社会投资积极进行吸引,在社会上为全民能够更好地参与篮球运动创造了良好的发展环境,特别是加强了篮球运动在学校校园中的推广力度。总的来说,篮球运动在我国的社会发展背景非常良好。

(二)教育改革促进

篮球运动集聚文化、健身、人文于一体,有着非常强的教育功能,因此我国将篮球运动作为学校体育教学的重要内容,并列入学校体育教学大纲之中。篮球运动,其本质功能就是促使学生身心健康水平得到提高,并进一步丰富学生的课余文化生活。

近几年来,我国校园篮球运动获得比较大的成绩,这为校园篮球运动的发展注入了新鲜的活力,这为我国篮球运动的发展以及招生拓展了广阔的空间。目前,我国校园篮球运动发展非常快速,越来越多的学生开始参与篮球运动,并形成了良好的运动习惯。

篮球运动项目在成为学校体育课重要教学内容的同时,也成为学校球类运动俱乐部的重要项目之一,同时也是校际运动比赛的重要项目。这些篮球基层组织为校园篮球运动的发展创造了更为有利的条件,同时也为我国篮球运动事业的发展提供了优秀的后备人才。

二、校园篮球运动教学发展中的问题

校园篮球运动教学得到了很好的发展,获得不错的成绩,但在其发展过程中也存在一些问题,这些问题归结起来主要体现在以下几点。

(1)未能彻底贯彻教学指导思想。

(2)未能明确教学目标定位。

(3)对于学生的发展,教学内容无法满足具体需要。

(4)所采用的教学模式太过于单调。

(5)教学管理方面也不够完善。

(6)教师缺乏足够的专业素养。

(7)教学训练的科学性有待提高。

(8)需要进一步健全教学评价体系。

(9)在教学经费方面缺乏足够的投入力度。

三、校园篮球运动教学的发展趋势

(一)通过篮球文化传播来更好地促进教学发展

1. 将篮球文化内化为自我价值

目前,校园篮球运动教学的首要任务就是促使学生能够将篮球文化内化成为自我价值,建立主动学习的习惯。

首先,对于篮球理论课,教师要进行合理的安排,并给予足够的重视,通过系统全面的讲解,使学生对篮球运动的发展演变及趋势有一个大体的了解,熟悉篮球运动基本技战术原理,并掌握相应的医疗保健知识以及裁判知识。

其次,在校园篮球运动教学中,教师要将篮球教学的育人价值予以充分地发挥出来,促使篮球知识内化成为学生的自我价值,使学生通过学习篮球运动陶冶情操、磨炼意志,使学生塑造健全的人格。

2. 促使学生的人文素养得到提升

在校园篮球运动教学中,对篮球运动文化知识,教师要进行详细的介绍和阐述,促使学生对篮球运动中所蕴含的竞争精神、合作精神、民族精神和拼搏精神有一个更为深入的认识,通过参与篮球运动的学习,使学生养成遵守规则、积极向上、热爱国家、热爱民族的优秀品格。

此外,在日常篮球教学实践中,学生通过身体的各种练习以及与篮球相关的各种活动,在对篮球运动加深认识、理解和感受的基础上,影响他们价值观和运动观的形成。

3. 培养学生终身体育意识

篮球运动既能够增强学生的身体素质、提高学生的运动能力,还能在学生进入社会后继续受益,在篮球教学中,教师应使学生充分认识这一点,使他们能够将篮球运动作为终身运动来学习,同时使学生树立正确的体育价值观,终生受益。

4. 倡导学生形成健康的生活方式

在校园篮球运动教学中,通过传播篮球文化能够促使学生在和谐的教学氛围中进行体育锻炼和行为,并形成规范化和常态化,教师应对这一点予以重视,这能够很好地帮助学生形成良好的生活方式,有利于学生身心健康,使学生养成良好的行为习惯,促使学生得以健康成长。

（二）不断加强篮球运动的教育功能

在校园篮球运动教学中,其教育功能主要从以下几个方面体现出来。

(1)通过篮球训练与比赛,能够有效地培养学生团结协作、齐心协力的集体主义精神。

(2)激烈的对抗,还能够很好地培养学生顽强的意志品质。

(3)通过篮球的训练和比赛,能够锻炼学生的人格,构建一种人性化的篮球运动。

(4)在竞争激烈的学习环境中,通过参与篮球运动锻炼,能够很好地缓解学习和生活压力。

(5)学生参与篮球活动,能够锻炼意志、陶冶情操、修养品行,培养他们的团队精神,增强他们的责任感、荣誉感和使命感。

（三）篮球教学活动形式的多样化

篮球运动现已在各学校得到普及,成了学生学习和生活的重要组成部分。其活动形式也更加多样化,并且出现了很多新的玩法。较为常见并深受学生欢迎的玩法主要有三对三、街头篮球、四对四等形式。这些形式在学校中开展得比较普遍,也获得了良好的效果,成为学生生活和学习中的重要内容,同时也是校园篮球教学发展的一个侧重点。

（四）更加重视理论与实际的结合

现代科技在篮球教学活动中的应用,使得传统的校园篮球教学各方面都得到了不断的改进,这也成了校园篮球教学的重要发展趋势。

在校园篮球运动教学过程中,组织学生开展篮球活动更加体现丰富多彩的特点,战术手段同训练和比赛实践结合起来,从而更好地实现篮球观念的新转变。

随着现代篮球运动的不断发展,新的理论观点也开始不断涌现,竞赛制度也得到不断完善,比赛规则也得到了进一步充实发展,从而形成从篮球理论到篮球实践内容的不断创新和发展。这对于提高学生的篮球运动水平具有非常积极的促进作用,同时对校园篮球运动教学的长久发展和不断完善也有着很好的推动作用。

（五）重视突出篮球运动竞技特点

现阶段,篮球竞技水平和技战术的发展趋势显著。

校园篮球运动教学也更加重视突出篮球运动的竞技性特点,重视在对学生身体素质进行发展的基础上,提高篮球运动竞技实力。

篮球技战术的发展趋势主要体现在以下几个方面。

(1)在篮球比赛中,运动员的高度和灵活度相结合。

(2)速度和准确度的结合。

(3)技术全面和特长的结合。

(4)凶悍和智谋的结合。

(5)常规和创新的结合。

总的来说,校园篮球运动教学既能够促使学生的体能素质得到增强和发展,同时借助于篮球运动的竞技性还能够进一步提高学生的篮球运动水平和实战能力,提高学生的竞争意识和合作意识,培养学生成为社会所需的全面性人才。

(六)建立健全篮球教学管理制度

首先,不断提升管理理念,对以往过于依赖学校管理模式的情况进行改变,使体育教师和学生的作用得到充分发挥,促使他们能够参与其中。

其次,对学生篮球协会的组织机构和职能进行完善,重视并加强管理篮球课外活动和比赛,构建有助于学生运动和训练的教练员轮流管理制度。

再次,处理好篮球训练管理和篮球教学管理之间的矛盾,通过加强普通学生与篮球运动员之间的交流和合作、统一管理等方式来提高篮球训练管理和篮球教学管理水平。

最后,学校其他管理部门要积极配合学校篮球教学管理部门的各项工作,各部门之间加强组织协调,建立灵活多样的调控机制。

(七)加强篮球教师队伍的建设

加强篮球教师队伍的建设,具体应做好以下几个方面的工作。

(1)建立严格的上岗制度,加强对篮球教师和教练员的教学和培训监督。

(2)了解篮球教师的实际需要,提供在职培训机会。

(3)重点培养有责任感的篮球教师队伍,提高教师的理论水平,使其学会科学的教学训练手段和方法。

(4)重视培养和引进经验丰富、高学历、富有创新意识的篮球教师,提高整个教师队伍的教学质量和科研水平。

(5)关心教师,改善教练待遇,调动他们的教学积极性。

（八）构建科学的篮球教学评价体系

构建科学的篮球教学评价体系中，主要从以下三个方面入手。

首先，在国家体育教育教学有关基金项目中增加校园篮球教学评价体系的研究项目。

其次，通过校级课题立项形式，对本校篮球教学评价体系的构建进行研究。

最后，鼓励教师和学生多提意见和建议，鼓励教师开展教学实践和实证研究，对科学的篮球教学评价体系加强理论和实践探索。

第五节　校园篮球运动教学质量测评

一、校园篮球运动教学质量测评的内容与项目比重

（一）篮球教学质量测评的内容

对篮球运动教学进行测评，需要遵循一定的依据，并不是随意进行测评的。

这种测评标准主要是结合篮球教学大纲、培养目标等高级教学文化所规定的测评形式和测评范围。这些文件还对不同年级、不同个体、不同教学集体以及所处的不同教学阶段的具体要求来进行测评的。

对于篮球教学测评的内容包括篮球教学所有的内容，如常用的基本的重点技术、战术、教学训练、理论知识、裁判工作能力与组织竞赛能力等，同时也包括一些带有进阶性质的高级技战术等。

（二）篮球运动教学质量测评的项目比重

在篮球运动教学质量测评中，不同的教学计划、不同的培养目标、所要测评的内容和比重也是不同的。这个比重要根据具体实际来进行适当的变化，但这个测评项目比重是什么样的，测评的目的始终也要能全面反映学生对教学大纲所规定的教学任务、要求的完成情况。

一般来说，篮球运动教学测评的内容和项目所占的比例分配，见表 4-4 所示。

表 4-4　篮球运动教学测评内容及项目比重

分类	比重(%)	内容
理论测评	30	篮球运动概论 技战术基本理论 竞赛组织与编排 竞赛规则 裁判法
实践测评	40	运球 传接球 突破 投篮
能力测评	20	教学实习 组织竞赛 裁判实习 技战术运用
平时测评	10	考勤 课堂提问 课外作业

二、篮球运动教学质量测评的目的与原则

(一)篮球运动教学质量测评的目的

校园篮球运动教学质量测评,其目的主要包括以下几个方面。

(1)对校园篮球运动教学的质量进行监控。

(2)对校园篮球运动教学的效果进行评价。

获得有关篮球运动教学效果的信息反馈,然后针对反馈的信息,使教师及时、有效、准确地掌握教学的实际效果,并针对教学工作和学生学习行为进行改进和调整,以此来更好地提高学生对篮球运动教学的满意程度,促使篮球运动教学的质量得到不断提高。

（二）篮球教学质量测评的原则

1. 客观性原则

所谓客观性原则，就是在校园篮球运动教学评价的过程中，对于学生篮球技能完成情况的评价和评分的可靠性是由若干主试教师评价的一致程度。

通过这一定义可知主试教师们评分的一致程度越高，证明众多教师对某一学生或群体的看法越发一致，尺度掌握相近。因此，这种测量的结果具有较强的客观性；反之，就说明分歧比较大，测量结果缺乏客观性。测量结果如果缺乏客观性，那么其可靠性也就会差，无法对教学做出准确的评价。

2. 可靠性原则

可靠性原则，是指重复使用同一考试方法衡量学生成绩时，所得到的结果的一致程度。

在具体实施的过程中，这一原则就是对同一批学生反复采用同一方法进行多次测验，获得的结果如果具有较强的一致性，那么说明测量具有较高的可靠性；反之，就缺乏可靠性。不过在实际测量中，经过多次测试后取一个平均值也可以作为测评的结果，而目前这种方法在测评中使用的概率较高。

3. 有效性原则

有效性原则，是指测量的方法与拟测量内容之间的一致性程度。

这一原则能够将拟测事物的本质特征予以反映出来，因此在对测量与评价指标进行选择时，要对指标的含义进行明确，避免一些毫无意义或空洞的指标。

从实际中看，对篮球运动技能进行测量的方式和方法有很多，在选择方面要注意可行性，测评的过程中要分阶段检验有效性情况。

三、篮球教学质量测评的形式与方法

（一）篮球教学质量测评的形式

1. 理论测评

（1）口试形式。

①测评形式。

一般来说，常见的形式有专题答辩、随机提问、课堂提问等。

②测评目的。

对学生掌握篮球运动理论知识的广度和深度进行了解,了解学生对问题的分析和解决能力以及学生的语言表达能力。

(2)笔试形式。

①测评形式。

采用常规的学科考核方式。笔试类型结合具体实际来选择开卷或闭卷形式。

②测评目的。

开卷考试主要对学生运动知识分析和解决问题的能力进行测评;闭卷考试主要是对学生掌握篮球运动知识进行测评。

(3)题型及比例。

对于校园篮球运动教学的理论测评大多采用标准化的考试方法。

首先,考试命题要能够将学生所掌握篮球运动基本理论知识的程度予以较好地反映出来,选择的试题内容要同教学大纲的要求相符合,题型应尽可能地多样化,如选择、填空、名词解释、判断、绘制战术图、简答题、分析运用等。

其次,考试命题要将不同指标的试题形式予以反映出来,同时也要掌握好主观和客观试题的比例。试题难易度应适中,区分度要良好,确保考试的可信度。

根据试题类型及题目分数的比重评分,理论测评先以满分 100 分来评分,然后按比例进行换算,具体题型及比例分配可参考表 4-5。

表 4-5　篮球理论测评题型及比例分配表

内容\比例\题型	填空	鉴别	选择	概念	绘图	计算	论述	合计(%)
篮球运动概述	3	3	2	2	0	0	0	10
篮球技术	6	5	6	5	0	0	2	24
篮球战术	2	4	4	4	4	0	2	20
技战术教学	2	3	2	3	3	0	1	14
规则与裁判法	5	5	5	4	2	0	1	22
竞赛组织与编排	2	2	1	2	1	2	0	10
合计(%)	20	22	20	20	10	2	6	100

2. 实践测评

校园篮球运动教学实践测评主要采用技术评定和达标测试。这两种形式的侧重点,具体体现在以下几个方面。

(1)技术评定。

校园篮球运动技术评定就是根据学生技术和战术动作完成的质量来进行评分的。在测评之前,将所有需要测评的技术和战术按照动作结构和配合过程划分成若干个环节,根据各个环节的具体完成情况来进行评分。

评分标准可采用十分制、百分制或等级制。尽管评分标准不同,但最终都会转换为学生实际得分数。

(2)达标测试。

达标测试,是将学生完成技术动作的标准程度按一定的要求制定评分表进行测试。达标测试适用于单个技术动作、组合技术的测评。

达标测试有着比较灵活的方法,它既可以用作对单独项目进行测试,同时又能够同其他技评相结合来进行使用。

评分标准可以采用十分制或百分制。

3. 基本能力测评

校园篮球基本能力测评主要是在教学实践过程中进行的,这种形式是一种常态化的,并不是一次性的,注重学生自身能力和学习态度的测评方式。主要形式如下。

(1)通过各式篮球教学比赛来对学生技战术在实践中的运用能力进行测评。

(2)通过篮球教学实习来对学生组织教学的能力进行测评。

(3)通过组织篮球竞赛测评学生对于组织竞赛、竞赛编排、赛事管理和裁判工作的能力。

最后,根据学生的技战术运用能力和实际工作表现,教师来对他们的基本能力的成绩进行评定。评分标准可以采用等级制或百分制。

(二)篮球教学质量测评的方法

1. 五点投篮

测评形式:技评与达标。

评分标准:百分制,10 分。

测评方法:如图 4-6 所示,以篮圈投影点为圆心,以该点至罚球线的距离为半径画圆,确定五点投篮的距离。考生从①位置开始,按照从①—②—③—④—⑤的顺序进行投篮,每一个点投两次,根据投中的次数来作为技评成绩。

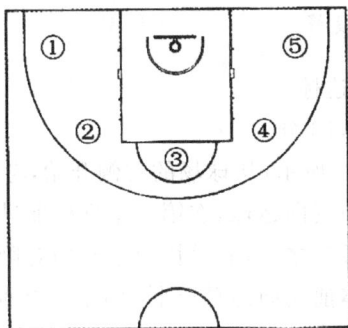

图 4-6

测评要求:在测试中,男生要进行跳投,女生则可以进行原地的单手肩上投篮。在投篮时,脚不能踩到线,5 秒钟内必须将球投出。投篮之后要及时抢篮板。测评达标与技评标准,见表 4-6、表 4-7 所示。

表 4-6　五点投篮技术考试评分标准

技评 4 分	4	3.5	3	2.5	2	1.5	1
	A$^+$	A	B$^+$	B	C$^+$	C	D$^+$
达标 6 分	女	5	4	3	2	1	
	分值	6	5	4	3	2	
	男	5	4	3	2	1	

表 4-7　技术动作规格评定参考标准

标准	等级	完成动作情况
优秀	优＋	动作正确熟练、连贯、协调、有力、速度快、效果好
	优	动作正确、连贯、协调、有力、速度快
良好	良＋	动作各主要环节较正确、较连贯、协调,速度较快
	良	动作各主要环节较正确,但不够连贯、协调,速度一般
及格	及格＋	动作各主要环节基本正确,但不够连贯、速度较慢
	及格	动作各主要环节基本正确,但协调连贯性差、动作速度慢
不及格	不及格＋	动作各主要环节不正确、不协调、不连贯、动作速度慢
	不及格	动作各主要环节不正确、不协调、不连贯、有明显错误

2.半场往返运球投篮

测评形式:技评与达标。

评分标准:百分制,10分。

测评方法:如图4-7所示,从球场的右侧开始,考生进行运球,在第一个立柱之前进行右手体前变向运球,在第二个立柱前进行左手体前变向运球,右手上篮。在抢到篮板球之后,右手快速运球到对侧中线出换左手运球,第三个立柱前进行左手体前变向运球,到第四个立柱前进行右手体前变向运球,左右上篮。抢到球之后,左手快速运球到达原处。计行进间投篮的命中次数并给出技评成绩。

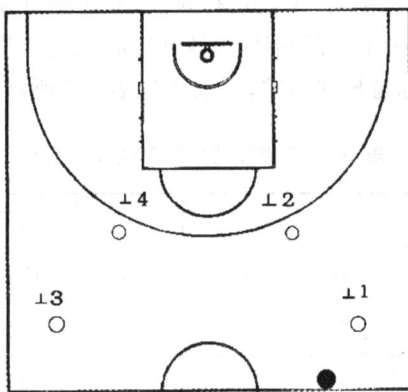

图 4-7

测评要求:在行进间进行单手低手投篮,否则不算得分;没有投中,不补篮,继续进行运球时,从失误的地方继续开始。达标与技评标准,见表4-8所示。

表 4-8　半场往返运球投篮技术考试评分标准

技评6分	分值	6	5.5	5	4.5	4	3.5	3	2.5
	成绩	A+	A	B+	B	C+	C	D+	D
达标4分	分值	4	2						
	中次	2	1						

3.原地持球突破

测评形式:技评与达标。

评分标准:百分制,10分。

测评方法:如图 4-8 所示,从球场右侧中线处开始,考生进行传接球。在第一个立柱处,进行交叉步突破上篮。在抢到篮板球之后到对侧中线出再进行一次传接球,在第二个立柱处交叉步突破上篮。

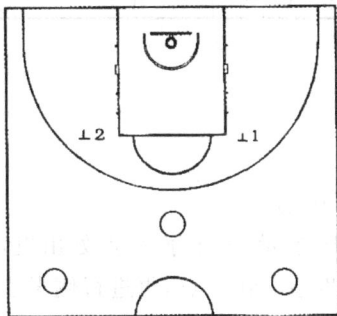

图 4-8

测评要求:行进间单手高手投篮,否则不算得分;对于违例情况,要记录次数,每次违例都要在技评中扣掉 0.5 分。达标与技评标准,见表 4-9 所示。

表 4-9　原地持球突破技术考试评分标准

技评6分	分值	6	5.5	5	4.5	4	3.5	3	2.5
	成绩	A$^+$	A	B$^+$	B	C$^+$	C	D$^+$	D
达标4分	分值	4	2						
	成绩	2	1						

4. 双手胸前传接球

测评形式:技评。

评分标准:百分制,10 分。

测评方法:如图 4-9 所示,每两个人一组,相距 4~5 米,分别进行全场传接球上篮,在抢到篮板球之后,再传回到原处。

测评要求:如果投篮没中,要进行快速补投;如果传接球失误或违例时,每一次都要从技评分中扣掉 0.5 分,并从失误的地方继续进行。达标与技评标准,见表 4-10 所示。

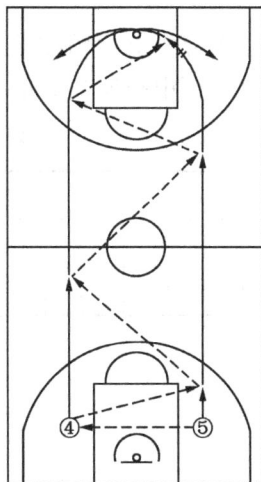

图 4-9

表 4-10　双手胸前传接球技术考试评分标准

技评 10 分	分值	10	9	8	7	6	5	4	3
	成绩	A⁺	A	B⁺	B	C⁺	C	D⁺	D

5. 三角形滑步

测评形式：达标。

评分标准：百分制，10 分。

测评方法：如图 4-10 所示，考生于 A 点处出发，同时进行计时，通过滑步移动到 B 点，再做撤步移动到 C 点，再进行侧滑步移动到 A 点，往返两次停表。

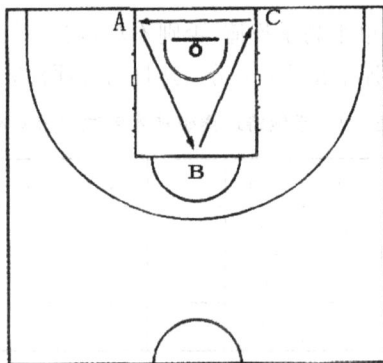

图 4-10

测评要求：只能进行滑步，不能跑；脚必须触到线，否则视为违例；违例要在技评中扣掉 0.5 分，两次违例则不计分。达标标准见表 4-11 所示。

表 4-11　三角形滑步评分参考标准

分值		10	9	8	7	6	5	4	3	2
标准（秒）	男	10	10.5	11	11.5	12	12.5	13	13.5	14
	女	12	12.5	13	13.5	14	14.5	15	15.5	16

第五章　健康中国背景下我国校园篮球运动训练发展探索

篮球运动富有诸多特点和价值,它对广大人民群众的身心发展大有帮助,特别是对在校学校的青少年来说更是如此,由此也使得篮球运动成了现代学校中主要开展的体育运动项目。在现今健康中国的大背景下,进一步对校园篮球运动训练的发展进行探索就显得很有意义。

第一节　校园篮球运动训练理论体系

一、篮球训练的原则

(一)周期性原则

大多数体育运动项目的训练都需要一个固定的周期,这个周期会根据该项运动的技战术形成规律或训练与比赛的需要,通过周期性的训练来调整运动员的状态。篮球运动作为主流项目,其训练也要秉承这一原则。篮球运动训练是球员在一定时期的训练过程中以周而复始循环的方式进行,后一个循环在前一个循环的基础上,不断提高训练的要求,使球员在周而复始的循环训练中创造优异的运动成绩。越是高水平的篮球运动员,越是需要固定的、长期的训练来保持良好的运动状态,为此甚至每天都不能缺席训练,即便是一般的篮球爱好者都会有几天不打球就会有手感生疏、对场上局面阅读能力降低的感觉,而为了恢复以前的良好状态,不得不花费更多的时间和加强的负荷来训练。所以,对于高水平运动员来说,因伤修养几个月的情况所带来的后果是灾难性的。

(二)合理安排训练负荷原则

训练负荷是运动训练中不可缺少的元素。合理的训练负荷对提升运动员训练水平起到重要的作用,这一负荷安排的难度在于既不能大也不能小,如此才能使运动员不断接受新的刺激,然后适应刺激,再接受新的刺激,如此往复,不断提升能力。

对于训练负荷的合理安排需要遵循科学训练的理念和方法,除此之外,还要根据运动员的实际能力来具体衡量,这些能力包括运动员初始运动水平、当天的身体状态等,在各个训练环节中提高运动负荷量,直至达到最大负荷要求。

现代体育运动训练的研究和实践都表明,在训练中一味求大求多,并不能绝对快速提升训练水平,甚至还会损害运动员的身体健康。因此,合理安排训练负荷已经成为现在运动训练的基本原则之一。

（三）自觉性与积极性原则

在篮球运动训练中,对运动员进行训练是重要方面,也是训练的主要形式。然而与此同时,在现代越发注重以人为本的理念下,还应该同时注重对运动员参加训练的主动性的培养。简单来说,就是帮助他们明确参加篮球训练的动机和意图,如强身健体、兴趣爱好、职业理想等。只有将"要我练"变为"我要练",才能引发更多的思考和主动性,才能在训练中找到乐趣和进步方向。

（四）全队训练与个人训练相结合原则

篮球运动训练的组织方式很多,主要为个人训练和全队合练。个人练习更多是在篮球技术训练时采用,全队合练则更多是在局部战术或全队战术训练时采用。当然根据训练的内容和形式的需求,两者在采用时还是可以灵活一些,如在技术练习时也可以使用集体训练的方式,如此更可以通过和队友的技术比对,来找到自身技术上的不足,明确进步方向。

为此,篮球训练要根据球员的个人特点,有针对性地确定训练内容,选择正确的训练方法和安排适宜的运动负荷。在个人训练和全队训练中要做到适时将二者相结合,以期可以更好地将个人训练的成果带到全队训练中检验,而在团队训练中发现的新问题又可以在个人训练中着重解决。

（五）一般训练与专项训练相结合原则

包括篮球运动在内的体育运动训练都有一般训练和专项训练两种训练模式。两种训练缺一不可,相互促进。

一般训练更多是一种必须要参加的基础性训练,这种训练在许多运动项目的训练内容中有很多相似的地方,如基本的身体素质和心理素质训练等,以此来达到使运动员自身的运动素质得到全面的发展,实现身体形态和一般心理品质的改进和发展的目的。

而专项训练则更多关注的是运动专项的技战术内容。在篮球运动训练中,包括篮球运动的技术、战术、球商等,另外还有一些专门匹配篮球运动所需的特殊身体素质要求,如弹跳力、上肢力量等。

而在现代篮球运动训练中,一般训练与专项训练同等重要,并且在训练过程中还要注意将两种训练模式相结合,由此使得两种训练互相联系、互不脱节,达到协调发展的目标。

(六)训练与比赛相结合原则

篮球运动训练的最终目的还是要将在训练中培养出的技能在比赛中运用。基于这一训练的本质,就要求在今后的训练中贯彻从实战出发的理念,将训练的气氛适当严肃,训练内容、方法和负荷要向实战看齐。为此,经常组织教学比赛就是非常好的方法之一,以此达到一种以赛带练的目的。在比赛中,教练员也可以直观发现训练球员在哪些技战术层面还有漏洞和不足,甚至是身心层面的问题也能够通过比赛表现发现。球员在比赛中的表现更有参考价值。将比赛与训练结合的另一个好处就是,通过多多参加比赛,可以让球员更快地积累实战经验,适应比赛的氛围和节奏,这对于训练的质量和效果来说也是大有好处的。

二、篮球训练的方法

(一)持续训练法

持续训练法,是指在相对较长的固定时期中,以科学稳定的负荷量无间歇地连续训练的方法。不过在持续训练法中的负荷量并不是一成不变的,它需要根据运动员实际能力的提升而做出适当改变,通常为提升,也有可能因为状态调整的需要而减少负荷量。在篮球训练中,持续训练在对提高球员的身体素质和技术巩固进阶方面较常采用。

(二)循环训练法

循环训练法,是指根据训练的具体任务,建立若干练习站(点),球员按照既定的顺序、路线,依次完成每站(点)的练习,然后再周而复始重复这种循环练习站(点)的训练方法。在循环训练法的每一站中,对于训练的内容、负荷和要求都有预先制定,而且这些训练元素还可以与其他训练方法相结合共同形成一个循环组。

（三）重复训练法

重复训练法，是指对某种技战术内容采用同一运动负荷和相同间歇时间进行多次练习的训练方法。这种训练法的主要目的是巩固球员已经掌握的技能，因此在篮球运动训练中多用于技术层面的练习中，如步法、运球、投篮等。重复训练法中，重复的次数是制定的核心，这个次数的量的制定依据为运动员所能承受的运动负荷、完成动作所需的练习量等因素。当然，这个量也可以根据实际训练情况等适时改变，并不是一个固定的值。

（四）变换训练法

变换训练法，是指在不同条件下进行训练的方法。这种训练法中强调的"变换"，其变换的元素主要为与运动项目相关的软硬件条件，如比赛的场地条件、训练与比赛的节奏、对抗强度等。这种训练方法主要是针对日常千篇一律的训练，如此训练久而久之会使球员产生单调、乏味的思想，这无论是从心理还是生理上看，都会增加球员的疲劳累积，而如果在训练中的某一个方面做出一些改变，会明显增加球员的新鲜感和接受意愿的提升，这样对机体的影响也必然随之而变化。例如，在单调的身体力量训练中，改传统的器械训练为有针对性的游戏训练方式，就会起到事半功倍的效果。变换既可以是周期性活动的连续变换训练，也可以是非周期性的间歇变换训练。

（五）间歇训练法

间歇训练法，是指在重复训练的间隙中制定休息期，然后再进行训练的方法。因此，这种训练法的制定核心就在于间歇的时间。这个间歇时间的长短依据通常为训练强度、训练效果以及训练内容等。另外，球员的身心状态也是制定间歇训练法的依据之一。

（六）比赛训练法

比赛训练法，是指通过组织比赛的方式达到提高和巩固训练效果的方法。训练的目的实际上就是为了实战比赛，长期的训练对于提升运动员的技战术能力显然是有巨大的提升，但这种训练更像是一种普适性的练习，训练与实战之间仍旧有很大的差别，而且较长时间的单调训练也可能会使球员感到枯燥。这时，适时增加一些教学比赛或是友谊赛就可激发运动员的训练热情。

另外，在"练为战，不为看"的理念指导下，在训练中增加比赛环节，也有利于教练员在比赛中观察到球员的真实训练水平，特别是可以检验出球员在技战术方面的漏洞,以此作为直观观察结果,可以对教练员的下一步训练找出重点难点。因此,比赛训练法在现代许多运动项目训练中都更为普遍地得到利用。不过需要注意的是,在训练中加入比赛的环节要始终明确比赛的目的是什么,它不是调节训练氛围的形式,而是一种带有明确性的训练手段,有其开展的直接目的。

三、篮球训练的负荷量制定

(一)篮球训练负荷的定性

1. 训练负荷的专项性

不同运动项目都有符合其自身的特点,这些特点在训练中也要有所体现。训练负荷就带有非常鲜明的专项性特点,就篮球运动来说,它的运动负荷专项性就是指训练负荷要与球员训练水平和篮球比赛所需负荷相互匹配。

在篮球训练中的训练负荷分为两种,一种为非专项训练,另一种为专项训练。非专项训练也被称为一般性训练,这种训练在于提升运动员从事篮球运动的基础能力,体能是其中的代表内容。而专项训练则是旨在提升篮球运动专项能力的内容,主要为众多的篮球技战术。只有加强篮球专项训练,球员才能有针对篮球这项运动的技能提高,才能取得高水平成绩。

2. 训练动作的复杂程度

篮球运动技战术的内容很多,不同技战术的难度不同,有些技术难度较大,战术复杂,这些因素也是篮球训练中制定运动负荷的依据。因此,为了从总体上控制好篮球训练的负荷,就应该对不同难以、复杂程度的内容予以区分,统筹考虑,避免过于机械地制定训练负荷。不过,这一工作本身就具有难度,这在于更多的篮球技战术的不确定性。因此,通过动作复杂程度来控制训练负荷在实际应用当中显然还不具备最大的可行性。

3. 训练负荷对供能系统的作用方向

确定训练时机体工作的供能系统是为训练负荷定性的内容之一。在篮球训练中,ATP-CP 和糖酵解供能约占 80%,糖酵解和有氧代谢约占 20%。鉴于这种对能量的消耗特点,就基本可以采用无氧代谢为主、有氧代谢为辅的模式作为篮球运动训练的主要模式。

不过,在篮球训练中,由于不同训练内容和方法,其所造成的机体消耗的能量物质也有所不同。这就使得选用的训练内容和训练手段有关的运动能力的超量恢复时间具有一定程度上的差异,为此就需要在训练中时刻根据具体情况合理安排训练负荷,避免一种训练模式适用多种训练的简单思维。

(二)篮球训练负荷的定量

1. 依据外部负荷指标定量

外部负荷指标主要包含负荷量和负荷强度两个指标。这两个关于负荷的元素有些类似的地方,但通过深研来看,这两个指标对有机体的刺激所引起的反应也有很多不同之处。

负荷量,是指训练的数量指标。就一般的训练来说,运动员的机体对负荷量的反应通常不是很明显,表现出一种较为缓和的适应。那么,由此产生的适应程度也就相对较低,消退也慢。在篮球训练中对负荷量指标的测定方法,如统计一次训练课、一个小周期、一个阶段或一年的训练负荷量,只要记录每次训练的时间、次(组)数、移动的总距离和总重量,而后累计就可以得知单位时间内负荷的大小。

负荷强度,是指训练对有机体刺激强烈程度的指标。运动员的机体对负荷强度改变(通常是增大)带来的刺激的反应较为明显,尤其是负荷强度的增加能对运动员的机体各器官系统的机能水平带来快速增长。而相应的,由此产生的适应程度就较大,消退也快。与负荷量的测定方法相比,负荷强度指标的测定方法就显得更为复杂一些,其中更是以对技战术训练的负荷强度指标测定尤为困难。因此,在实际应用当中可行性较低。

2. 依据内部负荷指标定量

内部负荷指标是根据球员在训练过程中进行各种身体、技战术训练,训练的负荷使球员有机体内发生一系列生理和生化变化。对于这些内部负荷指标的测量,通常为对机体机能的检测手段,如测量心率、脉搏、血压、肺活量等指标进行评价。

通过上述列出的对内部负荷指标的测评方法来看,内部负荷指标值是可以通过测量准确得出的。因此,这个值就能成为反映机体在承受运动负荷时产生变化程度的准确判定标准,进而成为教练员非常看重的运动负荷效果评定方法,这个方法无疑会对准确制定训练负荷大有帮助。

（三）训练负荷合理化的基本要求

运动训练负荷的合理化一直是一线教练员和体育研究人员致力于钻研的课题。而要想实现训练负荷的合理化，就应该基本达到如下要求。

（1）训练负荷的安排始终要以球员的实际身体情况为依据。

（2）训练负荷的安排要保证能够对运动员的专项技能有提升作用。

（3）训练负荷的强度要适中。

（4）训练负荷的安排要能促使球员各种能力产生定向性变化。

（5）相邻训练课之间的负荷安排要控制得当，力争做到环环相扣、循序渐进，有利于产生良好的后续效应。

（四）不同训练负荷的辨别

随着篮球训练内容和方法的有序运用，通过一段时间的训练基本可以看到球员的运动能力变化。由此，也可以根据训练中球员运动能力的动态变化来辨别篮球训练的负荷，无论训练负荷的强度是大是小。不仅如此，它还能在运动员训练之后的恢复时间上反映出来。在训练实践中，如果接受的训练负荷较小，那么运动员在休息几十分钟或几小时后便可以基本恢复到原来的体能。而如果接受的训练负荷较大，甚至是参加了高强度的教学比赛，那么增加了的训练强度必然就使得运动员需要更多的时间来恢复体能，这个时间有可能是一天，甚至是两三天。

第二节 健康中国背景下校园篮球训练理念构建

一、校园篮球运动训练理念的结构

篮球运动是一项包含有诸多有益特点和价值的全面型运动，这些特点与价值对于提升我国学校学生的综合素质水平可以起到极大的帮助。因此，将篮球运动引入到校园之中，使之成为体育教学的主要内容，并且成为学生在课余体育活动中的主角是非常正确的选择。

要想使学生尽快提升篮球运动能力，就不能缺少科学有效的训练，这是一个长期的过程。从宏观角度上看，针对学生开展的篮球运动训练不应仅仅将提升他们的篮球技能当作首要任务，更重要的是期望通过篮球训练还能培养与提高学生全面素质，使其成为一个全面发展的人。为此，就需要构建一个全面的、科学的训练理念体系。这个体系的确立无疑会对整个校园篮球训练中学生参与的内容有非常深远的影响。给予培养学生的全面性目标，以及为篮球运动在我国的可持续发展远景，主要可以从教育性、战略性和人文操作性三个方面构建篮球运动训练理念，下面进行具体分析。

（一）教育性训练理念

教育性训练理念是指在篮球训练中，学生既要关注通过训练获得的运动技能方面的提升，还要一并关注自身的文化素养乃至综合素质的全面提升。这不仅是满足我国篮球运动发展的需要，更是为了满足现代社会对全面型人才的需要。因此，在校园篮球运动训练的理念构成中一定要建立起这个教育性理念的构成，将篮球训练紧紧与教育相联系，在这一理念下规范教育与训练行为，以避免篮球训练过于单一地朝运动专项性方向发展。

（二）青少年战略性训练理念

战略性训练理念是篮球训练过程中涉及的重大的、带有全局性的、规律性的或决定全局的谋划。之所以称其为战略性，就在于其的实施影响较大，这一理念的正确与否、合理与否都关乎一个运动项目的发展方向和发展水平。

而青少年战略性训练理念则是指在篮球训练过程中，在青少年训练中对项目运动的本质、规律性的把握以及长远发展所持的全面性、指导性、方向性和创新性的看法与判断。在篮球训练的实际中，就是应遵循学生的身心发展规律和身体发育特点进行科学训练，采取科学的方法与手段促进篮球运动人才运动技能与综合素质的提高，并且期望在这个过程中能够将热爱篮球、热爱体育的精神培养出来，为今后养成终身体育的意识打下坚实的基础。

（三）人文操作性训练理念

一般来说，人文所包含的内容主要有两个，一个是人文知识，另一个是人文精神。人文知识是人们对自身文化的一种了解；人文精神是对文化内在价值和意义的自觉，对人文精神的感知主要是通过人的外在行为获得的。

体育的人文观，其核心就是要主动表现体育对人类生存意义及价值的终极关怀，回到以人为本的体育世界。由此可见，体育中的人文观的最大关切就在于意图强调人们在认识体育的过程中时时体现出一定的人文精神，并期望通过伴随体育的发展而始终将体育与人文相结合，使两者能够共存并完美融合。只有这样，体育才变得更加富有魅力，才更能显现出对人的全面发展带来的有益价值。

在篮球运动中，人文操作性训练理念非常关注提升运动员全面素养。这些素养包括运动员的尊严、思想品德等。现代篮球运动应是通过篮球训练的"修炼"达到人生的"启蒙"，通过训练，将学生由从篮球技能的提升转化为人格的提升，将训练看作是一种情操的陶冶方式，使篮球运动成为一种教育的工具。这就是篮球训练中的人文操作性训练理念要达到的目的。

二、校园篮球训练理念的构建与完善

（一）教育性训练理念的构建与完善

1. 强化对学生的文化教育，积极探寻学训结合之路

篮球运动不光是运动员身体的对抗，其中还包括很多的心理、智能等方面的对抗。而这些对抗都指向一个方面，那就是文化素养。篮球运动员拥有过硬的文化素养有利于他对这项运动有更深的理解，为此，他可以对篮球拥有更多的悟性，能够更明确地理解教练员的战术意图等。可见，篮球运动员的文化教育就显得至关重要。

然而我国运动员的培养方式长期过于注重对身体素质和运动能力的培养，忽视对运动员的文化教育。这就使得培养出的运动员缺少灵性和团队默契，更像是一个执行打球程序的"机器"，这显然已不能适应当前运动人才发展的需要。因此，在吸取经验教训的前提下，在未来的篮球运动训练中就需要改变这种传统，转而在注重提升运动技能的同时，兼顾对运动员的文化教育，以求提升他们的整体素质，将文化教育贯彻到整个运动训练的全过程。这无论是对于培养我国篮球运动的后备人才还是保证篮球运动员在运动生涯之后还能回归正常的社会生活都大有意义。

2. 注重提升小学、中学的篮球后备人才培养基地的地位

校园中开展的篮球运动的训练对象非常明确，那就是在校学生。为此，这种训练就需要在遵循学生身心发育特点的基础上进行适度改变，特别是在对年龄较小的初学者来说，更应以培养他们对篮球的兴趣为主，多安排一些与篮球有关的游戏活动，少一些身体与专项技术的枯燥训练，由此能够让

学生在趣味游戏与比赛中学习与掌握篮球技能。在对青少年篮球运动员培养与训练的过程中，要充分挖掘那些具有潜力的运动员，对这些具有篮球运动天赋的运动员进行系统培养和训练，以为其将来的发展奠定良好的基础。而在中学和大学阶段，就根据学生篮球技能掌握情况和未来的运动发展意愿进行特殊指导，应将这一部分运动员的学业与运动训练结合起来进行，促进其综合素质的发展，与此同时还能朝专业运动员的方向培养。如此一来，就形成了一个从小学→中学→大学→专业队→职业俱乐部→国家青年队、国家队的培养体系。而在此之中，小学和中学是绝对的人才培养和选拔摇篮，应该予以重视。

（二）青少年战略性训练理念的构建与完善

1. 了解并尊重球员的个性

每个人都是具有独立个性的个体，这对于正处于青少年阶段的学生来说更是如此。学生大多处于青春发育期，在这一阶段中，他们的心理发育也在开始。青春期中青少年的心理变化主要体现在人格逐步养成，渴望得到别人的尊重与认可，自尊心极强。为此，在篮球训练中教练员就需要根据不同水平或不同性格的学生来特殊对待，以使每名学生在篮球训练中都能感觉到自己是被关注的、被尊重的，进而获得良好的个性发展环境，也就能潜移默化地爱上篮球。

2. 按照青少年的身心特点及发展规律进行针对性的训练

青少年的身心发展有属于其特有的规律。因此，对于篮球训练来说，就需要紧密围绕这一规律进行，应将运动员的身心特点和发展规律充分结合起来，制订一个科学、合理的训练计划，按照训练计划按部就班地进行训练，而不能仅仅是简单地将用于成年运动员的训练方法和模式照搬过来。

除此之外，针对学生开展的篮球运动训练应该将更多的训练用于打好基本功上，即应更多地帮助学生在这一时期形成正确的动力定型，将正确的动作从生疏的阶段转化为自动化阶段，这能为学生在未来接受更高阶段的篮球技战术训练打下良好的基础。

3. 注重增强青少年的自信心

在对学生进行篮球训练时，由于他们对一些技战术的认识还停留在较浅的阶段，因此经常会在训练或比赛中发挥失常而出现消极情绪。为此，教练员就需要对学生进行专门的心理辅导,引导他们消除消极情绪,建立积极情绪,其根本目的还是帮助他们建立自信心。自信心的最大作用就是坚定他们认可自己能力的信念,以便能推动他们继续实现自己的篮球理想,使训练的目标能够达成。

当青少年的自信心一旦建立之后,他们对自己的能力非常肯定,如此就可以在面对场上的不利局面时能够控制好自身的情绪,进而可以完成好技术动作和教练员的战术部署,保持冷静的头脑解决场上随机发生的情况,面对弱敌没有懈怠心理,面对强敌也勇于挑战。由此可见,在青少年篮球训练理念中,增强运动员的自信心,以强烈的自信心去进行训练和比赛具有重要的意义。

（三）人文操作性训练理念的构建与完善

对人文操纵性训练理念的构建与完善重点应强调教练员与运动员之间的沟通与交流。教练应注重对运动员意志品质等软实力的培养,此外还应强调全队的团队意识培养。具体来看,应做到如下几点。

1. 教练员与运动员要进行有效的沟通与交流

沟通与交流是教练员与学生互相了解的重要方式。只有有效的沟通和交流,才能让教练员了解学生的心理情况、个性和他们对训练的真实看法,这些信息有助于教练员评估现有的训练计划是否真正有效,是否被学生所接受。另外,这也是双方建立互信、互爱的重要方式,对整个篮球队凝聚力提升大有帮助。

教练员与运动员进行沟通与交流时应做到以下几点要求。

（1）沟通时,双方都要明确自己想要表达的内容,以及使用何种语言表达更恰当。

（2）教练员在坚实自己的专业理念之余,也要注意倾听学生、学生家长的意见,其中一些对训练和学生发展有益的内容,应该予以考虑,以使训练计划更加具有可操作性,更易于学生接受。

（3）教练员在执教过程中除了要做好"教"的工作外,还要做好"问"的工作。这里的问即是一种带有启发性的问,以此来激发学生的思考,启发他们的运动心智。

（4）训练过程中教练员的口令要做到正确、短促、简捷、声音洪亮。

（5）在与学生进行交流时要尽量避免使用消极性评价,更不应使用带有刺激性话语,以免打击学生的训练积极性。当然如果考虑到对一些特殊性格的学生进行教学的情况下,可以适度使用以激发他们的努力斗志,但也应在一定的限度内。

（6）教练员与学生之间如果产生了问题，应本着互相探讨和学习的宗旨交流，不应相互指责。

2. 磨炼运动员的意志、培养勇气

在篮球运动中，经常会由于训练的枯燥抑或是比赛的失败造成许多消极心理的产生。有些心理素质不佳的运动员会变得垂头丧气，积极性减退。只有具有顽强的意志品质的运动员，才能为了最终的篮球理想坚持下来。一方面，具有坚定意志和勇气的学生更适合篮球运动，另一方面，参加篮球运动也有利于培养学生的坚定意志。两者是一个相辅相成、相互促进的关系。而对运动员意志品质的培养，则要针对运动员的不同身心特点与个性进行，如用山地行军的训练培养运动员勇敢、自信的意志品质；在篮球专项运动训练中采用不对等条件的比赛方式培养运动员的抗挫折与抗压能力等。

3. 控制情绪、形成稳定平和的心态

只有当篮球运动员具备平稳的情绪和平和的心态，才能在比赛中占据心理优势，进而发挥出已掌握的技战术能力。因此，为了获得这种心态，教练员和运动员就需要日常的训练中都尽量保持平和稳定的心态。在比赛中，如果对方实力稍弱，比赛局势为我掌控，不要太过大意；比赛场面有利于对方时，分落后于对手的时候，不要自暴自弃、自我怀疑；面对对手动作幅度较大的动作时也应尽量控制好情绪，不要被轻易激怒。

4. 培养团队意识，构建团队凝聚力

篮球是一项由五个人共同参与的集体运动，由此就使得为了获得比赛的胜利就需要场上的五人协同并进，而场下的队友也应与场上队员协同并进。因此，培养运动员的团队意识，形成团队凝聚力对运动队比赛成绩的取得具有十分重要的作用和意义。团队凝聚力的形成将经过开始阶段、冲突阶段、稳定阶段、表现阶段。到表现阶段时就代表团队可以接受各种凝聚力的考验了。

篮球队伍中的凝聚力是需要依靠教练员和运动员共同的合作的，需要他们有稳定的心理、情绪以及共同的前行目标。在一个荣誉感很强的团队中，每个队员都有极大的荣誉、责任感，这种超高的"向心力"是队伍一直前行、不畏艰难的基础。

第三节　校园篮球技术系统训练体系的运用

一、系统训练体系内容

（一）系统训练前热身练习

热身练习是系统训练的开端，这是不能被忽视的环节。热身练习的重要意义在于它可以使运动员在正式训练前将身心状态逐步调整到位，并且能促使他们找到手感，进而为后面的训练做好准备。热身练习的形式较为多样，一方面可以是单纯的身体方面的训练，另一方面还可以加入很多与篮球专项有关的训练内容。例如，在做完无球热身跑及动态拉伸之后，重点是有球的练习；以篮球场地的两边线依次做左右手的运球练习，以高运球为主；依次踢腿球脚相碰练习；连续胯下运球等。

（二）系统脚步练习

步法对于许多运动项目来说都是基本功中的一个重要组成部分，篮球运动的规则中本身就存在有对脚步移动的特殊规定，这就使得篮球球员的移动步法也需要进行系统训练，由此才能逐渐形成自动化的移动步法，以避免比赛中的脚步违例的发生。

就系统训练的角度来看，脚步训练是一种专项技术和体能的结合。其中，涉及的基础步法包括急停急起、变向跑、交叉步跑、侧滑步、跨步、跳步急停、后撤步等，此外还包括如接球定中枢脚技术，无球摆脱、持球交叉与同侧步突破等特定脚步技术。为了将如此多的步法类型练就出色，就需要在训练中对脚步动作的细节抓精抓细，并且还需要将步法与其他部位的技术动作相结合练习，如此力争使步法训练更贴合实战需要，使运动员的运用更加流畅自然，达到改善篮球基础脚步技术的基本结构目的。为此，在训练中可以采用标志物等器材辅助训练，从而为提高篮球运动技术的整体水平打下扎实"脚下功"。

如图 5-1 所示，将两名球员的移动路线规定，然后 A 点 A'点处 2 名队员同时起动，经 B 与 B'点、C 点与 C'点，至 D 点与 D'，然后返回原点位置。在规定了移动线路后，在移动的过程中要求球员使用教练规定的步法进行移动，可以是一种步法，也可是几种步法的结合使用。而线路的使用可以是半循环的,也可以是原路返回,这个可以灵活选择。此练习形式可以有几种变化:一是变换脚步多种组合;二是脚步基本功技术与身体素质提高同时进行;三是从无球过渡为有球练习,如高运球变为低运球、接运球变向过人技术。

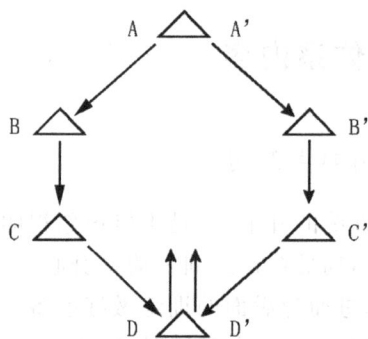

图 5-1

（三）系统球性练习

专门性感知觉对篮球运动来说非常重要。篮球运动中,双方球员会在开放的场地中直接对抗,其中既有球员技术上的对抗,也包括他们身体的直接对抗,甚至是心理上的对抗。不仅如此,在对抗的过程中,还要力争更多地将球命中对方的篮筐。为了达成这样的竞赛目标,就需要球员具有良好的球感。球感的获得更多是通过技术训练而来的,更多地接触球,自然能更快积累球感。

系统球性练习就是为了解决运动员的球感培养问题而制定出来的。在球员初始接触篮球的阶段,首先就要接受一些培养球性的训练,这种训练可以被分为触地的与不触地的两种,并且可以是移动的也可以是原地的。触地的球性练习可用单双手完成,最常见的方式,如单手弓步高低位运球、单手体前左右拉球、单手体侧前后推球、双手体前交替运球、双手胯下运球等。这种练习球性的方式在最初接触篮球的运动员中最为常用,当熟练之后便可以尝试增加难度,如改为移动中不同方式的运球。不触地的球性练习主要是拨球与绕球练习,包括单手模拟投篮或者上篮的体前拨球,头、背、膝、胯部位的各种正反方向的绕球等。这种练习方法主要培养的是球员上下肢协调性。

（四）系统传球练习

传球是篮球运动中执行团队战术中的重要技术环节。系统传球练习主要以各种传球技术练习和集体性参与传球练习为主。篮球的传球技术种类很多,如双手胸前传球、单手双手击地传球、单手传球、单手背后传球、脑后传球等。在初级阶段时的练习方式多为双人对面原地练习,娴熟之后可以增加难度,练习设计为双人行进间连续传球练习,这种传球方式更加接近实战。集体性参与传球包括 3 人小或大范围的绕"8"字传球,以及三角或四角传球。巩固阶段 3 人传球可加入投篮练习,三角或四角传可加入接球前摆脱等脚步技术练习。

（五）系统基础防守练习

现代篮球的发展使得同级别球员之间的技战术能力已经越发拉近了。所以,几乎很少出现像过往篮球比赛那样单凭进攻就能取得决定性优势的情况。为此,鉴于这种发展势头,就使得在篮球训练中要重视对基础防守的系统训练。

系统基础防守练习在于保证球队能够做到攻守平衡,这种防守可在单兵防守和多人防守加以练习。具体来看,基础步法中的滑步与撤步是个人防守的基础技术,对这一技术进行巩固后,再结合个人防守意识与防守战术配合进行技术提高,如单人防守可进行无球和有球区别练习。无球的练习可以安排防接球、防摆脱、防切入等练习;有球练习可以安排防突破、防传球、防投篮等。对于集体防守的练习可以为 2 对 2 或 3 对 3 的全场或局部防守练习。

另外,在多人防守练习时还可以加入一些强弱侧防守的意识与战术。具体练习方法可以为在半场沿 3 分线落位防守,然后攻方在外线传球,守方根据攻方的传球整体进行移动,当球来到场地一方时,相应方向的防守球员就要尽快调整步法占据防守位置,但无论如何,防守阵型也应保持完整,内外线防守有层次性。如此反复练习,对练习中出现的漏洞进行完善,最终就可以提高集体防守协同性的意识,运动员的战术执行力也会在潜移默化中获得提升。

（六）系统运球过人练习

运球过人技术的关键就在于变向和运球节奏的变化。为此,在练习时就需要对这两点给予特殊关注,以期提高运球球员的活动效率,进而实现成功过人或突破分球等战术意图。

具体的系统运动过人练习的方法可以为借助球场的"Z"形路线进行练习,在路线移动过程中做体前拉球换手变向过人、胯下运球过人、运球后转身过人等练习。在基础的过人方法练习娴熟后,球员可以在这个基础上充分发挥主观能动性和模仿能力,创造出更多、更有效、更具观赏性的过人方法。

（七）系统投篮练习

投篮是篮球比赛中的得分手段,因此是最为重要的技术,它是其他一切技术、战术的最终目标,即都是力求寻觅到一个好的投篮机会,由此可见,投篮技术是全部攻守矛盾的集中点。

在系统的基础训练阶段,投篮技术的训练主要在于做好投篮姿势的练习。该训练最初为徒手模拟投篮练习,然后当动作正确且娴熟后,再开始结合球练习。常见的无球练习阶段注意动作规范性,有球阶段的投篮组织形式以单人或者2人重复半截篮投篮,以及篮下重复左右侧擦板投为主。结合球练习的投篮训练主要为原地单手肩上投篮和行进间单手上篮。在上篮练习娴熟后,可以更多地结合实战需要模拟有消极防守人防守的上篮练习,然后提升到有积极防守人防守的上篮练习,如练习固定位置的投篮、放置标志物进行提醒、移动到标志物附近接球投篮或者选择突破上篮。在每节课的间歇阶段,应以篮下或罚球线投篮进行调整恢复。

（八）系统突破练习

持球突破技术通常是某项为改变场上节奏的战术的发起技术,持球突破往往与过人有关,但这项技术的战术意义更大。持球突破技术对运动员的快速启动能力有着较高的要求,这个能力越高,突破越能达成突然性,突破效果也就更好。

突破的技术环节较多,其中一些细节是否到位直接决定了突破的效果。突破练习也是先从无球练习开始,然后进行接球、瞄篮、持球突破、投或上篮等一系列练习。这项练习的组织方法可以是将队员分为2组,一组拿球在3分弧顶运球负责传球,另一组在一侧45°向内线或相反方向做无球摆脱后接球瞄篮。在持球突破投篮的练习中,当突破人投篮后,之前的传球队员应注意冲抢篮板球,如此可以提高训练效率。在练习的初期,可先采用消极防守的方式防守突破球员,需要增加强度后再提升防守的质量。

（九）系统抢篮板练习

抢篮板球是投篮不中后争夺球的控制权的一项技术。篮板球控制得如何直接决定球队在比赛中对于比赛的控制情况,而且争抢到更多的前场篮板球更是直接增加了本队投篮的机会。由此可见,抢篮板是篮球比赛中较为重要的技术。

抢篮板球技术看似简单,但实际上它其中包含着对球落点的预判、卡位、起跳等多个技术环节。在基础阶段进行的抢篮板练习,由于球员各方面的意识和能力不强,因此更多的只是通过多抢多练的形式增加预判能力,以及选择正确的起跳时机。而配合抢篮板技术练习的身体素质训练方面,应该以下肢的快速力量为主。

抢篮板练习的组织形式可以为模拟投篮不中后投篮方消极拼抢,防守方积极卡位跳抢。当娴熟后,可以提升强度为双方均积极拼抢。为了进一步增加抢篮板球技术的实战应用能力,后期还应该增添抢下篮板球的一方迅速转入快攻的练习。

(十)系统基础配合练习

基础配合练习属于篮球战术的范畴,但由于这种战术过于基础,包含更多的基本技术内容在内,因此更多的便将其包含于技术练习之内。技术永远是战术的基本组成,这就使得技术的全面性决定了战术的多样性,它在一定程度内是检验球员多种技术掌握情况的有效方法。

通常将基础配合的练习分为进攻练习与防守练习。进攻练习有传切、突分、掩护和策应,防守方面有协防、补防、挤过穿过绕过等。基础训练阶段传切、掩护、夹击配合是重点,练习形式常见如在外线一点接队友的传球,其传完球摆脱防守后迎着接球方向,接球后进攻篮筐;掩护以有球的侧掩护和无球队员之间掩护为主,侧掩护是无球队员与运球队员在合理空间内,一挡一拆,注意挡与拆的时机等。

二、系统训练体系的实践运用

实践已经证明了系统训练体系的实用价值,这些价值具体如下。

(1)可使运动员的运动基础技能得到较为全面的提高,并且能在过程中发现技能上的短板,然后予以弥补。

(2)用于初级阶段的球员以及在恢复调整阶段的训练安排。

(3)根据技术属性分类,划分新技术到相应的"系统"当中,由此达到一种使"系统"的固定性与技术练习方法变异性的有机结合。

(4)利用"系统"中的单个技术作为基础技术,此后在练习其他技术时也应尽可能地彼此进行关联,实现技术与技术之间的顺畅连接。

在训练的基础阶段的每堂训练课中安排的"技术系统"训练时,要注重安排时的负荷,包括技术训练本身的负荷以及该项技术前后内容训练的负荷,此外正负技术迁移的因素也要考虑其中,由此才能安排出更为合理的技术练习的顺序。在此基础上,就能进一步调配好一周甚至一个月的训练内容和负荷,如周一以运球、过人等脚步与球的结合练习为主,周二就以抢篮板和投篮等上肢技术练习为主。

第四节　校园篮球运动训练水平测评

一、篮球训练水平测评的内容与要求

（一）篮球训练测评的内容

篮球运动训练涉及的内容很多,从大的方面来看主要有适应篮球运动的体能训练和篮球运动专项的技战术训练。因此,对这两方面训练也就设定有相应的测评方式。

1. 篮球体能训练测评的内容

篮球运动的体能训练是一个系统的过程。因此,对于体能训练的测评也需要一个全面、系统、科学的体系。该体系要根据评价的目的、评价要求、评价对象及训练水平等来确定,如此能够将训练效果洞悉得更为明确。具体来看,所谓的考评指标应设定为一级指标和二级指标,一级指标所注重的是基础性指标,包括形态类指标、机能类指标、运动素质类指标和技能体能类指标。

（1）外在体形指标。

外在体形指标包括最为基础的身高、体重、胸围以及其他身体外在的长度、宽度、围度等。

（2）生理机能类指标。

生理机能类指标主要有心率、肺活量、最大通气量、机能恢复能力等。

（3）运动素质类指标。

运动素质类指标有力量、速度、耐力、灵敏和柔韧。

（4）技能类指标。

技能类指标主要有基础技术和专项技能。其中,基础技术包括运球能力、步法、传球和投篮等。专项技能中的技术主要为更为适应篮球比赛的高级技能,如急停跳投、对抗情况下的突破上篮、内线背身单打等。

2. 篮球技战术训练测评的内容

篮球技战术训练的测评内容更多的是技能在训练中的完成情况以及效果情况。不仅如此,还由于每种技术带来的场上效果不同,如有些是对攻防有直接影响的技术,有些则不对攻防带来直接影响,那么为了公平予以测评,就需要对这些技术划分一个合理的权重,最终制定出篮球技战术训练过程评定指标体系和评定量表。

(1)训练目标的测评。

对于训练的测评首先要从训练目标入手。训练目标制定的合理性首先就是需要考评的内容。此外,在此目标下实现的完成情况也是对篮球训练目标进行测评的关键内容。其中,训练目标合理性的测评主要是对篮球训练计划中制定的训练组成元素的可行性进行测评,由此就能够基本判定训练目标是否负荷实际运动员的训练需求。对于训练完成情况的测评实际上就是对阶段性的训练任务的完成情况的考评,对于全部阶段性训练完成后的考评也归于这一类别之中。

这种对于训练目标的测评主要是期望通过对目标的线性测评来准确地把握训练的进程,并对训练的效果做出科学、客观的评估。

(2)理论知识掌握的测评。

篮球运动涉及多种理论知识,包括篮球运动的起源与发展、特点与价值、世界主要的篮球运动组织与重大赛事,还包括技战术的基本理论等。这些篮球理论知识对一名运动员对篮球运动的深刻理解非常重要。因此,尽管对于篮球技战术能力的测评是测评的核心环节,但理论知识的测评也一定不能缺少。常见的理论知识的测评可以通过阶段性学习后进行的笔试来检验,此外还可以通过日常教练员与运动员的交流给出定性评价。

(3)技战术掌握的测评。

技战术是区分篮球运动与其他运动的最主要特征。在篮球比赛中,过硬的技战术是控制场上局势的基础。因此,对于篮球运动技战术的测评就是测评工作的主要部分。为了使对这部分内容的测评更加客观、合理、有效,对所使用的测评方法的选择就要非常考究。

不过,鉴于篮球运动的特点,使得技战术的训练并不能仅仅通过动作表现来评定,更准确的测评应该是通过动作在实战中的运用时机和效果来作为标准的。为此,对于技战术的测评除了在日常训练的过程中予以关注和评测外,还应该特别重视运动员在比赛当中的表现,以此作为更加直观的技战术掌握能力的标准。

篮球技战术测评的内容主要包括技战术达标和技战术评定两个方面的

内容。技战术达标是指运动员经过训练后达到的技术指标的能力,这种达标所达到的是一种定量的标准,如投篮命中的概率、运球绕障碍跑的速度等。技战术评定则是指学生经过训练后完成的定性指标的能力,如不同技术动作的规范性以及在对抗条件下完成动作的能力等。

(4)其他内容的测评。

上述三项测评内容是篮球技战术训练测评的主要内容,然而除此之外还有一些内容也在测评范畴之内,只是这些内容基本不属于显性的表现内容,并不直接决定球员篮球运动水平的高低,但这也不代表这些内容就可以完全被忽视,它在训练学上的意义依旧具有效力。例如,运动员在篮球训练最初的起始状态的测评,对这部分内容进行的测评更多是有利于训练组织者有针对性地制订训练计划的行为。此外,还有一些如对球员篮球意识的测评也是此类内容测评的典型,相应的测评方法就是对运动员通过训练在篮球意识水平方面提高的情况进行分析。然而这些内容并没有特别理想的定量标准可以衡量,因此对这部分内容的测往往以定性的方式进行。

(二)篮球训练测评的要求

对篮球运动训练的测评要本着严肃、细致的态度进行。此外,在测评过程中还应做到以下几点要求。

(1)测评要遵守公平、公正、公开的原则。

(2)测评人员对测评的全部流程和标准要完全熟悉。测评过程中要遵守测评规则和操作流程。

(3)测评的说明必须具有可操作性、可靠性、有效性、科学性与客观性。

(4)在涉及定性测评时,特别要做到客观公正,避免教练或运动员主观情绪掺杂其中,影响定性测评的准确度。

(5)在测评安排上,要结合考虑运动员的体能分配情况,应尽量在不同项目测评间隙中留出适当的体能恢复时间。

除上述几点外,还应注意的内容包括测评的说明与手段要简便易行,特别是对球队进行广泛性测评时,尽量不要选择那些测评周期长、动用设备多的方法,而且测评的项目应更加符合篮球运动专项的特点,应更多设置些如跑时短、变速变向多以及多弹跳等项目,而长距离跑则不太适合篮球专项测评。

二、篮球训练水平简易测评形式与方法

(一)主观简易评价

篮球训练水平的主观评价实际上是一种运动员对自我训练状态的检查

方法。将科学设定的项目予以自我感觉和记录,然后根据记录结果进行测评。常见的自我评价内容主要有以下几种。

1. 自我感觉

运动员通过训练所获得的技能提升成果只有他们自己才有最深刻、最直观的体会。所以,以自我感觉作为主观评价的内容可以说是非常直观的依据。就运动性疲劳程度来说,当训练结束后,有一定的疲劳感,乳酸的堆积使得肌肉变得有些酸痛,有些时候这种酸痛的感觉在运动后的第二天才会愈发明显,但这种疲劳的程度经过适度休息很快可以得到恢复,恢复后仍旧体力充沛,期待锻炼,如此就说明所参与的训练的运动负荷适宜。如果通过适当的休息不能恢复正常状态,仍感疲劳、精神萎靡,甚至出现头晕、胸闷、气短、呕吐、厌训等情况,则证明训练负荷过大或其他安排不合理的现象,需要训练组织者予以重视。

2. 食欲

正常的机体状态会形成正常的食欲规律,如果人体对能量的消耗加大,则也会相应地提升食欲。但如果运动负荷过大,超出运动员的能力范围,那么就会出现一些过度疲劳的症状,其中就包括食欲减退,甚至恶心、厌食。运动员体会到这种感觉时要及时与教练员交流,以便有针对性地调整运动负荷,以免对身体健康造成影响。

3. 排汗量

排汗量是评定运动负荷合理与否的一项重要指标。在一般情况下,普通人的身体在一天之内会排出大约 700 毫升的汗液,随着汗液的排出也会带出体内大量的热。然而当人体处于运动时,或天气炎热的季节时,体内新陈代谢水平就会提升,进而增加排汗量。如果其他外界环境条件相同的话,不同运动负荷就会导致排汗量的变化,如运动负荷适中,人体会适量排汗,而且身体感觉良好,有一种清澈通透的感觉,但如果身体过于疲劳,排汗量过大,则会对人体的体内循环的平衡产生影响。

4. 睡眠

睡眠质量的高低是人体健康的重要指标之一。正常的睡眠应该是睡得快,即入睡时间快,并且能在大多数时间为深度睡眠,睡醒之后感觉神清气爽、精神百倍,如此才能称得上是高质量的睡眠。睡眠质量的好坏对检查人体健康状况和运动负荷是否适宜具有重要意义。对于适宜的训练来说,在消耗了运动员的大量体力和精力后,运动员会更易入睡,睡得更深沉。但如果不适宜的训练负荷或安排不合理的训练,则会使运动员精力过度消耗,反映在睡眠上时反而会出现失眠、睡眠不实、多梦等情况,如此应适时对训练进行调整。

5. 情绪状况

人的情绪状态可以反映在他的外在言行之中,并且经常保持积极、健康、阳光的情绪也有利于人的身心健康。若运动训练的负荷适中,则运动员会非常享受参加锻炼,期望通过训练来提升自身的运动技能,训练之后也会感到满足,并且保持良好的情绪。但如果运动训练前缺乏热情,情绪低落,则很可能是因为训练安排不合理或负荷较大。在这种消极的情绪下参加训练,难免会让运动员产生消极训练或偷懒的想法,严重的还可能在训练中注意力不集中,提升运动性损伤发生的概率。

(二)客观简易评价

篮球训练水平的客观评价,是指运动员采用量化的指标对篮球训练进行评价。科学地掌握客观指标对于及时调整运动负荷与合理地安排运动内容具有重要的指导意义。

客观评价可以用锻炼强度指数来确定运动负荷强度的大小,具体的符合强度指数表如表5-1所示。

锻炼强度指数=运动时的平均脉搏(次/分钟)/安静时脉搏(次/分钟)

表 5-1 锻炼负荷强度指数表

运动负荷强度	大强度	较大强度	中强度	小强度	较小强度
指数	2以上	1.8~2	1.5~1.8	1.2~1.5	1.2以下

除以上在运动中测量脉搏,还要及时掌握恢复情况。运动会使人体功能产生一系列变化,但即使是大运动负荷也应在2~3天内恢复。检查身体是否恢复,最简便的方法是在早晨起床后的基础状态下进行脉搏、血压的检查,如运动负荷适宜,晨脉变化不超出正常的3~4次/分钟,血压变化范围上下应在10毫米汞柱以内。如果在锻炼后的几日内脉搏、血压持续上升,则说明运动负荷偏大,可能会引起疲劳过度。

三、篮球训练水平具体测评形式与方法

篮球训练水平的测评拥有多种形式与方法。在研究这方面内容之前首先要明确关于篮球训练水平指标的两个概念,即定性指标和定量指标。

(1)定性指标。定性指标,是指无法用具体度量单位来衡量而又必须测量的指标。定性评价指标在篮球训练实践中被大量采用,其中在各种类型篮球训练的测评中,被采用的技术评价就属于定性指标。

根据篮球技能教学训练的特点,我们可以把定性指标分为两类:一类是依据预先确定的技术规格,对技术动作完成的规范程度进行评价。在测评时,具体是通过多名教师根据运动员完成技术的实际情况来评价分类;另一种是教师根据自己的经验,对技术动作完成的熟练程度,技术动作主要环节完成的质量来进行评价分类。因此,定性指标的分类值通常要进行细化,使其表示技术若干环节的完成情况。

(2)定量指标。定量指标,是指可以用具体度量单位来衡量的指标。在篮球运动训练中,定量指标包括如投篮命中次数、跑动速度和跳起的高度等。

在篮球教学训练中,速度指标、高度指标和准确性指标三类是被定量指标通常所采用的。

在采用定量指标进行测评与评价时,首先必须要依据教学训练的目的、任务和对象的实际学习内容提前制定出测评的方法和评价标准,使方法与对象的总体水平相适应。可采用统计学方法来制定评分表,这样可以使分数值具有较好的区分度,对测评对象的实际水平也能客观地进行反映。

在了解了上述关于指标标准的概念后,便可以更加顺利地研究篮球训练水平的具体测评形式与方法了。由于篮球训练水平可以从多方面体现出来,因此相应的对其测评的形式与方法也多种多样,其主要包括对身体形态、身体素质、身体机能、心理水平、技术水平和战术水平的测定与评价。

(一)身体形态的测定与评价

身体形态,是指人体外部形状的特点。通过身体形态的测定与评价可以准确掌握人体体质水平、发育水平和营养的补充与缺乏情况。

体现身体形态的指标众多,它主要包括人的身高、体重、胸围、臂围、腰围、腿围和体脂率等。在这些指标中,体质测量最常用到的为身高、体重和胸围。除这三项指标外的其他指标则可根据不同项目或特殊测量要求量。这里即对这几项指标的概念进行阐述。

1. 身高

身高,又被称为"体长",它是指人站立时头顶正中线上最高点到地面的最大垂直距离。对身高的测量可以掌握人体骨骼的发育状况和人体纵向发育水平情况。身高的测量方法很多,不过最准确的测量方式为使用身高计。在测量身高数据时,被试人应赤足,双脚跟部、骶部及两肩之间的脊柱应与测量身高的仪器立柱紧贴,无论从正面看还是从侧面看都要保持身体的立正姿势,眼睛注视平直前方,测量人员还应确认被测者的头部正面与侧面保持正直。当仪器水平压板落于人体头顶后可以读取测量数值(人工身高测量表使用),要求测量人员双眼与水平压板呈水平位读数。身高的数据单位通常为厘米,并且在计量时需要精确到小数点后1位,如173.8厘米,测量误差要控制在±0.5厘米之内。

测量身高时还有一个问题需要特别注意,这就是测试在一天中的时间问题。由于重力作用,人的身高一天内会有±1.5厘米左右的变化,这与月球公转引发地球潮汐现象的原理类似。据研究,人体在清晨起床时身高最高,夜晚身高最低。因此,为了获得较为客观准确的身高数值,建议测量时间为上午10时。

2. 体重

如果说身高是对人体纵向生长水平的外形描述的话,那么体重就是对人体横向生长水平的描述了。对人体体重的测量可以反映出人体骨骼、肌肉、脂肪及内脏器官重量的综合情况。

影响人的体重的因素有很多,如性别、年龄、身高、季节、饮食、健身行为、疾病和测量的时间等。为了获得准确的体重数值,要求在测量时被测者尽量穿着少量的衣物,并需要将随身佩戴的饰物摘下,通常男子只着内裤,女子可着内裤和背心。在测量之前被测者需要排空大小便。体重的测量单位主要为千克,数据精确到小数点后1位,测试误差不得超过±0.1千克。

从人体的科学形态标准来看,对成年人的标准体重的计量可以根据下面的公式进行计算。

$$体重(千克)=身高(厘米)-100$$

当然这只是一个科学认定的普遍定律,上下有些偏差也不一定代表体重不正常。通常被测者的体重不超过标准体重上下15%都属正常体重,如果超过了这个偏差值,则可以判定为体重过重或体重不足。

3. 胸围

胸围大小及对该项数值测量的意义在于它可以反映人体胸廓大小以及胸部、背部肌肉的发育情况,进而对人体呼吸系统机能做出初步的判定。由此可见,胸围是人体测量中较为重要的指标之一。

由于呼吸不断地进行,因此对于胸围的测量要更加细致和严谨。首先在测量前要求被测者自然站立,放缓呼吸。然后测试人员将带尺绕过被测者胸廓一周,在背部置带尺上缘于肩胛下角的下缘,在胸部置带尺下缘于乳头上缘。需要特别说明的是已发育成熟的女性的胸围测量方法,对此类人群的测量需要将带尺置于乳头上方第四肋骨与胸骨连接处。从侧面看,带尺应呈水平。读数的时机也需要特别注意,应该为在一次呼气的结束和下一次吸气的开始之间的时间内读取。胸围的通常的表述单位为厘米,数值应精确到小数点后1位,测量误差不得超过±1厘米。

4. 呼吸差

呼吸差,是指人体深吸胸围与深呼胸围的差值。

人体呼吸能力的外在判定依据就在于呼吸差的测量,它可以反映出人体呼吸肌力量的大小和心肺功能的状况。由于呼吸差的数值要在一个动态的过程中获得,因此要求被测者在平静胸围的基础上首先做最大的吸气,测试人员在深吸气末期时记录下即刻胸围。后被测者做深呼气,测试人员在深呼气末期时记下即刻深呼气胸围。在测量过程中,要求被测者在吸气时不要耸肩,呼气时不要弓背弯腰。通常人体的呼吸差在6～8厘米的范围中。

对于呼吸差数值测量的意义在于判定呼吸系统机能,如呼吸差越大,呼吸机能越好,反之则越差。要想获得较为理想呼吸差,经常参加游泳和长跑等有氧运动是最好的方法。

5. 体型

布罗卡指数(L−100+W)D1～15范围内为匀称,最佳指数男为5～8,女为3～5。L代表身高,W代表体重。

6. 腿围(大、小腿围),臂围(上臂围、前臂围)

腿围和臂围指标可以间接反映上、下肢的肌肉力量,而肌肉力量是速度、弹跳和灵活性的基础。

(二)身体素质的测定与评价

1. 力量测定

对于力量的测定可以采用各种适用于不同部位力量测定的测力计来完成,如测量手握力、背力、腿部力量等。如果没有专门的力量测量仪器,则可以通过采用部位用力数量的方法来测评,如对于上肢力量的测评可用引体向上、俯卧撑等方法进行,用仰卧起坐测腹肌力量。对于篮球运动来说还要结合篮球专项特点测定某些专项力量,如篮球传远可测臂力,投篮的投远、投准(按投篮技术规格要求)可测手腕、指和前臂的力量。

2．耐力测定

耐力的测定一般通过对耐力要求较高的中长跑、长跑或越野跑的形式进行。例如,二人直线全场反复传球练习(如 3～5 个往返)作为专项耐力的测定指标。

3．速度测定

可以用 100 米、200 米来作为一般速度的测定指标。而对于篮球专项来说还可以选择一些更符合运动特点的测试,如 30 米跑、变向跑、折返跑、短距离滑步和多种线路的运球等形式。

4．柔韧性测定

运动员的柔韧性是非常重要的,它可以减少损伤,增大运动幅度。柔韧性测定主要有以下两种方法。

(1)肩部柔韧性测定。

对于肩部柔韧性的测试可以使用握棒向后、向前的翻手动作,然后依据双手间最短距离评判该部位柔韧性的优秀程度。

(2)髋部柔韧性测定。

测试方法主要通过纵劈腿和横劈腿的幅度来进行。

为了评定运动员身体训练水平,需运用统计等标准百分法或累进计分法专门的评分表,根据测定所得数据进行查表,即可评定其训练水平。

(三)身体机能的测定与评价

1．心率

心率,是指心脏周期性收缩活动的频率,以次/分表示。心率快慢能反映运动量和强度的大小。

计算脉搏是测量心率的最简易也是最直接有效的方法。脉率通常与心率一致。由此就使得在实践当中很多测试实质上是通过测量脉搏的方法代替心率测量。

2．血压

血压,是指人体动脉内的血流对血管壁产生的侧压力。在血压的测量方式中,通常用上臂肱动脉血压代表血压。

3. 肺活量

肺活量,是指人体吸满气体后呼出的最大气量。肺活量的数值主要可以判定人体呼吸机能的状况。它的数值与性别、年龄、身高、体重、肺组织的健全程度以及锻炼水平等因素有关。肺活量与身高、体重、胸围成正比例关系,即这些指数越大,肺活量就越大。

在测量肺活量时,被测者一手握住测量仪的吹气嘴,后做最大限度的吸气,然后对准吹气嘴做最大限度的呼气,直到体内气体全部呼尽。这一过程应注意呼气的速度和重度,呼气不能太轻太慢,当然也不能太快太猛,中等程度即可。待被测者完成呼气动作后,测试人员即刻读数记录。在肺活量的测量时要给予被测者三次机会,每次间隔时间约为 15 秒,取三次中的最大值记录,误差不得超过±200 毫升。正常成年人的肺活量,男性为 4000～4500 毫升,女性为 2600～3200 毫升。

4. 血红蛋白

血红蛋白,是指人体血液中红细胞中含有的含铁蛋白质数量。对血红蛋白的测量可以反映出人体血液的携氧能力。在运动中人体的氧气供应是否充足,将直接影响到人体的运动能力。因此,测定血红蛋白则成为评定运动员机能的指标。

5. 血乳酸

乳酸是糖代谢(无氧酵解)的重要产物,在进行肌肉活动时其生成率和运动持续时间、训练强度、糖原含量以及缺氧等因素有诸多关联。

6. 尿蛋白

尿蛋白是指尿液中的蛋白质。运动员的尿蛋白含量与一般常人无差异。运动引起尿蛋白增加的现象,称为运动性尿蛋白。

7. 血尿素

血尿素是蛋白质和氨基酸等含氧物质在分解代谢中,先脱下氨基,然后氨在肝脏中"脱毒"转变为尿素,尿素再经血液至肝脏排出体外。通常人体的血尿素的生成和排出处于相对平衡的状态中。但在运动时,剧烈的运动使肌肉中的能量平衡遭到破坏,再加上蛋白质及氨基酸的分解代谢加强,进而使得尿素生成增多并在血中含量升高。

8. 心电图

在确定运动员心电图特点之前,首先应查明心电图上的改变是否属病理现象。因为在实践中发现,运动员心电图上的改变很多。

9. 反应时

反应时,是指从对感受器施加刺激起到肌肉产生收缩的一段时间。人体几乎所有的生理过程都会受到神经系统的支配与调节。人体在进行某种运动时,都是需要依靠运动神经的传导,此后才能使骨骼肌获得刺激,产生相应的动作。因此这个反应时越短,机体对刺激的反应愈迅速,灵活性也愈高。

(四)心理水平的测定与评价

1. 运动焦虑的测定

运动焦虑产生时常伴随着不同的心理和生理反应,如思维混乱、注意力过度狭窄、感知觉迟钝、表象模糊、想象力缺乏、心跳加快、血压升高、呼吸深度加强、肌肉颤抖、出汗、尿频、失眠、无食欲等,因此,对焦虑的测定可以采用多种方法,目前常用的方法如下。

(1)皮电测量。

人在紧张时,毛细血管收缩,汗腺活动增强,皮肤出汗,从而产生皮肤电阻变大、电流量增高的现象。通过对皮肤电的变化就可以对焦虑进行测量。

(2)脑电测量。

以放松与紧张时脑电图中的阿尔法波与贝塔波的变化进行测量,以鉴定焦虑及焦虑的程度。

(3)肌电测量。

心理紧张还会伴随有肌肉紧张的变化。通过肌电的测量可以发现运动员的心理紧张状态。

(4)生化测定。

人在紧张时,某些腺体分泌的激素(如肾上腺素、去甲肾上腺素)就会增加,在血和尿中可以测得这些变化。

(5)血压测量。

血压升高是心理紧张的表现之一。

(6)心率测量。

心跳加快,心律不齐等变化都是焦虑增加的表现。

(7)问卷调查。

用设计良好的问卷对运动员在赛前或赛中的状态焦虑感受进行书面调查,以诊断和鉴定运动员的焦虑水平。

2. 反应能力的测定

(1)落尺法。

此方法主要测试运动员的视动反应。此方法的优点是简单易行,不足是准确性稍差。

(2)神经机能测试法。

此方法可以测试运动员的简单反应时(光反应时、声反应时)和选择反应时。简单反应时主要是测试被试者对简单刺激做出快速反应的能力,选择反应时主要测试被试者对某一刺激从多种刺激中选择出来并做出快速反应的能力。

(3)综合反应测试法。

此方法主要测定运动员视觉—动觉调节,手、脚协调配合反应的敏捷性和准确性。

3. 动觉方位测试

动觉方位指的是大脑对躯干和四肢位置变化的反映。动觉方位感受性也是运动技能形成、改进和提高的心理因素之一,对运动员准确地完成动作有重要意义。动觉方位感受性的测试主要是在排除视觉的情况下根据动觉表象进行的。

4. 深度知觉测试

深度知觉是人脑对知觉对象的深度与主客体的距离的反映。深度知觉是以视觉为主,并由动觉和视觉的协同活动来实现。在篮球运动中,运动员对知觉对象的判断能力具有极其重要的意义。因此,深度知觉可作为选择和诊断运动员心理素质的一个指标。

5. 肌肉用力感觉的测试

肌肉用力感觉是肌肉收缩的程度在大脑中的反映。它是运动技能形成的最基本的心理成分,是准确地完成技术、提高技能质量的保证,是发现和纠正误差的必备前提。肌肉用力感觉的测试一般都是在遮眼排除视觉的情况下复制出指定的肌肉用力,复制的误差越小肌肉感觉越准确。

6. 注意分配的测试

运动员不仅视野要广阔、注意范围要大,而且要有比较强的注意分配的能力,要具备在同一时间内将注意分配在球、攻防队员的位置与意图等活动的能力,合理地完成传、接、运、投、突等技术动作。

7. 操作思维的测试

操作思维是运动员在完成技、战术过程中所进行的思维。它是运动员能否有效地完成技、战术配合的一个重要保证。操作思维的测试主要采用三筹码的方法进行,主要测量运动员操作思维的准确性和敏捷性。

(五)技术水平的测定与评价

1. 基础技术水平的测定与评价

研究表明,采用以下几项运动性测验,能够比较准确地反映篮球的基础训练水平。

(1)十点二十次跳投(简称跳投)。
(2)对墙双手胸前快速传接球(简称传球)。
(3)"Z"字形跑(简称"Z"形跑)。
(4)跨步双脚起跳摸高(简称摸高)。
(5)防守脚步移动(简称脚步移动)。
(6)综合运球(简称运球)。

2. 攻防技术的测定与评价

对于篮球技术的测评需要在实战中进行,这个标准就是比赛中的多种技术统计,具体包括比赛效率、投篮出手数、投篮命中率、罚球命中率、篮板球数、进攻成功率、防守成功率、助攻数、抢断数以及失误与违例。

(1)比赛效率。

篮球比赛的效率,是指球员或球队在比赛中的实际效果。凡投中一球、罚中二分、抢到一次篮板球、抢断一次球、一次助攻、一次协防等,各计正1分。一次失误、违例等计负1分。当比赛结束后,将这些分数相加求和并除以该队员上场时间得出的结果,就是该队员的比赛效率。其计算公式为:

个人效率数=[(个人正分)+(个人负分)]/该队员上场时间

全队效率数=[(全场正分)+(全场负分)]/一场比赛时间(200分钟)

（2）投篮出手数。

投篮出手数，是指一场比赛中球队或球队中某位球员投篮出手的总数。

在篮球比赛中，投篮出手数可以反映出球队攻防转换的速度以及形成有威胁进攻的次数。例如，比赛攻防转换速度快，失误少，则投篮出手数就多，反之就少。

（3）投篮命中率。

投篮命中率，是指投篮次数和投中次数之间的比值。其计算公式为：
$$投篮命中率＝投中次数/投篮次数×100\%$$

（4）罚球命中率。

罚球命中率，是指罚球次数和罚中次数之间的比值。其计算公式为：
$$罚球命中率＝罚中次数/罚球次数×100\%$$

（5）篮板球获得率。

篮板球率，是指本方获得篮板球次数和双方总篮板球次数间的比值。其计算公式为：

篮板球获得率＝本方获得篮板球次数/（本方获得篮板球次数＋对方获得篮板球次数）×100％

（6）进攻成功率。

进攻成功率，是指积分与进攻次数之间的比值，其计算公式为：
$$进攻成功率＝总积分/进攻次数×100\%$$

（7）防守成功率。

防守成功率，是指比赛中防守次数与防守成功次数之间的比值。其计算公式为：
$$防守成功率＝防守成功次数/防守次数（对方进攻次数）×100\%$$

（8）助攻。

助攻，是指球员在比赛中通过有效的传球协助队友得分成功的行为。助攻次数的多少可以反映出球员组织能力以及掌控全局的能力的高低。在篮球队中，助攻较多的位置多为后卫球员，技术较为全面的中锋球员有时也可以做多种策应配合，完成数量较多的助攻。

（9）抢断球。

抢断球，是指防守队员运用合理的方式从对方手中得到球的行为。抢断球成功的次数可以反映球员在防守中的积极性和主动性。

（10）失误和违例。

失误和违例，是指进攻时球员因为多种原因造成的失去对球的控制权的情况。失误和违例次数的多少可以反映出球员或球队技术水平的高低以及在对抗激烈的竞赛中正确运用技术的能力。

（六）战术水平的测定与评价

篮球运动中的战术种类多样,纷繁复杂。对于战术水平的测评主要是根据比赛中运动员战术行动的合理性和实际效果来评定的。

1. 进攻战术的测评内容

在进攻战术测评中需要关注运动员的进攻欲望、进攻意识和进攻能力,与此同时还要注重观察运动员与队友的配合意识和配合能力等。

2. 防守战术的测评内容

在防守战术测评中需要关注运动员的防守策略,其中包括运动员对于合理卡位、协防等方撤后行为的意识与能力。

第五节　校园篮球队的科学训练

一、竞技能力训练的安排

一般来说,篮球运动员的竞技能力主要由体能(包括形态、机能、身体素质)、技能、战术能力、心理和智能五个子能力构成。篮球运动是对体能有很高要求的一项运动项目,体能训练要以速度力量型对抗性身体练习为主,旨在保证运动员在激烈的比赛中能合理地运用攻守技术并准确地投篮得分。在一堂篮球训练课中,教练员可以安排总训练课的 20％～40％进行体能训练,结合篮球竞赛的项目特点,借助器械、采用有球和无球相结合的方法进行有氧与无氧的体能训练。

技战术的训练是篮球运动训练的核心部分,一切辅助训练都是为了提高运动员的技术能力和全队的战术配合。一般情况下,高校高水平篮球队在技战术训练中会安排 40％～60％的时间进行技战术训练。在具体的技战术实施过程中,各高校篮球教练员应根据学校的具体实际、学生运动员的运动水平和训练周期,按照一定的计划进行技术训练,通过教学比赛进行战术训练。

除此之外,高校高水平篮球队在心理、智能训练时间所占比例应在20％左右,可以采取模拟比赛环境、队员自行商议战术打法、罚球比赛等方法实施心理和智能的训练。

二、训练时间与训练次数的安排

相关资料研究表明:高水平运动员每天至少 3 小时、每周不少于 6 次的训练,才能创造出优异的运动成绩,即使对那些已经具备较高水平的运动员,如果没有足够的训练时间作保障,运动成绩同样会下降。因此,训练时间和训练次数严重不足,这成为运动员提高运动成绩的主要瓶颈之一。运动员的运动训练、文化学习、训练后的恢复成为各高校教练员亟待解决的问题。

三、训练负荷的安排

目前,我国高校高水平运动员的招生途径主要是体育传统项目中学和省市体校,竞技能力参差不齐。进入高校后,能接受比较系统的训练,但是通过训练,他们的竞技能力、训练负荷、球队成绩是否提高等,这些不仅与教练员的训练有关,而且与自身的运动天赋及篮球基本功有很大的关系。

训练负荷是篮球运动中最基本、最活跃的因素,它贯穿篮球运动的整个过程。运动员的机体形态、健康状况、机能水平的改善与提高,运动技战术的掌握与完善,都是在训练负荷的刺激下完成的。由于有机体具有很强的生物适应性,所以,训练负荷不能停留在原有的基础上,必须系统不断地加大训练负荷,为在大强度下完成技战术配合打下坚实的基础。

四、训练计划的制订

篮球运动专业化训练的特点,就是系统不间断的训练,一般情况下分年龄、分层次、分阶段进行。篮球训练计划可分为:①全年训练计划;②阶段训练计划;③周训练计划;④课训练计划。制订计划是训练不可缺少的一部分,是对篮球训练过程进行有效控制的主要手段与工具。

(一)全年训练计划的制订

高校篮球全年训练计划即以一个年度为周期而安排的周期训练计划,要对训练的总任务、目标和内容等方面进行安排,并确定阶段训练的重点、训练的负荷等方面的内容。

1. 全年训练计划的内容

全年训练的总任务是根据大学生篮球运动员的基本情况,通过对上一学年篮球运动训练进行总结的基础上而提出的运动素质、技术、战术等各项训练指标和参加比赛的成绩要求,以及训练工作的检查、监督等措施以保证总目标的实现。因此,高校篮球全年训练计划应包括以下内容。

(1)大学生运动员的篮球运动起始状态。教练员或体育教师应对大学生运动员的初始状况深入了解,这样才能够制订科学的训练计划。

(2)确定高校篮球训练的任务与指标。明确了训练目标和任务在具体的训练工作中才有努力的方向。

(3)确定高校篮球训练的内容。训练内容应促进训练目标的实现。

(4)划分高校篮球训练的阶段。进行训练阶段的划分,在此基础上提出各阶段的主要训练任务。

(5)合理安排不同阶段的训练负荷,使之与大学生运动员篮球运动水平的发展及篮球运动比赛相适应。

(6)合理选择训练方法和手段。训练方法和训练手段决定了训练目标的实现状况,因此应慎重选择。

(7)制定训练恢复措施。合理的恢复措施是良好训练效果的保证。

(8)规划检查评定大学生运动员篮球运动训练效果。

2. 全年训练的基本结构

全年训练计划通常被用于高校篮球运动队的训练,主要是围绕着本年度的篮球比赛情况进行的,因此,全年训练计划是以比赛为核心进行划分的。通常情况下,一个单周期训练计划(按一个完整的大周期组织实施的全年训练)包括三个阶段,即为准备期、比赛期、过渡期;双周期训练计划(按两个完整的大周期组织实施的全年训练)则包括两个准备期、比赛期和过渡期(图 5-2)。

(1)准备时期。

准备时期的训练是为了使得大学生篮球运动员的各方面都得到全面的提升,使其达到良好的竞技状态。准备期的训练在大周期的训练中具有极为重要的地位。一般,单周期的训练时间周期可为 6~7 个月;双周期可为 4~5 个月;多周期可为 2~3 个月。可将准备时期分为以下三个阶段。

①开始阶段。此阶段的篮球运动训练通过采用一般的训练方法和手段,使大学生运动员的身体素质得到全面的发展;其后逐步加强专项技能的

训练,加大负荷量和负荷强度。全面发展身体素质的训练占40%～50%,技术训练则应占35%～40%,战术训练和比赛性训练应占20%～25%。

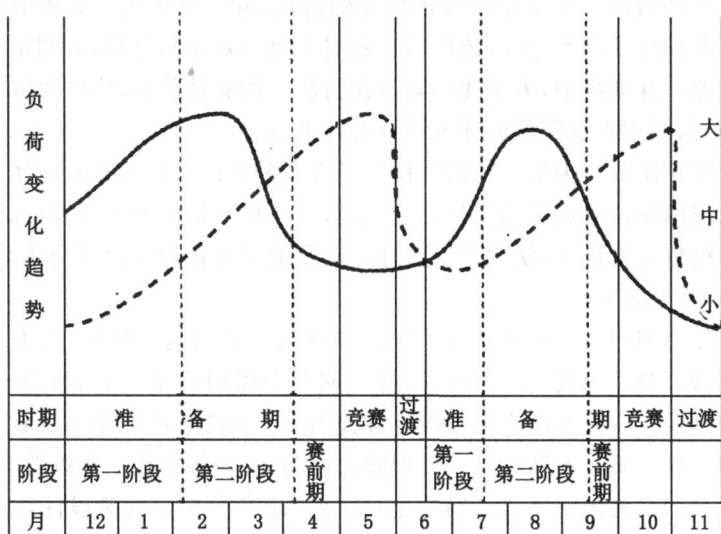

图 5-2

②中间阶段。此阶段应进一步地加强身体素质的训练,同时应注重各专项身体训练。在相应的训练比赛过程中,通过对技战术的实践,增强高校篮球运动队的不同队员之间的配合。训练中,多种训练(理论知识、心理、体能)并重,训练的负荷量应保持稳定,训练的强度可适当增加。该阶段身体训练约占25%～30%,技术训练约占30%～35%,战术比赛训练约占40%～45%。

③赛前阶段。进一步训练高校篮球运动队的不同队员之间的配合能力。赛前阶段,为了发现和弥补训练的不足,可参加一些热身比赛和邀请赛。这一阶段的训练应注重专项素质的训练,在心理方面应注重自信心的培养,增强竞争意识,增加团队的凝聚力,并注重大学生篮球运动员意志品质的培养。该阶段身体训练占20%～25%,技术训练占30%～35%,战术比赛训练占40%～50%。

(2)竞赛时期。

竞赛时期是前后的一段时间,这一阶段的重要任务是保持和巩固良好的竞技状态。竞赛期通常分为三个阶段,具体内容如下。

①开始阶段。在竞赛开始的2～3天,以专项训练为主,巩固和提高大学生运动员对篮球运动技能的掌握。在战术训练方面,既要注重队员之间的熟练配合,也要强调个人战术意识的提高。训练的环境应与竞赛环境相

适应,训练的负荷量可适当减少,负荷强度可适当增加,专项训练应始终保持在最高点。

②中间阶段。主要是指参加比赛的阶段,除了继续进行必要的专项身体素质和技战术训练之外,还应对竞赛对手进行观察和分析,并制定相应的应对策略。在训练中,为了使得队员保持较高的竞技状态,应以对抗的方法进行训练,并注重加强薄弱环节的针对性训练。

③结束阶段。为最后几场的比赛做准备的阶段,这一时期,应注重队员健康状况的保持和疲劳的恢复,并注重队员心理和情绪的调节和控制,应安排相应的恢复性训练,使大学生篮球运动员能保持在较高的兴奋状态。

(3)恢复时期。

恢复时期的首要任务消除大学生篮球运动员的运动疲劳,为下一阶段的训练做准备。单周期时间较长,双周期和多周期往往与下个周期的准备时期相结合。恢复时期应以积极性休息为主,并安排必要的一般形式的休息时间。这一阶段的训练以一般训练内容为主,训练方法手段以游戏性、辅助性练习和其他运动项目活动为主,保持一定负荷量。此阶段注意对全年篮球运动训练进行评价和总结。

(二)阶段训练计划制订

阶段训练计划的制订要保证各个时期任务的完成,要有利于各个时期训练的自然衔接和及时调整。在计划里,要明确具体的高校篮球训练任务、训练内容和训练运动负荷(表5-2)。

表5-2　阶段篮球训练计划

_____队　_____阶段训练计划　　　　　　　　主教练_____

上阶段训练的基本情况分析							
本阶段任务与训练重点							
训练安排	身体训练	类别					
		一般					
		专项					
	技术						
	战术						
比赛安排	名称						
	名次指标						

续表

上阶段训练的基本情况分析					
本阶段任务与训练重点					
训练负荷曲线					
训练进度					
备注					

_____年___月___日 制订

（三）周训练计划的制订

1. 周训练计划的内容

（1）篮球运动周训练的总体任务。

（2）周训练总体时间、课次数。

（3）每天、每次课的训练任务、内容、时间与要求。

（4）每天的运动负荷规划。

（5）每天的恢复措施安排。

（6）测试训练结果的安排。

2. 周训练的基本结构

根据高校篮球比赛的发展过程，可把篮球训练的周训练计划分为以下几个部分，各部分训练任务、内容和要求具体如下。

（1）引入性小周期，该阶段应安排在训练准备期的第一阶段，其主要的任务是使得大学生篮球运动员的机体适应即将开始的训练。

（2）准备性小周期。一般准备小周期的运动训练重点在于发展大学生篮球运动员的一般体能素质，形成篮球比赛所需的身体条件；专门准备小周期的训练重点在于发展大学生运动员的篮球专项体能和技能，提高运动员的专项技能。

（3）比赛性小周期。比赛性小周期包括两方面：一方面是使得大学生运动员的机体适应重大比赛的要求；另一方面则是较小的比赛之前对大学生运动员的最后调控。

(4)恢复性小周期。多安排在比赛之后进行,目的在于通过各种训练恢复手段消除大学生运动员的疲劳,并促进超量恢复的出现。

在周训练计划的实施过程中,教练员应根据训练情况及时调整计划。明确每周训练计划的任务、训练次数、训练时间、课程内容和运动负荷。

(四)训练课计划制订

训练课是各项训练计划完成的重要保证,各项训练目标的实现都需要具体贯彻到训练课之中。高校篮球课时训练计划要严格按照高校篮球周训练计划的要求展开,将各种训练手段、方法等付诸实践。

1.训练课计划的内容

因高校篮球训练内容根据总计划(年度训练或周期训练)的安排而有所不同,因此常见的训练课计划的内容有以下几类。

(1)体能训练课:其特点是提高身体素质,提高身体机能。通过身体训练,提高一般身体素质和专项身体素质,先安排一般身体训练,后专项身体训练。先速度、爆发力,后力量、耐力。

(2)技术训练课:其主要任务是学习、掌握、改进、巩固各项基本技术动作,提高各项技术动作质量与各种变化组合应用能力。

(3)战术训练课:其主要任务是攻、防战术的局部与组合练习以及对抗练习,为实践创造有利条件。

(4)综合训练课:在一次训练课中,包含了体能训练,技术、战术训练,有时还进行比赛对抗。综合训练课通常是在一项内容中包含其他项内容,多项内容同时进行训练。

(5)比赛训练课:以比赛的形式进行训练提高。通常比赛训练是通过各种对抗练习、特定规则的比赛、教学比赛、交流比赛、热身赛等方法训练技术运用能力和灵活贯彻战术配合的能力。

(6)调整训练课:一般安排在训练的过渡阶段,或是一个阶段的大负荷训练和激烈比赛之后。通常调整训练课的负荷会较小,其主要任务是通过减轻运动员的负荷等手段来消除运动员的疲劳。

无论是何种类型的篮球运动训练课,都应包括以下基本内容。

(1)篮球运动训练课准备活动的内容、分量与要求。

(2)训练课基本部分的训练内容,分量与时间的安排及具体要求。

(3)训练方法和手段的选择与运用。

(4)分配训练课的时间和组织课的各部分工作。

(5)安排训练课结束部分的整理活动内容、分量与要求。

(6)小结(布置课外作业)。

2. 训练课的基本结构

训练课由准备部分、基本部分和结束部分三部分组成。

（1）准备部分是使运动员调整心态、调动机能，准备承受训练负荷的准备活动。

（2）基本部分安排训练课的主要训练内容，其选择的练习手段可以多样，练习的组织可以采取成队的、小组的和个人的练习交替进行。

（3）结束部分基本上有两种情况：其一是根据运动员身体机能的活动性作下降性安排；另外一种是人为地降低运动员的工作强度。结束部分的安排主要是为课后的迅速恢复创造有利条件。

第六章　健康中国背景下校园篮球队基本素养训练研究

　　"健康中国"的提出,将整个社会的各个阶层、各个年龄阶段的人都纳入到了体育健康运动参与的环境中,健康中国的实现需要每一位国人的积极参与。青少年作为中国社会未来的建设者和接班人,在发展健康中国方面必将发挥着非常重要的作用。青少年群体具有活泼好动的特点,在青少年所参与的体育运动中,篮球运动是最受欢迎的体育运动之一,而青少年的大部分时间都在学校度过,校园体育环境、内容对青少年的体育参与具有重要影响。

　　在"健康中国"背景下,大力推广和发展校园篮球运动,对于青少年的体能、心理、智能均具有重要的发展促进作用,通过在校园中开展学生喜闻乐见的篮球运动,来促进青少年学生群体的多元健康发展具有重要意义。作为校园篮球的重要组成部分,篮球队伍的建设与发展对于提高校园篮球运动水平,挖掘与培养高水平的篮球后备人才都具有非常重要的意义。本章重点研究校园篮球队的基本素养,涉及体能、心理与智能三个方面,这是篮球运动员所必须具备的基本素质,只有这几个方面的能力得到提高了,才能为篮球运动员的技战术训练打下良好的基础。

第一节　校园篮球运动体能训练与发展

一、篮球运动体能训练的价值

　　就运动实践来讲,不管参与什么样的运动训练,都必须具备一个重要的前提条件,就是具有一个健康的身体,体能训练对于提高个体的身体素质具有重要的促进作用。通过体能训练,能使学生有效克服人体生物惰性,对新陈代谢起到积极的促进作用,并进一步提高学生的有机体对外界环境的适应能力和对疾病的抵抗能力。

　　篮球运动体能训练有着非常重要的作用和价值,篮球运动体能训练有助于促进学生群体的体能发展,校园篮球运动训练能为学生参与篮球运动奠定良好的体能基础。篮球运动体能训练,使运动员的力量、速度、耐力、柔韧性、灵敏素质和协调能力等各种素质得到提升,使专项运动素质得到很大程度的提高,为最大限度地创造优异的专项成绩奠定坚实的基础。

此外,鉴于篮球运动体能训练与心理训练、智能训练之间的密切关系,学生在进行篮球运动体能训练时,其心理素质和运动智能也会有所提升,如坚忍不拔、坚持不懈、吃苦耐劳等。随着比赛激烈程度的不断提升,要想在比赛中将各种能力充分发挥出来,就要求运动员必须具有良好的心理品质和思维能力。因为在双方竞技水平相当的比赛中,能够最终决定比赛胜负的,往往是运动员的心理品质和智慧的较量。通过体能训练,能够使运动员的心理品质和运动智能得到进一步的提升。

二、校园篮球运动体能训练的内容与方法

根据体能的分类,校园篮球运动体能训练主要包括力量素质训练、速度素质训练、耐力素质训练、灵敏素质训练、柔韧素质训练以及弹跳力训练。对各训练内容与方法详细解析如下。

(一)力量素质训练

有机体的任何身体活动都离不开力量素质,参与体育运动就更加离不开力量素质,肌肉力量是人们完成各种动作的动力来源[1]。因此说,力量素质是个体运动的基础。校园篮球运动体能训练实践中,可通过以下方法来促进学生力量素质的发展与提高。

1.上体力量训练

(1)肩部力量训练。

提放双肩:两脚开立,身体正直,向耳朵方向上提双肩,上提至颈部和双肩感到紧张,保持数秒,慢慢放松双肩,双肩下垂。

向内拉肩:两脚开立,身体正直,头向后转,肩贴住墙,目视顶住墙的那只手,坚持动作数秒后还原,换另一侧重复练习(图6-1)。

向上拉肩:两脚开立,上体侧屈,抬起一侧肘关节,另一只手在头后抓住抬起的肘关节,向抬起肘关节的手臂的对侧拉引(图6-2)。

----

① 张英波.现代体能训练方法[M].北京:北京体育大学出版社,2006.

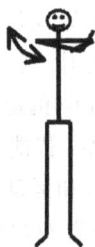

图 6-1　　　　　　　　　图 6-2

转头拉肩:站立姿势,一臂侧平举,与肩同高,手顶住墙,头向后转,肩部贴住墙,目视顶墙的手臂,感受肌肉的紧张状态,保持动作数秒后还原,换另一侧重复练习(图 6-3)。

图 6-3

(2)手臂力量训练。

引体向上:双手分开同肩宽,握单杠向上拉引身体(图 6-4)。

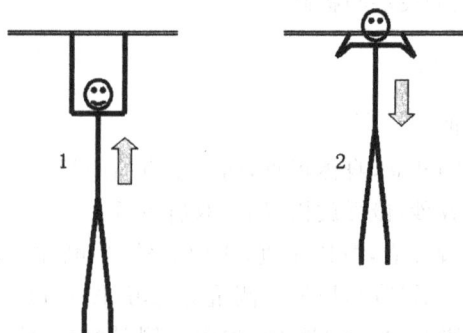

图 6-4

双杠臂撑起:双手撑双杠,直臂支撑身体,再屈肘撑身体数秒,还原,反复练习(图 6-5)。

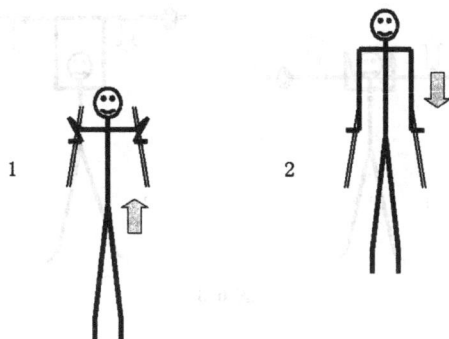

图 6-5

压臂固定瑞士球：坐在凳上，同伴以 $60\%\sim75\%$ 的力量向侧推移瑞士球，练习者手臂水平外展推压瑞士球，阻止其移动（图 6-6）。

图 6-6

仰卧伸臂：仰卧在瑞士球上，双手持哑铃，直臂举哑铃于头上方，再屈肘至于头后，反复练习（图 6-7）。

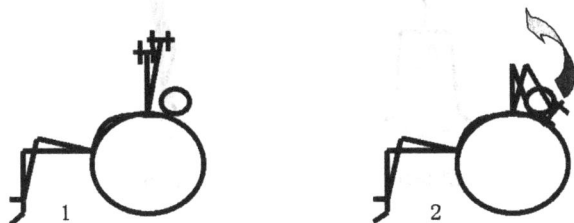

图 6-7

颈后伸臂：两脚开立，身体直立，双手反握轻杠铃于头后部，伸直双臂上举杠铃，保持数秒后还原，重复练习（图 6-8）。

屈肘：两脚开立，身体直立，双手体前反握杠铃。屈双臂上举杠铃，保持数秒后还原，重复练习（图 6-9）。

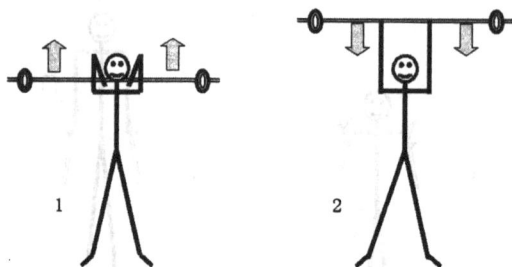

图 6-8

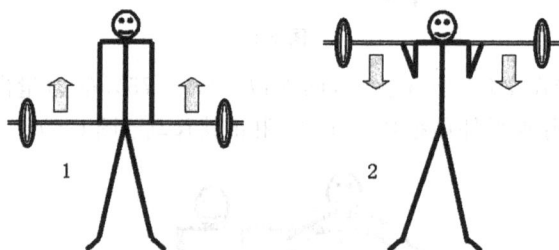

图 6-9

倒立走：倒立姿势，双臂支撑身体，向各个方向移动（图 6-10）。

爬绳：双手握住绳索，用力向上拉引身体（图 6-11）。

图 6-10

图 6-11

上步推实心球：双脚以肩宽左右开立面向同伴，持实心球将球推出（图 6-12）。

2. 下肢力量训练

（1）腿部力量训练。

坐立牵拉下肢：坐姿，双腿体前屈，膝展开，脚跟对脚掌，双手握住双脚脚尖尽量向腹股沟方向拉，上体直背前倾，两个肘关节运动到两个膝关节外侧,使腹股沟和腰部肌肉有紧张感。

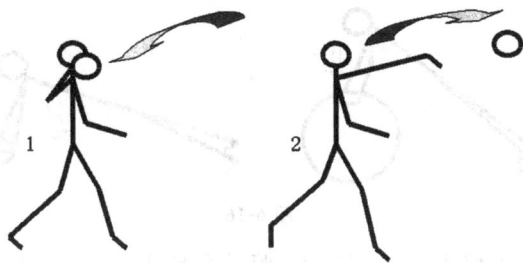

图 6-12

下蹲牵拉下肢:下蹲,双脚脚尖越向外侧偏 15°,双脚跟间距 25~30 厘米,双膝置于脚趾上方,保持动作 10~15 秒。

仰卧提膝:仰卧,屈膝抬腿,双手拉膝贴近胸部,保持动作 10~30 秒,双腿交替练习(图 6-13)。

图 6-13

仰卧提腿:仰卧,直膝抬腿,与地面呈 90°,腰部紧贴地面,保持动作 15~20 秒,双腿交替练习(图 6-14)。

(2)脚踝力量训练。

扶墙上拉脚:站立姿势,左腿支撑,右手扶墙,屈右腿,左手提拉右脚贴近臀部,保持动作 10~30 秒,双腿交替练习(图 6-15)。

图 6-14　　　　　　　图 6-15

3. 躯干力量训练

(1)肩背力量训练。

瑞士球(实心球)俯卧撑:俯撑,躯干平直,脚尖撑地,双手撑在球上,固定,在球上做俯卧撑(图 6-16)。

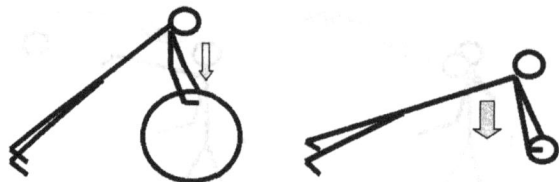

图 6-16

俯卧伸背:将瑞士球放在凳上,俯卧在瑞士球上,双手握凳两侧,提双腿,使身体平直悬空(图 6-17)。

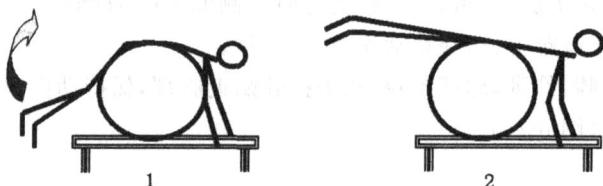

图 6-17

背肌转体:俯卧在山羊上,固定腿部,双手头后交叉抱头,上体后屈,再还原至水平位置左右转体,反复练习(图 6-18)。

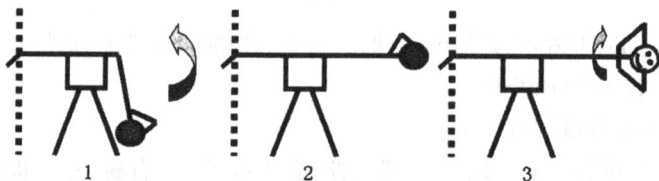

图 6-18

(2)髋部力量训练。

顶墙送髋:前臂靠墙支撑身体,头靠在双手上,身体向墙倾斜。后脚正对墙,脚跟贴在地面(图 6-19)。

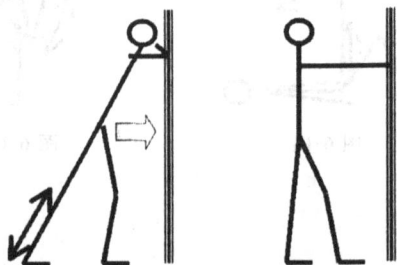

图 6-19

弓箭步压髋：弓箭步站立，一腿前伸，膝关节成 90°，膝关节在踝关节正上方。另一腿体后膝触地，下压后面腿和髋部（图 6-20）。

图 6-20

侧卧腿绕环：侧卧在斜板上，上侧腿做绕环动作，以发展髋部和躯干两侧肌群力量（图 6-21）。

图 6-21

仰卧转髋：垫上仰卧，头后握杆固定双手，收腹屈膝，左右转髋（图 6-22）。

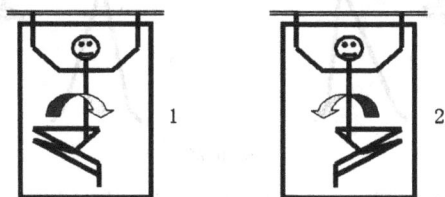

图 6-22

（3）腰腹部力量训练。

双手扶腰下推：站立姿势，双手在髋部以上部位扶腰，手指向下。训练开始后向前轻推手掌，伸展腰部，保持动作 10 秒，反复练习（图 6-23）。

双手叉腰转体：站立姿势，双手在髋部以上部位叉腰，上体转向一侧，同时，头向后转，目后视，保持数秒。换方向练习（图 6-24）。

图 6-23　　　　　　图 6-24

负重转体:两脚开立,屈膝,肩负杠铃,两手平伸扶杠铃,向体侧转体90°,还原向前,再向另一侧转体90°(图6-25)。

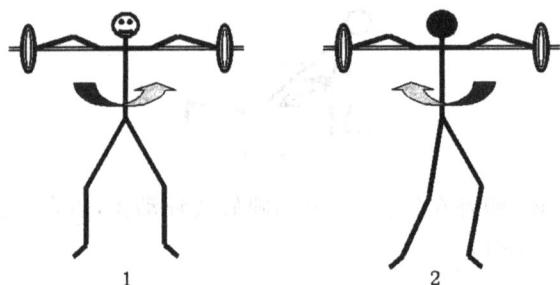

图 6-25

负重体侧屈:两脚开立,肩负杠铃,左右屈上体90°(图6-26)。

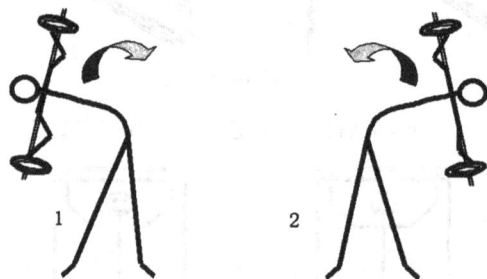

图 6-26

负重体前屈:两脚开立,肩负杠铃,前屈身体90°(图6-27)。

图 6-27

持哑铃体前屈转体:两脚开立,一手持哑铃,接触对侧脚尖(图6-28)。

俯姿平撑:俯卧,双臂屈肘90°支撑身体,双腿伸直,脚尖撑地,固定腹背部(图6-29)。

俯姿桥撑:在俯姿平撑的基础上,提起臀部,稍屈膝,身体成桥形姿势固定(图6-30)。

图 6-28

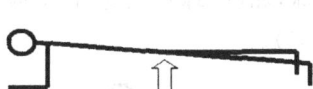

图 6-29

图 6-30

仰姿臂撑：仰卧，双臂屈肘支撑身体，双腿伸直，用脚撑地，提髋，身体成直体姿势，固定（图 6-31）。

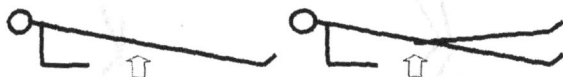

图 6-31

侧卧两头起：侧卧，双臂伸直，双手于头上合拢，双腿伸直、并拢。双腿和双臂离地、固定（图 6-32）。

图 6-32

4．全身力量训练

踩 T 形板传接实心球：两人一组，两脚分别开立站在 T 形板上传递实心球（图 6-33）。

图 6-33

实心球侧蹲：双脚开立，胸前持球，侧弓步蹲姿，直臂前送实心球，还原，反复练习（图6-34）。

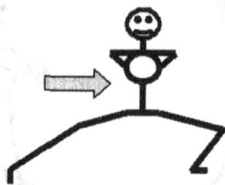

图 6-34

肩上侧后抛实心球：双脚开立，胸前持球，屈膝，球转到身后，下肢发力，躯干回转，从身体另一侧肩上后抛球（图6-35）。

图 6-35

（二）速度素质训练

速度素质是人体的一种重要的身体素质，指人体快速运动的能力。[1]在包括篮球运动的体育运动中，速度素质表现为个体快速判断、快速完成动作、快速通过某距离的能力，即反应速度、动作速度和位移速度。

速度素质对于参与篮球运动来说非常重要，它在篮球体能中具有重要地位，是篮球运动选材的重要素质之一。学生速度素质的提高方法具体如下。

1. 反应速度训练

（1）起动反应训练。

信号反应：信号反应练习是对各种信号做出反应动作。

看球起动：将运动者分为两人一组，一人负责任意抛球，另一人进行移动接球，双方交换练习。

---

① 吴东明，王健．体能训练［M］．北京：高等教育出版社，2005．

（2）起动跑训练。

①原地或移动中，根据教练员的信号突然起动快跑。

②5米折回抢滑步。

③不同距离折回跑。

④起跳落地，立即起动侧身加速快跑。

⑤用各种姿势起动，全速跑10～30米。

⑥四步加速跑。在球场上标出四步加速跑的位置：离起跑线66～76厘米为第一步；第一步和第二步间距92～230厘米；第二步和第三步间距117～127厘米；第三步和第四步间距142～152厘米。用1/4的速度跑完四步，各步之间不要停顿。

（3）反应游戏训练。

反应起跳：练习者围圈面向圈内站立，圈内1至2人，站在圆心附近手持小竹竿（竿长超过圈半径）。游戏开始，持竿者将竹竿绕过站圈人脚下画圆，站圈者及时起跳，避免被竿打到（图6-36）。

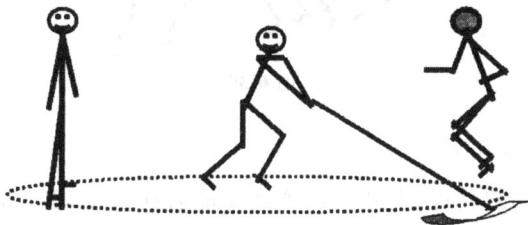

图 6-36

抢球游戏：准备"练习人数减一"个实心球，球围成一个圆圈，训练开始，学生绕球圈外慢跑，听到信号各人就近抢球，淘汰没有抢到球者，继续，直到剩最后一人（图6-37）。

图 6-37

贴人游戏：所有人两两前后面向圈内站立围成一圆圈，左右间隔2米。两人在圈外沿圈追逐，被追者可跑至某两人的前面站立，则后面第三者即逃跑，追者即改追这第三者，如被追上为失败（图6-38）。

图 6-38

老鹰抓小鸡：一人为"老母鸡"张开双臂，保护身后一列若干人扮成的"小鸡"，后者双手扶住前者腰部。"老鹰"用手拍队尾"小鸡"。被拍到的"小鸡"充当"新老鹰"，原"老鹰"充当新"老母鸡"，原"老母鸡"充当新"老母鸡"身后的"小鸡"，循环练习（图 6-39）。

图 6-39

2. 动作速度训练

（1）摆臂：两腿并拢，上肢以短跑动作前后摆臂，肘关节弯曲约 90°。前摆手摆到约肩部高度，后摆手摆到臀部之后，快速练习。

（2）俯卧撑起击掌：双手、双脚掌撑地，身体成一线。屈肘，快速撑起身体并击掌（图 6-40）。

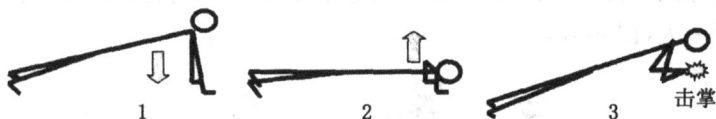

图 6-40

（3）仰卧快速斜推哑铃：练习者成仰卧姿势，头枕在瑞士球上，上背部支撑体重，双脚踩地。连续快速上推哑铃（图 6-41）。

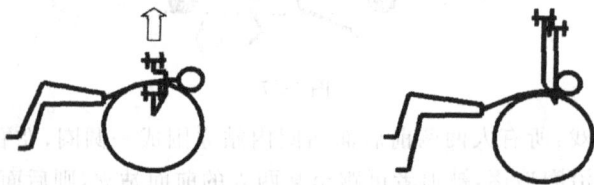

图 6-41

（4）俯卧快速提转哑铃：练习者双手持哑铃，上臂外展，前臂垂直向下。提拉上臂提升哑铃高度（图6-42）。

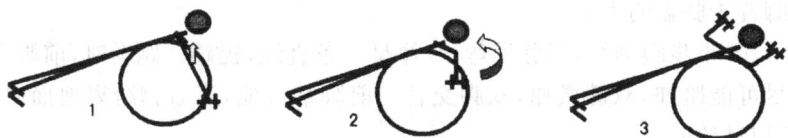

图 6-42

（5）双球支撑快速扩胸：俯卧，两前臂、双脚支撑，两前臂放在两个相邻瑞士球上，手臂用力，两球向外侧滚动，再回收双臂（图6-43）。

图 6-43

（6）快速传接实心球：与同伴相对站立，屈膝，2人间距约3～4米。双手持实心球于胸前，连续传接。

（7）纵向飞鸟：双脚开立，掌心向内，向体侧直臂快速提起杠铃片至头顶后返回，重复练习（图6-44）。

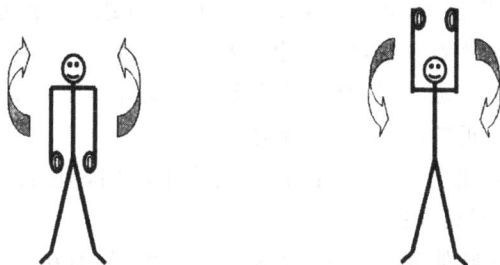

图 6-44

（8）横向飞鸟：双脚开立，掌心向内，沿体侧向后直臂水平快速移动杠铃片至最大限度后返回，重复练习（图6-45）。

图 6-45

(9)高抬腿跑训练:跑时,脚前掌落地,当一条腿伸直时,另一条腿的大腿要与地面保持平行。当膝盖抬到最高点时(大腿与地面平行),脚踝向后勾,脚置于膝盖的下方。

(10)小步跑训练:双膝稍弯,身体呈一条直线,提踵。跑动时,前脚掌着地,尽可能蹬伸,双膝微屈,双脚交替。前脚掌着地,当右脚蹬离地面时,左脚要划过地面。

3.位移速度训练

(1)后踢腿:从慢跑开始,使摆动腿脚跟拍击臀部,膝关节在弯曲过程中向前上摆动,加快步频(图 6-46)。

图 6-46

(2)前交叉步走:前交叉步走 80 米练习 10 组;间歇走 200 米练习 10 组;重复走 800 米练习 3 组,10 米跑练习 3 组。

(3)折叠腿大步走:以短跑的身体姿势和摆臂动作大步走。摆动腿高抬并充分屈膝,脚靠近臀部,并且翘脚尖。

(4)踮步折叠腿大步走:与折叠腿大步走相同,但后蹬腿需加上踮步。身体腾空时摆动腿充分折叠。

(5)踮步高抬腿伸膝走:与折叠腿大步走相同,但在高抬摆动腿后需在身体前充分伸膝,同时还要加上踮步。

(6)踝关节小步跑:如图 6-47 所示,采用很小的步长快跑,强调脚底肌群的蹬地和踝关节屈伸动作,以脚掌蹬离地面。

(7)直腿跑:膝关节伸直跑进,脚尖翘起(图 6-48)。

(8)单腿跳:上体正直,单脚重复起跳和落地。跳起高度不要太高,脚主动扒地方式快速落地。(图 6-49)。

(9)跨步跳:双脚交替起跳和落地。

(10)踢腿打树叶:用前踢和倒勾等动作快速踢打树叶。

(11)踢腿打吊球:把球吊到一定的高度(高度应结合练习者身高确定),原地或跳起踢腿打吊球。

图 6-47　　　　　　　图 6-48

图 6-49

(12)脚回环：单腿支撑，手扶固定物维持平衡。一只脚以短跑动作进行回环练习(图 6-50)。

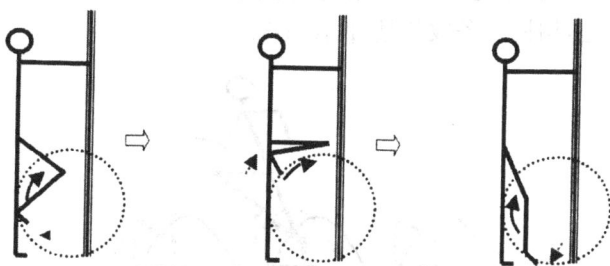

图 6-50

(13)快速背肌转体：俯卧在山羊上，腿部固定在肋木上，上体下屈。双手交叉贴在头后，快速展体至水平位置(图 6-51)。

图 6-51

(14)高抬腿跑绳梯：尽快跑过每格约 50 厘米间距的绳梯或小棍，双脚在同一格内落地(图 6-52)。

图 6-52

(15)单腿过栏架跑：以约 1 米间距摆放 8～10 个约 30～40 厘米高的栏架。支撑腿直膝跑，摆动腿从栏架上越过(图 6-53)。

图 6-53

(16)双腿过栏架跑：以约 1 米间距摆放 8～10 个约 30～40 厘米高的栏架。高抬腿跑，用同一条攻栏越过(图 6-54)。

图 6-54

(三)耐力素质训练

耐力素质是指个体克服工作过程中所产生疲劳的能力。从体育运动实践来看，耐力素质是判断一个人体质水平和运动能力的重要指标。耐力素质有多种分类，如有氧耐力和无氧耐力、静力耐力和动力耐力、全身耐力和局部耐力等。一般来说，耐力素质常用训练方法有如下几种。

1. 耐力素质跑的训练

(1)变速跑。负荷强度由低到高，具体运动负荷结合篮球专项任务与要求确定,练习 30 分钟以上。

(2)匀速持续跑。跑的负荷量尽可能多,运动时间在 1 小时以上。心率控制在 150 次/分钟左右。

(3)间歇跑。负荷强度较大,心率达到 170～180 次/分钟。在身体尚未完全恢复的情况下进行下一次练习,心率在 120～140 次/分钟之间。

(4)水中快走或大步走,每组 200～300 米,4～5 组,间歇 5 分钟,强度50%～55%。

(5)越野跑。在公路、树林、草地、山坡等场地进行。心率控制在 150～170 次/分钟左右。

2.耐力素质跳的训练

(1)左、右跨步跳:两脚开立,左腿蹬地,右腿向右前方跨步,然后反方向练习。每组两腿各跨 30 次。

(2)跳高台:做双脚连续跳上高台练习。

(3)台阶交换跳:在台阶前站好,按一定的节奏跨上和跨下,一脚上后一脚下,连续练习 5 分钟,反复练习。

(4)跳绳:进行单人、双人、带人跳绳等练习。

(四)灵敏素质训练

灵敏素质是指人体在突变条件下,快速、协调、准确完成动作的能力。灵敏素质建立在力量、速度、耐力、柔韧等多种素质和技能之上,是个体神经反应、身体素质、运动技能的综合表现。

校园篮球运动体能训练中,可通过以下方法发展与提高学生的灵敏素质。

1.变向移动训练

(1)绕障碍物跑。在篮球场地上设置 6 根标杆或球,以最快速度绕杆(球)跑完全程。

(2)15 秒往返跑或 4×10 米往返跑。

(3)侧跨步。运动员位于三条相隔 12～15 米的中间的一条线上,向左、右两侧线跨步,触及一条线后跨向另一条线,力争 10 秒内完成。

(4)两人一组,从端线开始进行攻防练习,进攻队员做变向动作设法摆脱防守队员的堵截。

(5)快速移动跑:站姿准备,听到信号或看到手势后,按照指挥方向进行前、后、左、右快速变换跑动。

2. 动作转换训练

(1)在规定时间内,手脚着地从端线快速爬到中线,再站起双足跳 10 个,之后冲刺跑返回端线。

(2)看或听指令,进行急停、急起运球练习。

(3)立卧撑。站姿准备,迅速下蹲,两手在足前撑地,两腿向后伸直,在规定时间内完成最多的次数。

(4)正踢腿转体:支撑腿单脚站立,另一侧腿从下向前上方踢起至最高点时,以支撑腿为轴向后转体 180°,两腿交替练习。

(5)弓箭步转体:由(左)弓箭步姿势开始,两臂自然位于体侧。听到"开始"信号后,两脚蹬地跳起,身体向左(右)转 180°成右箭弓步姿势,连续跳转,两腿交替练习。

3. 综合游戏训练

(1)躲闪摸肩:一对一巧妙拍摸对方左肩,同时避免被对方拍肩的练习。记录 30 秒内各练习者的拍中对方肩的次数。

(2)过人:画一个直径为 3 米的圆圈,在圆圈内 2 人各站半圈。听到"开始"信号后,一人防守,一人设法利用晃动、躲闪等假动作摆脱防守者进入对方的防区。交替进行。

(3)集体跳绳:两人摇长绳子,其他人连续不断地跳过绳子,每人应在绳子摇到最高点时迅速跟进,跳过绳子,并快速跑出。

(五)柔韧素质训练

柔韧素质是指人体关节的活动幅度和关节周围组织的弹性与伸展性。许多体育运动项目都对运动者的柔韧素质具有较高的要求,良好的柔韧素质还能有效防止运动者在体育运动参与过程中受到运动损伤。

篮球运动中,许多技术动作的完成都需要运动者的身体关节和关节的肌肉、肌腱、韧带等软组织具有良好的柔韧性,如此才能完成各种技术动作。在校园篮球运动体能训练中,学生的柔韧素质可通过以下训练方法来获得提高。

1. 肩颈柔韧素质训练

仰卧前拉头:屈膝仰卧,双手头后交叉。向胸部方向拉头部(图 6-55)。

前拉头:站立,双手在头后交叉。向胸部方向拉头部,下颌接触胸部(图 6-56)。

图 6-55　　　　　　　　　　图 6-56

　　侧拉头:站立或坐立,左臂背后屈肘,右臂从背后抓住左臂肘关节。将左肘向右拉过身体中线。右耳贴右肩(图 6-57)。

　　后拉头:站立,后仰头,缓慢后拉颈部(图 6-58)。

图 6-57　　　　　　　　　　图 6-58

　　背向压肩:背对墙站立,向后抬起双臂,与肩同高直臂扶墙,手指向上。屈膝降低肩部高度(图 6-59)。

　　向后拉肩:站立,背后双手合掌,向上移动双手至最大限度(图 6-60)。

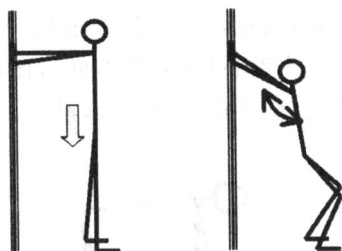

图 6-59　　　　　　　　　　　　图 6-60

　　2. 胸背柔韧素质训练

　　站立伸背:双脚并拢站立,上体前倾与地面平行,双手扶栏杆,下压上体,使背部下凹形成背弓(图 6-61)。

　　开门拉胸:在一扇打开的门框内,双脚前后开立,双肘外展到肩的高度。

双臂前臂向上,掌心对墙。身体前倾拉伸胸部(图6-62)。

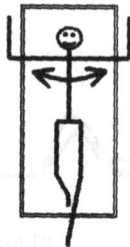

图 6-61   图 6-62

3. 臂腕柔韧素质训练

背后拉毛巾:站立,一肘在头侧,另一肘在腰背部,双手握一条毛巾逐渐互相靠近(图6-63)。

上臂颈后拉:站立,在头后部向右拉左臂肘关节(图6-64)。

图 6-63   图 6-64

跪撑压腕:跪撑地,双手间距同肩宽,正压腕时,手指向前。身体重心前移(图6-65);反压腕时,手指向后。身体重心后移(图6-66);侧压腕时,手指指向体侧。身体重心缓慢前、后移动(图6-67)。反复练习。

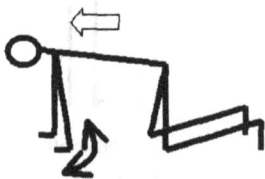
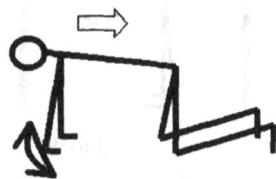

图 6-65   图 6-66

4. 腰腹柔韧素质训练

跪立背弓:跪立,双手扶腿逐渐移至脚跟,形成背弓(图6-68)。

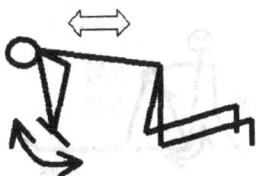

图 6-67　　　　　　　　　　　图 6-68

俯卧背弓:俯卧,双手抓住双踝,提起胸部和双膝离开垫子(图 6-69)。

倒立屈髋:仰卧,垂直倒立,头后部、肩部和上臂支撑体重(图 6-70)。

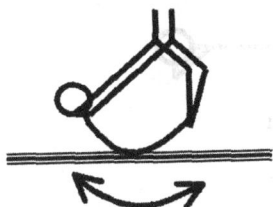

图 6-69　　　　　　　　　　　图 6-70

站立体侧屈:双脚左右开立,双臂头上伸直,一侧耳贴肩,体侧屈至最大限度(图 6-71)。

俯卧转腰:俯卧在台子上,上体悬空,颈后扛一木棍。双臂体侧展开固定木棍。尽量大幅度转动躯干(图 6-72)。

图 6-71　　　　　　　　　　　图 6-72

5. 臀髋柔韧素质训练

坐立反向转体:坐姿,双腿前伸,双手髋后支撑。一条腿与另一条腿交叉,屈膝使脚跟向臀部方向滑动。转体,身体对侧的肘关节顶在屈膝腿的外侧,并缓慢推动屈膝腿(图 6-73)。

仰卧交叉腿屈髋:仰卧。左腿在右腿上交叉,双手头后交叉。右腿屈膝,提右脚离地,向头部方向推动左腿。双腿交替(图 6-74)。

图 6-73

图 6-74

6. 腿部柔韧素质训练

直膝分腿坐压腿:坐姿,双腿尽量分开(图 6-75)。

图 6-75

弓箭步拉伸:弓箭步站立,双脚间距约 60 厘米,后面脚外旋 90°,双手叉腰。前脚继续前移,后面腿的髋部下压。换腿重复练习(图 6-76)。

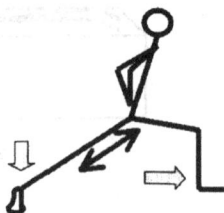

图 6-76

长凳坐压腿:坐在长凳上,一条腿伸膝放在凳上,另一条腿直膝支撑。双手头后交叉。上体前倾贴近长凳上伸展大腿上部(图 6-77)。

站立拉伸:背贴墙站立,吸气,直膝抬起一条腿。同伴用双手抓住踝关节上部,帮助腿上举(图 6-78)。

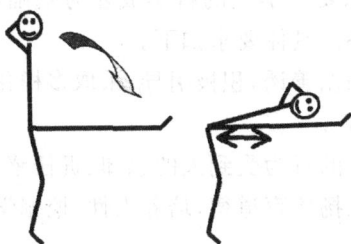

图 6-77　　　　　　　　　　　　　图 6-78

（六）弹跳力训练

参与篮球运动,要求运动者将球投进高 3.05 米的篮筐,因此,对运动者的弹跳力要求较高。个体篮球弹跳力训练具体如下。

(1)原地起跳连续摸篮圈或篮板。

(2)行进间摸篮筐或篮板,接原地起跳摸篮筐或篮板。

(3)跳绳:双脚、单脚、原地跑步、高抬腿等,单摇和双摇跳。

(4)单脚跳上、下台阶。

(5)单脚连续跨跳或蛙跳。

(6)两脚交替直线或左右跨跳。

(7)连续半蹲跳、深蹲跳、跳深、收腹跳。

(8)持球跳起空中连续托球打篮板练习,要求在最高点触球。

(9)篮下左、右连续跳投,要求在跳到最高点时出手。

三、现代校园篮球运动体能训练新理念

（一）教育性训练理念

校园篮球发展,教育是第一位的。校园篮球运动体能训练,应以教育教学为基础,在此基础上开展训练,运动训练的过程就是教育的过程,在校园篮球体能训练中,应将学生的健康发展放在首要位置,在教育性训练理念指导下,篮球运动体能训练过程中,应做好以下工作。

(1)重视学生的科学体能训练知识、训练技能的掌握。

(2)重视学生对篮球运动特点与自身身体素质发展规律的正确认识。

(3)强调学生对体能训练价值充分认知的教育的重要性。

（二）人文操作性训练理念

校园篮球训练旨在增强学生体质、发展学生篮球终身体育技能、发现和

培养篮球运动竞技人才。学生的训练要以学生的科学成才为基础,关心学生、尊重学生,在训练中体现人文关怀。具体要求如下。

(1)关注学生的尊严与独立性,循循善诱,积极引导,采取多样化的训练内容与方法,激发学生的训练参与兴趣。

(2)关注运动员的思想与道德,人的行为受到人的感知、责任感、态度或信念的指导,在运动训练中,要重视弘扬体育道德,培养人性,挖掘学生身体素质发展潜能。

(3)运动训练必须符合客观规律,如学生的体能、技能发展规律。

(4)关注运动员生存状况与前途命运。对于学生篮球运动员的培养,应在追求竞技水平提高的过程中符合人类正常的价值规律,体现人文特征,实现科学性与人文特征的结合、统一。

第二节　校园篮球运动心理训练与发展

一、篮球运动心理训练的重要性

心理训练,具体是指有意识、有目的地采用一定的方法和手段,培养、发展和完善运动员从事专项运动时所必须具备的各种心理素质和心理品质的一种教育过程。

心理训练是适应现代竞技体育运动比赛的需要而发展起来的,它是与体能训练、技术训练、战术训练享有同等重要的地位。

就现代体育运动比赛来说,任何一场高水平的比赛,都表现出激烈的对抗性,在比赛双方身体、技术、战术水平势均力敌的情况下,胜负往往取决于运动员的心理素质水平的高低。篮球运动比赛也不例外。因此,篮球心理训练是篮球运动训练的重要内容。

此外,还值得提出的是,校园篮球运动的运动对象是学生群体,当前体育教育教学的重要目标就是促进学生全面发展,由此来说,关注和促进学生心理发展是校园篮球运动教学的重要任务。

篮球运动心理训练是促进学生心理素质健康发展的一个重要和有效途径。通过篮球心理训练,可有效改善学生心理过程,挖掘学生心理潜力,使学生掌握心理自我控制调节的策略与方法,提高学生心理活动的水平。对于学生篮球运动员来说,还能进一步促进篮球运动员形成良好的比赛竞技状态和心理特征,获得与发挥最佳竞技水平,使他们成为更加优秀的篮球运动人才,为篮球运动员的长期职业发展奠定良好的基础。

二、校园篮球运动心理训练的内容与方法

（一）一般心理训练

一般心理训练,又称"长期心理训练",它是一种长时间持续不断的心理教育过程,目的是提高运动员的个性心理品质,使运动员掌握心理训练的技能,形成良好的运动和比赛心理。

校园篮球一般心理训练的内容与方法具体解析如下。

1. 动机训练

动机(Motivation)是人从事某项活动的内部动力因素或心理动因。在校园篮球运动训练中,学生各能力的提高是以参加训练为基础的,而训练动机则是促使学生参加篮球运动训练的前提。因此,在篮球运动训练中,培养学生的篮球运动训练动机至关重要。

结合篮球运动心理能力构成,培养运动员对篮球专项运动的良好动机、态度、兴趣,是运动员提高运动技能的重要心理保证。

篮球运动动机培养方法如下。

（1）满足乐趣。参与运动训练、运动乐趣性和艰苦性兼而有之,只有让学生体会到运动训练乐趣,才能积极参与训练。因此,要合理选择训练内容、时间和负荷,训练初期注重训练的趣味性。

（2）通过强化手段培养动机。这里的强化手段是指外部刺激,如通过奖励(名誉或物质奖励),刺激学生参与篮球训练。

（3）满足运动员获得集体归属感的需要。篮球运动属于集体项目,运动员渴望得到他人认可,针对此,应以集体成员的资格,集体行为规范、目标、荣誉感作为激励来激发其训练参与热情。

（4）引导学生建立正确的体育价值观,正确看待篮球运动训练,培养和激发训练参与动机。

2. 专门化感知觉训练

专门化感知觉是指个体从事专项运动的某些心理特殊感受知觉。篮球运动员的专门化感知觉主要包括球感和时空感等。

（1）球感训练。

"球感"是篮球运动者通过长期的运动训练所获得的一种专门化的复合

知觉,其对个体篮球运动技术的掌握与提升具有非常重要的意义,良好的球感是优秀运动员的一种重要标志。

球感是一种复合知觉,它综合反映了篮球运动员其他方面的多种素质,是经过刻苦训练和反复实践才能获得的。要想球感好,必须坚持长期触及球(运球、传球、带球走跑)的训练,做到球不离手。

(2)时空感训练。

时空感是指篮球运动员在球场上对时间和空间的判断能力。篮球运动是高度与速度相结合的一项运动,对球的地面和空中控制权都非常重要,篮球运动对运动员的视动反应、预测反应、选择反应等要求较高,要求运动员应视野范围广阔,并有良好的深度知觉和方位感,对人和球的移动、方向、距离和速度等都要有准确的判断和把握。

篮球运动员的时空感的提高是在不断的场上实操练习中培养和提高的。

3. 注意力训练

稳定、集中的注意力是在竞技运动过程中运动员所应具备的重要心理竞技能力。校园篮球运动心理训练中,针对学生的注意力方面的训练,主要包括注意的稳定性、转移、分配能力训练。具体训练方法如下。

(1)秒表练习:注视手表秒针转动,每天练习数次,直到能持续注视5分钟而不转移注意。

(2)明确比赛任务,通过语言暗示,专注于当前的可控因素,减少对不可控因素的注意。

4. 意志品质训练

意志品质训练是篮球运动心理训练的重要内容,良好的意志力能使运动员在激烈的比赛对抗中,抵抗住各种内在和外在的压力,顽强拼搏直至比赛结束。同时,良好的意志力,还有助于个体坚持每天的枯燥的训练,而始终不放弃训练,只有长期训练,才能有所提高。

在篮球运动中,运动员的良好的意志品质,主要表现为对自我情绪的稳定控制与激发、顽强、勇敢、果断、镇静和必胜信念等。意志品质训练方法如下。

(1)创造困难环境进行训练,有助于提高运动员在艰苦状态下完成训练和比赛的意志品质。

(2)重视对运动者的篮球运动训练和比赛参与的思想教育,使其端正态度,正视运动训练中的各种困难,肯定自我、坚定信心。

5. 心理控制力训练

心态对个体的行为具有重要影响,能很好地控制情绪、熟练地掌握与运用各种心理自我控制、调节的策略、手段,始终保持积极的心理状态,是个体做事成功的基础。

对于运动员来说,良好的情绪和心理控制力使其排除干扰,正常发挥篮球技战术水平。通常来说,年轻的、缺乏比赛经验的运动员更容易受外界因素的影响,如在篮球比赛中赢几分就情绪高涨,输几分就情绪低落。比较强烈的情绪往往会伴有体内一系列生理变化,并影响着技术水平的发挥,只有在适宜的情绪状态下,才能稳定和超常发挥技能。

对情绪和多种心理状态的控制具体方法如下。

(1)找出使个体产生异常情绪(紧张)的诱发事件(A)。

(2)分析个体对诱发事件的信念(B),研究这些信念与当事人异常情绪(C)之间的关系,帮助当事人认识情绪波动原因。

(3)扩展个体的思维,辩论、动摇并摒弃不合理信念,使当事人的思维更加合理、积极,最终摆脱困扰,改善情绪和行为反应。

(二)比赛心理训练

比赛心理训练,又称"心理调节训练",是一种为准备具体比赛任务为目的的短期心理教育过程。

比赛心理训练的目的是使运动员运用自我调节心理状态的方法,使运动员在赛前形成稳定的最佳心理状态,形成最适宜的竞技状态或最佳竞技状态,以在比赛中争取优异成绩。

校园篮球运动的比赛心理训练内容与方法具体如下。

1. 赛前心理训练

(1)自我认知训练。

通过自我暗示,获得自我肯定,坚定比赛自信心。赛前,运动员可通过以下类似语言暗示进行自我肯定。

①"我有足够的实力参赛"。

②"我的技战术水平和体能状况足以使自己超水平发挥"。

③"我将采用何种技战术手段战胜对手"。

④"不管发生何种情况,我都不会受干扰等思想"。

(2)心理适应训练。

篮球运动比赛是一个开放性的过程,这一过程受到很多因素的影响,很多人都可以直接(运动员、教练员)或间接(观众、赛事工作人员、媒体工作者)地参与到比赛过程中。而对于运动员来说,必须适应比赛过程中的多种因素的变化,专心投入比赛中去。

篮球运动员的心理适应是多方面的,包括对场地设备、观众、裁判、比赛气氛、比赛天气等的各种适应,具体可以通过模拟训练方法来提高运动员的心理适应能力。模拟训练是根据比赛环境条件及对对手特点的了解和分析后做出的适应这些情况的安排,目的是提高运动员的适应性,在头脑中建立起合理的篮球运动技能动力定型结构,以便于在各种复杂、多变环境中,始终保持技能水平的正常发挥。具体训练操作如下。

(1)模拟对手。

①收集对手的情报,了解对手的特点(技、战术等方面)。

②选一部分队员专门模拟对手,或挑选一些与对手特点相似的队员。

③组织"对手"与即将参赛者进行训练比赛。

(2)模拟观众。

篮球运动场地小,观众距离场地非常近,因此,观众的言行举止等,对运动员的影响较大。运动员在观众因素的影响下,或者向好的方向变化,或者向不好的方向变化,即运动技能和操作能力提高、运动技能和操作能力下降。例如,对于初赛者,很容易因观众的噪声易导致注意力分散和产生紧张情绪;也有运动员因为观众中支持者的激励而超常发挥。

有观众在场时运动员的运动表现会发生变化的现象,就是观众效应。[①]针对观众在场的情况下引起的社会促进或社会干扰,不少学者对此进行了研究,其中最著名的是扎恩克(1965)提出的社会促进模型(图6-79)。扎恩克指出,观众在场会提高运动员的唤醒水平或兴奋程度,唤醒或内驱力会加强优势反应,而唤醒水平的提高能促进简单任务的活动效率,阻碍复杂任务的活动效率。

针对观众效应对运动员的比赛影响,在正式比赛前的训练期,可在训练过程中多邀请观众到场观看,亦可以采用放观众噪声录音的形式,音量从小到大地调节到接近竞赛时的实际程度,以提高运动员适应赛场的能力。

(3)模拟赛况。

在高水平的比赛中,场上情况错综复杂,变幻莫测,意想不到的情况经常发生,这就需要参赛者适应比赛中的各种赛况变化。

在篮球赛前的教学比赛中,可有意识地采用改变比赛局势的方式,锻炼队员临阵不慌和随机应变的能力。

①比赛训练中,突然将比分一直处于领先状态的一方改变为落后一方。

① 胡桂英.运动心理学[M].杭州:浙江大学出版社,2008.

②营造双方同处高比分时的比赛情景。

③比赛训练中,突然宣布最后1球决定胜负等。

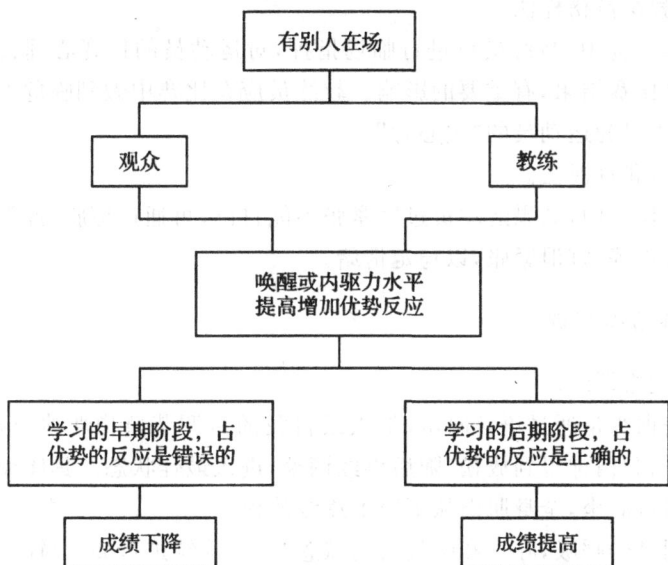

图 6-79

(4)心理调节训练。

针对比赛前运动员的不良心理状态进行调节,具体方法如下。

①谈话法:通过友善的交谈帮助运动员明确比赛任务和意义,鼓舞运动员,增强其比赛信心。

②回避法:阻断干扰源,回避外界干扰性信息,平衡情绪。

③自我调节:自我暗示放松,或通过参加其他娱乐休闲活动放松。

④催眠放松:由心理学专家进行催眠,帮助运动员消除比赛前的情绪紧张不安和恐惧感。

2. 赛中心理训练

(1)集中注意力法。

比赛中,遇到诸如观众、对手、裁判或同伴等劣性刺激时,立即找出适合于自己集中注意力的对象,排除干扰因素。

(2)呼吸调整法。

针对比赛中的过度紧张、过分激动,可采用深呼吸的方法,调整肌肉的收缩与放松,以消除紧张、激动的心理状态。

(3)思维阻断法。

针对比赛中的不良和杂乱思维,可采取积极思维来阻断消极意识。例如,失误后的"糟糕,无法挽救了"消极思维,应及时阻断该想法,并建立类似"下个球肯定会处理好""找准时机扳回比分"的积极思维。

(4)教练员榜样法。

篮球比赛中,教练员可进行临场指挥,对运动员的比赛心理、比赛表现以及整个比赛结果,有重要的影响。教练员应在比赛中做到临危不乱,遇险不惊,真正成为运动员的"主心骨"。

(5)自我宣泄法。

篮球比赛中,如果运动员过度紧张不能自已,可通过擦脸、握拳、跺脚等动作及喊声等,宣泄紧张,以稳定情绪。

3.赛后心理调节

(1)放松训练。

放松训练是通过语言暗示(他人或自我的),调节植物性神经系统的机能,使肌肉和精神得到放松,随后再经调整,进入最佳状态。具体操作如下。

①闭目静坐,全身肌肉从下至上逐级放松。

②用鼻子呼吸,呼气和吸气时均默念"一",连续进行20分钟。

③慢慢睁开双眼。

④每天1~2次,饭后两小时后进行。

(2)冥想训练。

冥想是一种积极性的休息法,可恢复神经系统功能,提高反应力、知觉力和灵敏性,强化抗干扰能力。具体操作如下。

①在绝对安静的环境中,仰卧平躺,闭上双眼。

②通过自我暗示,或引导员的引导语,进入轻松愉快的想象环境。

③每天早晚各一次,每次15~20分钟。

(3)激情疏通训练。

采用谈话、书写等形式给运动员提供合理宣泄自己内心过度气愤、愤慨、恼怒等不良情绪,解除其心中的抑郁和积闷。

在篮球心理训练中,一般心理训练和比赛心理训练,二者相互依赖、互为条件的,它们需要结合整个篮球训练合理安排。

三、现代校园篮球运动心理训练新方法

(一)生物反馈训练

生物反馈训练,借助电生理遥测,将运动员内部活动信息显示出来并反馈给其个人,根据测定结果,进行反应期训练以及脱离生物反馈仪的训练,消除运动员的过度紧张、焦虑。

（二）系统脱敏训练

系统脱敏训练（Systematic Desensitization）,又称交互抑制法,是一种以渐进方式克服神经症焦虑的心理技能训练。系统脱敏训练方法的具体操作程序如下。

（1）建立恐怖或焦虑等级（层次）：由指导者结合当事人情况和当事人一起制定。

（2）放松训练：通过语言或音乐引导,使当事人的全身肌肉和心理能迅速进入松弛状态。

（3）在放松情况下,当事人按某一恐怖或焦虑等级层次进行系统脱敏练习。彻底放松→当事人在指导者的语言指导下想象情景→当事人无法忍耐而出现严重恐惧→放松训练对抗,当事人继续忍耐直至完全适应。

（4）每次 30 分钟,每周 1 至 2 次。

当前,随着学校教育的发展,各学校都配有心理咨询和心理指导教学人员,因此使得篮球运动教学中,心理训练日益普遍化,随着心理训练对篮球运动水平发展的关系研究的日益深入,必然将有更多的心理训练方法得到应用。

第三节　校园篮球运动智能训练与发展

一、篮球运动智能训练的目的

智能,是"智力与能力"的简称,它包括两个方面的内容,即智力潜能和智力能力,这两个方面还可以进行细分。

智力潜能是指保证个体有效进行认识活动的稳定心理特征,包括观察力、记忆力、想象力、思维力、注意力。

智力能力是指保证个体成功进行活动的相对稳定的心理特点,包括组织能力、计划能力、操作能力、适应能力、创造能力。

运动智能,是运动员的智力与能力的综合表现,对于篮球运动员来说,篮球运动智能是指篮球运动员"运用知识和信息,分析和解决运动训练中各种实际问题的能力",包括观察力、注意力和思维想象力等要素。

篮球智能训练的目的是提高篮球运动员的智能水平,通过篮球运动智能训练,应完成以下训练目标和任务。

(1)培养和提高运动员独立训练和参加比赛的能力。

(2)培养和提高运动员制订、修改训练计划的能力。

(3)培养和提高运动员进行自我监督的能力。

(4)培养和提高运动员进行自我控制的能力。

二、校园篮球运动智能训练的内容与方法

智能训练是知识教育和智能因素的训练,因此,在校园篮球运动智能训练内容如表 6-1 所示。

表 6-1　篮球智能训练的内容

分类		篮球智能训练具体内容
篮球运动知识教育	一般运动知识	运动训练学、运动生理学、运动生物力学、运动生物化学、运动心理学、运动医学、体育教育学、运动竞赛学等
	专项运动知识	篮球专项运动的技术分析、战术分析、训练原则、运动原理、比赛规则、裁判方法、器械使用等
篮球运动智能因素培养	实操能力	学习、掌握和运用运动技术
	适应能力	对身体、技术、战术等方面的训练适应
	观察力	对自身运动行为的感知力和对外界物体运动的感知力
	记忆力	建立运动表象的速度和精确度
	思维力	动作概念的准确性和战术思维的敏捷性、灵活性与创造性等

针对篮球运动的智能训练的内容,校园篮球运动训练中,可通过以下具体训练方法提高学生的运动智能。

(一)运动智能总体训练

1. 掌握基础知识以发展智能

(1)重视对学生篮球基础理论知识的传授。

(2)采用多种教学方法,引导学生学会运用分析、比较、综合、概括、判

断、推理等思维形式来认识和解决问题。

（3）教师和教练员应重视启发和引导学生把理论教学与实践练习有效结合起来，提高实践能力。

2．强化专项理论以发展智能

（1）结合篮球运动专项特点，重视学生相关运动医学、生物力学、科学训练理念等的学习。

（2）加强学生对器材性能、比赛规则、裁判方法等的学习，提高学生对这些知识的合理、灵活运用。

（3）重视学生对训练计划、辅助训练、运动监控等知识的掌握，以提高学生的医务、卫生、保健能力。

3．丰富训练经验以发展智能

（1）引导学生认识运动训练的本质和规律，启发学生对篮球运动训练的各种问题的积极思考、解决。

（2）鼓励学生积极参与运动训练的制定与修改，以提高学生的分析、思维、统筹等能力。

（3）通过模拟比赛实战训练，强化学习理论知识，提高理论指导实践能力、适应力等。

（二）运动智能具体训练

通过前文分析了解到，篮球智能是一个综合智力能力，在篮球运动中，运动者的智能表现在多个方面，一些与心理相关的因素，如记忆、思维等也可以看作是篮球运动员的智力的重要影响因素，篮球运动员的智力因素、非智力影响因素共同决定了运动员的智力水平。

针对篮球运动员的运动智力的发展，既要重视智力因素干预，也要重视非智力因素控制，从这两个方面入手加强训练（表6-2）。

表6-2　运动智能（主要影响）要素训练方法

智能要素	训练方法
观察力	经常布置观察任务、传授观察方法，培养运动员的观察习惯
记忆力	经常布置记忆任务、复述、回忆记忆材料，促进运动员掌握记忆方法、强化记忆内容
思维、想象力	进行专项训练，对比赛进行预测，对赛场信息进行整理、加工，对运动技术进行评述等

三、现代校园篮球运动智能训练的完善

运动智能训练,是近年来才开始重视的篮球教育教学训练内容。新时期,重视篮球运动智能训练,有助于促进学生的全面发展和培养优质的篮球运动竞技后备人才。

现阶段,重视校园篮球运动智能训练,进一步完善篮球运动智能训练系统和实践,具体应做好以下工作。

(1)要重视智能训练的意义,使学生能够积极配合教师的相关训练,能够自觉地进行独立训练。

(2)要有合理的计划,让智能训练融入多年、全年、阶段、周和课训练计划之中,确保学生的智能持续发展与提高。

(3)篮球教学人员应与科研人员之间密切合作,相互配合,共同研究和处理智能训练的相关问题。

(4)针对不同性别、训练水平的学生,科学筛选符合运动智能指标的学生。[①]

(5)建立完善的智能评定的制度和办法,科学评定智能水平。评价结论除了要综合判断外,还要指出评价对象的优点及其存在问题,并分析原因,进而提供改进办法和措施。

---

① 罗彦平,梁建平,周维臻,宋义,肖儒勇.运动智能结构的测量及相关分析[J].天津体育学院学报,2011(05).

第七章　健康中国背景下校园篮球运动队技术素养训练研究

在校园篮球运动中,不论是对于一般的学生还是篮球队的高水平运动员,掌握篮球技术是学好篮球的关键,也是强身健体和提高运动技能的重要途径。运动者只有全面了解与掌握篮球运动技术,并不断进行实践练习,才能提高自己的篮球技术水平。本章在阐述与分析篮球技术基本理论的基础上,重点研究篮球基本技术与高难技术系统训练的方法,以为运动员提高自己的技术水平打下良好的基础。

第一节　校园篮球运动技术理论与发展

一、篮球技术的概念

简单来说,在篮球进攻与防守中,运动员所采取的专门动作方法就是所谓的篮球技术。篮球技术也指一种能力,即运动员在攻守对抗条件下对专门动作进行灵活运用的能力。

二、篮球技术的分类

常见的篮球技术分类方法有两种,第一种如图 7-1 所示,这是按照篮球技术的动作结构对篮球技术进行的类型划分。这种分类方法从出现后运用就很广泛。第二种分类方法如图 7-2 所示,这是以篮球攻守目的为依据对篮球技术进行的类型划分,是一种比较新的分类方法,现在很多篮球教材都采用这一方法来阐释篮球技术的分类。

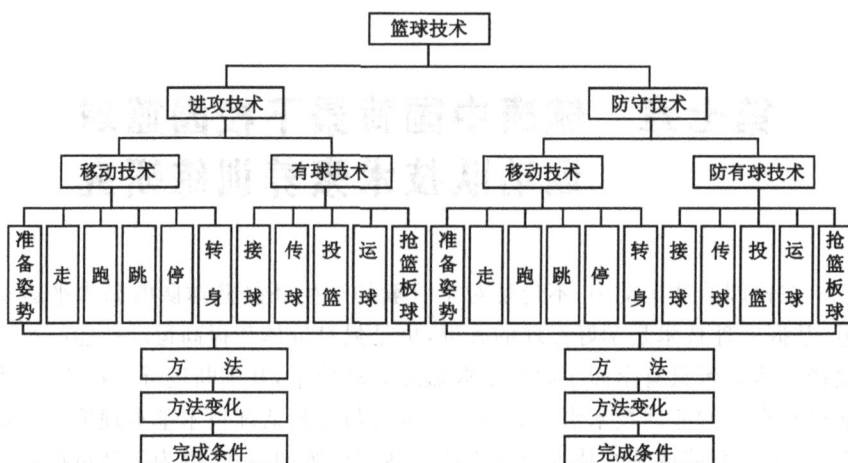

图 7-1

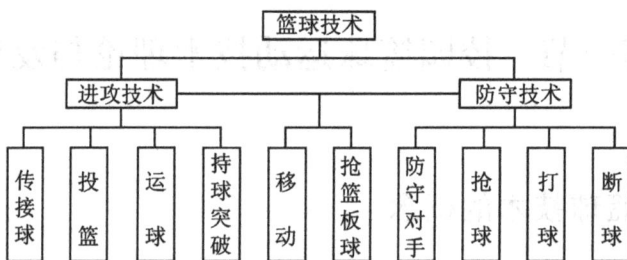

图 7-2

三、篮球技术的发展

(一)篮球技术发展概况

篮球技术有进攻技术和防守技术两大体系,篮球技术的这一结构体系是在篮球技术的不断发展中逐渐形成的,最初只有少数的几种篮球技术动作,随着人们对篮球技术的不断深入研究以及篮球实践的日趋发展,才形成了比较规范和系统的篮球技术动作体系。

篮球技术早先取得明显的进步与跨越性的发展是在 20 世纪 50 年代,这一时期篮球进攻技术受运动员身体高度与技术发展的影响而得到了很大程度的发展,篮球运动员开始在实践中普遍采用跳投、持球突破等技术,此时篮下对抗场面也因中锋技术的提高而更加激烈,球场上以攻为主的趋势愈演愈烈,这些是篮球技术步入新的发展阶段的重要表现。之后,人们深刻总结并研究了篮球攻守对抗的规律,并在推动篮球技术发展中主要从防守技术和运动员身体素质方面做努力,防止篮球攻守技术发展失衡。在防守技术得到重视后,相关研究不断增加,技术水平也不断提高,运动员在防守技术上不断取得新突破,如抢球、打球、断球及盖帽等方面。重进攻轻防守的局面得到了有效的抑制。

"攻守平衡"理论在 20 世纪 70 年代中期在世界篮球界引起了强烈的反响,篮球进攻与防守技术的发展在这一理论的指导下不断趋于平衡。

20 世纪 90 年代至今,世界篮球技术交流日渐频繁,这为各国学习先进的篮球技术提供了重要的机会。

现在,篮球技术的发展越来越科技化,通过运动员的篮球技术表现,可以对其篮球素质进行评价。

总之,篮球技术是从低级向高级一步步不断发展的,篮球技术的发展史具有明显的连续性、阶段性等特征,按照当前的发展趋势来看,篮球技术将取得更大的进步。

(二)篮球技术发展因素

影响篮球技术发展的因素见表 7-1。

表 7-1　篮球技术发展的影响因素

因素类型	具体因素
人的因素	运动员的操作(主体)
	教练员的组织、身教、经验等(主导)
	科研人员的研究(协作相辅)
物质因素	场地、器材、设备等
竞赛因素	竞赛规则
	竞赛环境与条件
	竞赛的商业化发展
其他因素	体育基础学科和边缘学科的发展
	篮球教学
	篮球训练
	篮球科研等

（三）篮球技术创新发展

篮球技术是影响篮球运动发展的关键因素，因此要推动篮球运动的进一步发展，就必须在技术上下功夫，加强对篮球技术的创造、创新、修订、改革和完善。今天的篮球技术已经达到了登峰造极、炉火纯青的地步，这是由最初几个简单的基本攻守动作一步步发展而来的。篮球技术的发展之所以取得了今天的成就，离不开多年来在这方面所做的改革和创新。

本质上而言，推动篮球运动的创新发展就是进行技术创新，技术是战术的基础，技术的创新必然会引起战术的改革，从而完善战术体系，进而整体上推动篮球运动的发展。如果技术创新不足，战术也得不到相应的发展，从而整个篮球运动的发展也就会停滞不前甚至倒退。

篮球技术的创新发展包括首创与再创，首创是创造前所未有的新的篮球技术，再创是在原来已有的篮球技术的基础上进行创新，主要就是优化组合。从现代篮球技术创新实践来看，再创的形式居多。在篮球技术原有理论与实践的基础上，教练、运动员、科研人员等相关人员从不同方面对篮球技术的结构、机理、功能、方法、应用等进行调整，理论创新与实践创新相结合，这些创造性活动使篮球技术的发展不断取得新突破。

第二节　校园篮球基本技术与训练方法

一、移动技术动作解析与训练方法

（一）移动技术

1. 起动

动作方法：

重心下移，身体向前倾，臂肘自然弯曲，用后脚前脚掌蹬地，两臂同时配合摆动。前两步用时短，速度快，之后上体慢慢抬起，重心前移（图 7-3）。

2. 跑

以变向跑，从右向左变向为例，动作方法如下。

灵活变化方向对攻守任务的完成是有帮助的。变向跑时，最后一步右脚前脚掌内侧为蹬地时的主要着力处，膝盖迅速弯曲，腰左转，上体前倾；重心移动到位,左脚迅速跨向左前方(图7-4)。

图 7-3

图 7-4

3. 滑步

以向左侧滑步为例,动作方法如下。

两脚分开比肩宽,屈膝,两臂张开,平视对手。滑步时,右脚蹬地,以前脚掌内侧为着力点,同时向左跨左脚,右脚在左脚落地的同时随同移动,继续根据来球滑步(图7-5)。

图 7-5

4. 急停

以跨步急停为例,动作方法如下。

先向前跨一大步,屈膝,下移重心,稍向后仰身体,使跨步中形成的前冲力有所减缓;接着再跨一步,前脚掌内侧着地,身体转向一侧,稍微向前倾体,两腿共同支撑体重,两臂屈肘自然打开,保持平衡(图7-6)。

图 7-6

5. 转身

动作方法：

两脚分开约同肩宽的距离，屈膝，两脚同时支撑体重。准备转身时，中枢脚支撑重心，提踵，以前脚为轴碾地，同时移动脚用力蹬地，上体随动。注意保持身体平衡。

图 7-7 和图 7-8 分别所示的是前转身和后转身。

图 7-7

图 7-8

(二)移动训练

1. 沿跳球圈追逐跑

训练方法如下。

两名学生一组,一人追,一人被追,同时沿跳球圈跑,追者拍到被追学生的背部后,两名学生角色互换继续练习(图 7-9)。

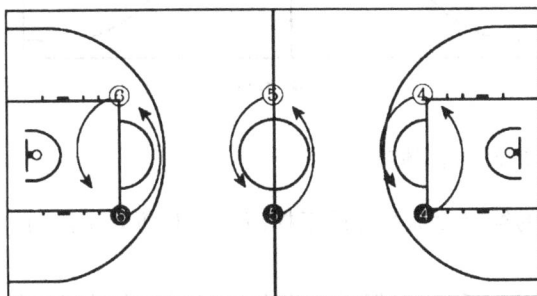

图 7-9

2. 穿梭跑

穿梭跑练习能够使学生更加灵活地移动。训练方法如下。

将多个障碍物置于场地中间,如图中的△,学生从场地端线一侧做好出发准备后,向前穿梭跑,绕过每个障碍物(图7-10)。

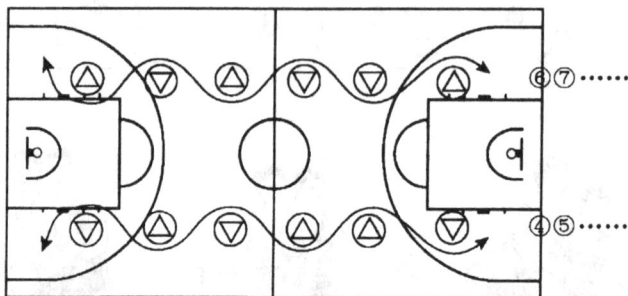

图 7-10

3. "8"字形跑

"8"字形跑可提高学生的移动速度变化能力。训练方法如下。

学生在场地端线与限制区的交点位置做好起跑准备,绕提前摆好的三个跳球圈向外侧身弧线跑(图7-11)。

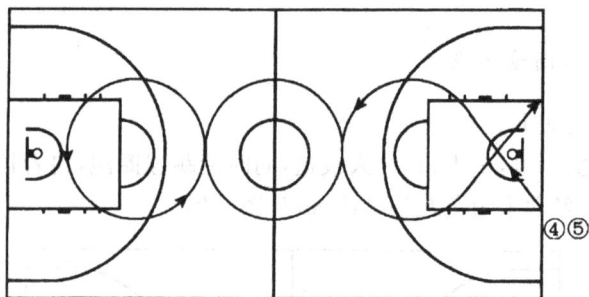

图 7-11

4. 防守步法的综合练习

防守步法的综合性练习有助于提高学生对防守步法的运用效果。训练方法如下。

学生观察⊗的手势,根据手势指令做不同方向的滑步练习,练习两组,一组 1 分钟,间隔 30 秒(图7-12)。

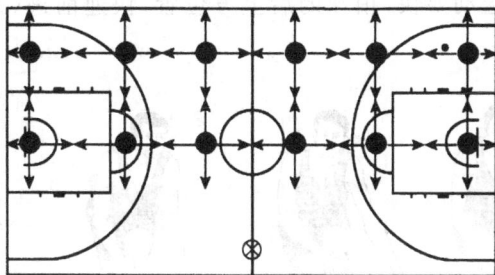

图 7-12

二、运球技术动作解析与训练方法

(一)运球技术

1. 高运球

动作方法：

两脚开立,身体前倾(小幅),微屈膝,右臂自然弯曲,右手拍球上方,手臂跟随球移动的节奏上下来回摆动。争取每次拍按球后,使球落在身体右前方(图 7-13)。

图 7-13

2. 低运球

动作方法：

屈膝,下移重心,上体前倾,主要用手指按拍球的后上方部位,动作应短促有力,注意控制力度,尽量使球弹起后的高度与膝关节齐平(图 7-14)。

3. 运球急停急起

动作方法：

降低重心,手拍球前上方位置,使球不再运行。急起时,脚充分后蹬,上体迅速向前倾,起动要快,拍球的后上方位置,快速前进(人、球基本同步)(图 7-15)。

图 7-14

图 7-15

4. 体前变向换手运球

动作方法:

如果防守者准备从右侧突破,运球队员用相反方向的假动作迷惑对方,对方被迷惑后,运球队员突然按拍球的右后上方位置,使球朝左前方反弹,同时向这个方向跨右脚,上体左转,换左手按拍球,加快脚步移动速度,争取成功突破对方的防守(图 7-16)。

5. 转身运球

动作方法:

运球队员遇到右路防守时,左脚迅速向前迈出,并支撑重心,身体迅速后转,寻找机会换左手运球,注意保护好球,突破防守(图 7-17)。

图 7-16

图 7-17

6. 背后运球

动作方法：

从右向左变向时，右手把球拉到背后，迅速转腕向身体左侧前方拍按球（右后方），换左手运球，快速向前移动（图 7-18）。

图 7-18

(二)运球训练

1. 行进间接球转身运球突破

训练方法如下。

①拉开边线接球,通过转身(前转身或后转身)运球突破的方法应对防守者❶的防守(图 7-19)。

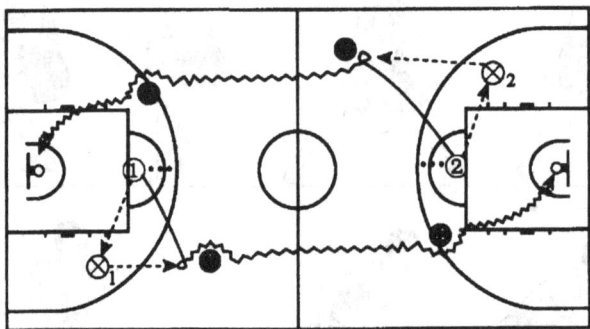

图 7-19

2. 全场曲线运球

训练方法如下。

学生在短线外各持一球站立,如图 7-20 所示,向场地另一侧篮下运球,要经过场地上的三个圈,到篮下后迅速上篮,然后按相同的方向将球运回起始位置。

3. 运球综合技术训练

训练方法如下。

将学生分为四队,每队站位如图 7-21 所示,每队第一人各持一球,运球向场地中圈行进,到目的地后急停,给相邻一队的第二人传球,如①传球给⑤,④传球给⑧……每队第二人接球后按相同方法练习。

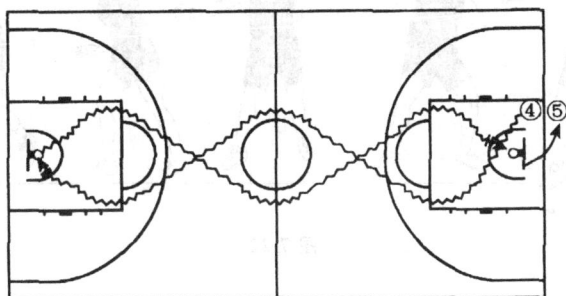

图 7-20

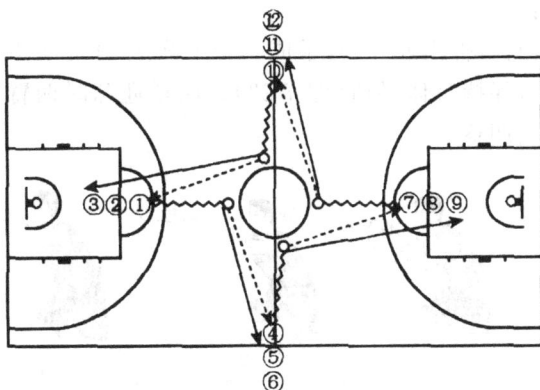

图 7-21

三、传接球技术动作解析与训练方法

(一)传接球技术

1. 右手肩上传球

动作方法:

左脚向前迈半步,右手托球引到右肩上方,上臂几乎平行地面,手腕保持后仰姿势。左肩与传球方向相对,右脚支撑体重,右脚蹬地,转体,右前臂迅速挥摆,手腕前屈,用食指、中指的力拨球。右脚随之向前迈半步,保持身体平衡(图 7-22)。

图 7-22

2. 双手接球

动作方法：

注视来球，直臂伸出迎球，两手成一个半圆形，十指分开。手指触球后随球后引、缓冲，保持身体平衡（图 7-23）。注意迎球时两臂的高度根据来球的高度而适当调整。

图 7-23

（二）传接球训练

1. 横向移动换位传接球

训练方法如下。

如图 7-24 所示，四名学生呈"口"字形站立，同一横向、纵向上的两名学生各相距 4～5 米的距离。④、⑤各持一球，④给⑥传球，⑤给⑦传球，⑥、⑦接球后回传，④、⑤传球后迅速互换位置接球，④接⑥的回传，⑤接⑦的回传，此时⑥、⑦再交换位置接④、⑤的回传球，反复练习。

2. 面对面跑动中接球急停后的传球

训练方法如下。

　　将所有学生分成两队,面向而立,行进间接球急停并传球,而后向对方
队尾跑进(图 7-25)。

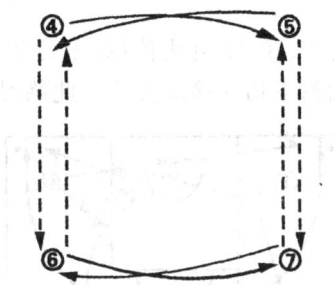

图 7-24

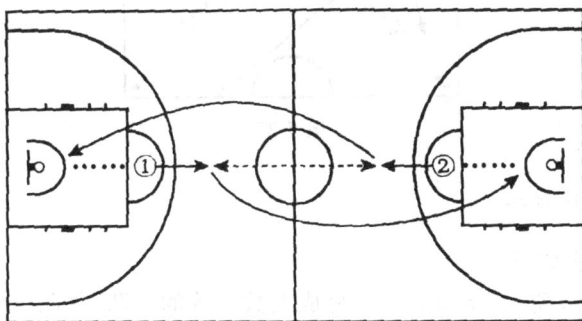

图 7-25

3. 四角直线传接球

训练方法如下。

　　如图 7-26 所示,将四名学生安排在半个场区的四个角,给相邻者传球,
①给②传球、②给③传球、③给④传球、④再给①回传球,依次进行。

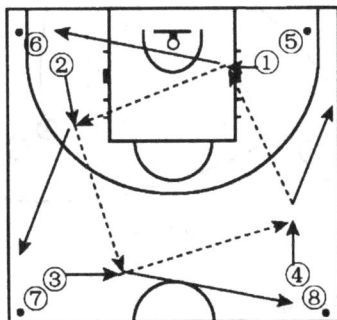

图 7-26

4.四角传球上篮

训练方法如下。

如图 7-27 所示,①、②、③、④直线传球,①传②,②传③,③传④,④接球后回传给③,③迅速向篮下切入接球投篮。此练习反复进行。

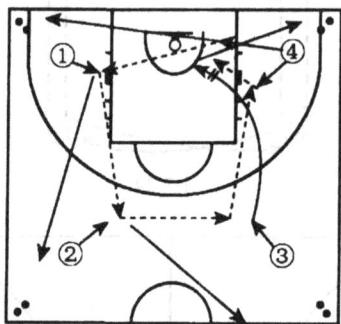

图 7-27

5.三角传接球

训练方法如下。

如图 7-28 所示,将所有学生分成人数相等的三队,每队纵向队形站好,三个队整体站成三角队形,各排头保持 4~6 米的间距。排头传球后跑到接球者所在队的队尾,如①给②传球后向②所在队的队尾跑进,②给③传球后向③所在队的队尾跑进,反复练习。

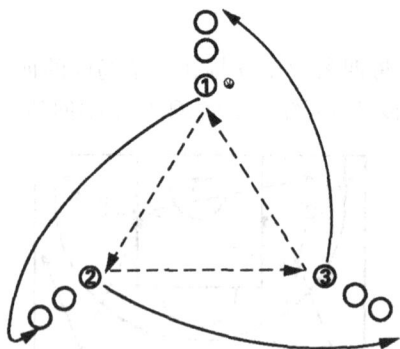

图 7-28

6.三人快速移动传接球

训练方法如下。

三人两球,站在端线外。如图 7-29 所示,①、②各持一球,①传球给③后向前跑动,在跑动中接②的球并回传,再接③的球并回传……,直到跑到对侧端线。

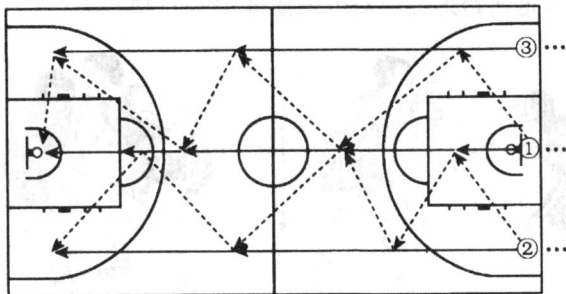

图 7-29

7. 全场二对二的传、接球练习

训练方法如下。

每次四名学生参与练习,攻守方各两名学生。进攻方传球后摆脱空切(或摆脱斜插)接球,向对侧篮下运球并上篮,返回时攻守方互换位置继续练习(图 7-30)。

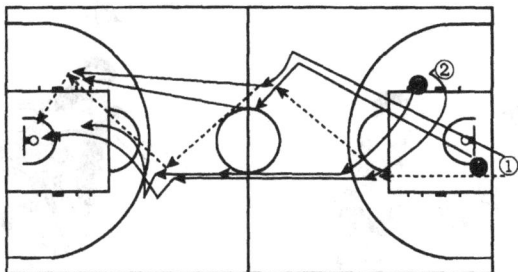

图 7-30

第三节　校园篮球高难技术与训练方法

一、持球突破技术动作解析与训练方法

(一)持球突破技术

1. 原地持球交叉步突破

以右脚作中枢脚从防守队员右侧突破为例,动作方法如下。

两脚开立,微屈,重心下移,持球高度在胸腹之间。突破时,右脚向右前方迈步(小步),待防守者做出相应移动后,右脚快速蹬地向左前方跨步(大步),稍向左转体,向前下方压低右肩,向左前方移重心,向身体左侧引球,左手推按球,左脚迅速蹬地突破对方的防守(图7-31)。

图 7-31

2. 原地持球同侧步突破

以左脚作中枢脚为例,动作方法如下。

准备姿势和突破前的动作要领同上。突破时,用投篮假动作迷惑对方,当对手"上钩"时,迅速向前跨右脚,上体随动,左脚用力蹬地前跨,边运球边突破防守(图7-32)。

图 7-32

（二）持球突破训练

1. 有防守时的持球突破训练

训练方法如下。

如图 7-33 所示，④向⑤传球，⑤向圆顶斜插同时接球突破，三角 8 做好退防准备。④给⑤传球后移动到原来⑤所在位置的队尾，依次反复练习。⑤进攻后移动到⑦的队尾，三角 8 完成防守任务后移动到⑥的队尾，注意传球到位，主动接球，降低重心进行突破，保护好球。

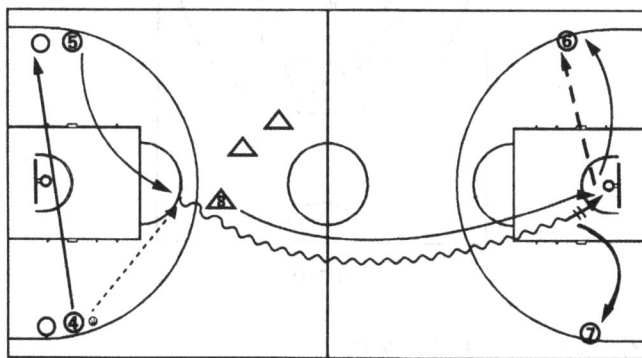

图 7-33

2. 移动接球跨步急停后撤步接后转身突破

训练方法如下。

如图 7-34 所示，⊗给①传球，①移动接球，篮下跨步急停。❶对①进行防守并伺机抢球，①转身突破上篮，外线队员以此方法进行练习，如图 7-35 所示。

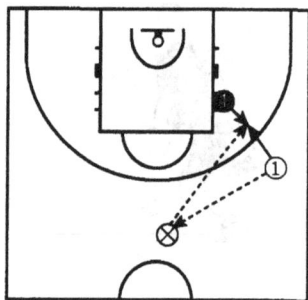 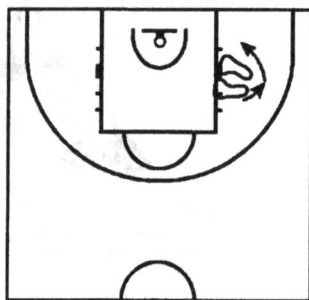

图 7-34   图 7-35

3. 移动中背对篮接球后撤步转身突破

训练方法如下。

如图 7-36 所示，内线队员在内中锋位置各持一球。①给⊗传球，⊗再回传，①传球后迅速上插至外中锋位置，背对篮接球，然后向后撤步转身突破上篮。

图 7-36

4. 背对篮后撤步转身运球突破

训练方法如下。

①持球，与栏架背对，向后撤步，转身，以同侧手运球突破上篮（图 7-37）。

5. 突破补防练习

训练方法如下。

防守方❶、❷、❸呈三角队形站立，❶与其他两名防守者之间的间距相同，约2.5米，❷、❸的间距较小，约2米左右。①给⊗传球，⊗再回传，①接回传球突破防守，与其他两名队员补防上篮，然后抢篮板球。进攻方与防守方交替，反复练习（图7-38）。

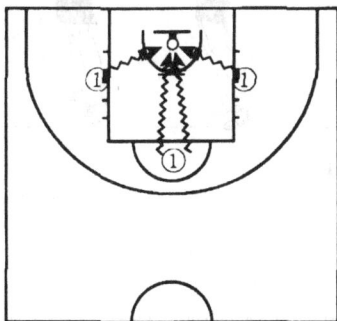

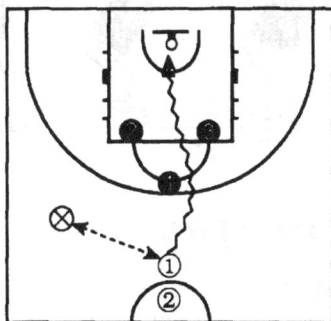

图7-37　　　　　　　　　　图7-38

按上述训练方法可在右侧和左侧分别进行练习，如图7-39、图7-40所示。

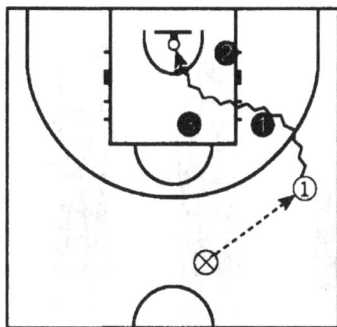

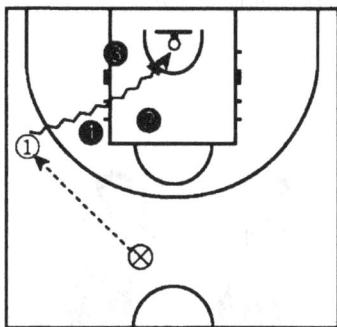

图7-39　　　　　　　　　　图7-40

二、投篮技术动作解析与训练方法

（一）投篮技术

1. 原地右手投篮

动作方法：

双脚开立，屈肘，稍屈膝，上体前倾，手腕保持后仰姿势，手心空出，持球于右前上方,左手扶球侧,眼睛看向篮点。投篮时两腿蹬伸,手腕前屈,食指和中指拨球投出(图7-41)。

图 7-41

2. 跳起右手投篮

动作方法:

两脚开立,膝微屈,上体适度放松,眼睛瞄准篮圈。持球高度在胸腹间,起跳时,重心下移,伸腰、摆臂举球,同时向上跳起,至最高点时右臂伸向前上方,用指端拨球投出。落地时注意适度屈膝,以获得有效的缓冲,准备好抢篮板球或回防(图7-42)。

图 7-42

(二)投篮训练

1. 两点移动投篮

训练方法如下。

如图 7-43、图 7-44 所示,两名学生共用 1 球进行练习,分别担任传球者和投篮者的角色,投篮时以中、远不同距离为主,练习一定次数后,传球者与投篮者互换角色继续练习。

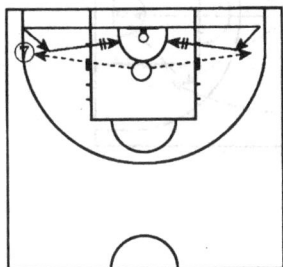 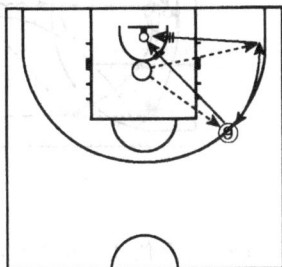

图 7-43　　　　　　　　　　　　　图 7-44

2. 底线连续移动投篮

训练方法如下。

如图 7-45 所示,四名学生共用 2 球进行练习,投篮、捡球各 1 名,传球 2 名。②给①传球,①在底线接球投篮,然后快速向另一侧底线移动,接③传来的球后积极投篮。经过一定次数的练习后,角色互换反复练习。

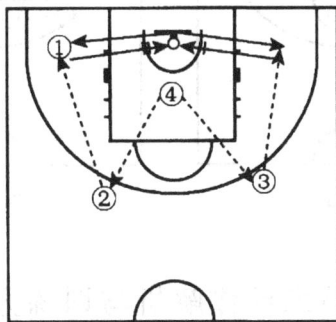

图 7-45

3. 全场推进后投篮

训练方法如下。

将学生分成两组,全场以中轴为界,两组学生各占用一边场地同时进行练习。两组排头学生直线传球推进,到弧顶附近中投。为加大练习密度,下一组可在上一组过中线时开始推进(图 7-46)。

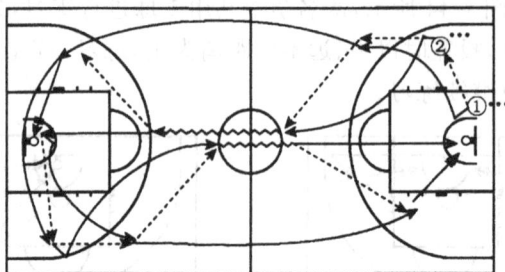

图 7-46

4. 两底角或两侧 45°角移动投篮

训练方法如下。

如图 7-47、图 7-48 所示,两名学生共用 1 球进行练习,②持球站在罚球线附近给位于两底角处的①传球,①移动接球投篮,并冲抢篮板球,再给②回传球。两名学生互换位置反复练习。

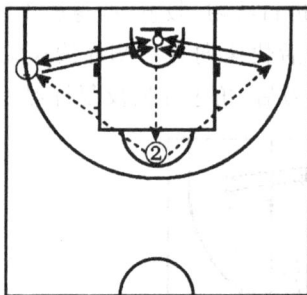
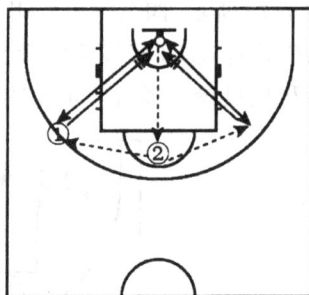

图 7-47　　　　　　　　　　图 7-48

三、抢篮板球技术动作解析与训练方法

(一)抢篮板球技术

1. 抢进攻篮板球

动作方法:

以外线队员抢篮板球为例,当同伴投篮时,如进攻队员面向球篮,则首先要对球的反弹方向、球的运行速度以及球的落点进行观察与判断,然后朝球的反弹方向突然起动,及时补篮或抢篮板球。若从防守人身后左侧冲抢篮板球,进攻队员面向球篮,右脚向右跨出一步,以假动作迷惑对方,对方做出相应移动后,进攻队员右脚迅速复位并向前跨步绕前,此时身体重心落在左脚。进攻者向防守方挤靠,并伺机跳起抢篮板球(图 7-49)。

图 7-49

2. 抢防守篮板球

动作方法：

以处于外围的防守队员抢篮板球为例。当进攻队员投篮、防守队员面向对手时，进攻队员应观察与判断对方意图，通过转身阻止对方向篮下移动，并抢占有利位置。起跳抢球时，前脚掌充分蹬地，两臂上摆，迅速展体，在最高点伺机抢球(图7-50)。

图 7-50

(二)抢篮板球训练

1. 一对一、二对二、三对三抢攻、守篮板球练习

(1)一对一练习。

训练方法如下。

两名学生一组进行练习，一人进攻一人防守。⊗投篮后，进攻方①从防

守方身后绕过冲抢篮板球,防守方试图对进攻方进行阻挡并抢篮板球。攻守双方交换角色继续练习(图 7-51)。

(2)二对二练习。

二对二练习抢攻、守篮板球练习参考图 7-52。

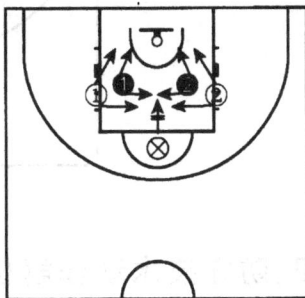

图 7-51   图 7-52

(3)三对三练习。

三对三抢攻、守篮板球练习参考图 7-53。

2. 结合投篮抢前场篮板球练习

训练方法如下。

如图 7-54 所示。两名学生一组进行练习,一名学生负责投篮,另一名学生抢前场篮板球(在中距离位置),抢到篮板球后再直接投篮。二人交换位置反复练习抢篮板球。

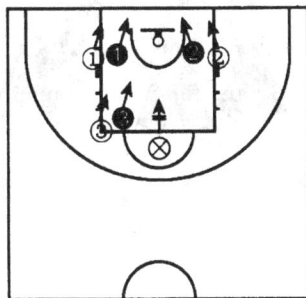

图 7-53   图 7-54

3. 罚球不中时抢攻、守篮板球练习

训练方法如下。

六名学生一组进行练习,2 攻 4 守。⊗故意罚球不中,进攻方①或②迅速抢篮板球并投篮,如果被防守方抢到,则进攻方组织快攻反击。攻守方交换角色反复练习(图 7-55)。

图 7-55

四、防守技术动作解析与训练方法

(一)防守技术

1. 抢球

动作方法：

当进攻队员运球停止或抢到篮板球落地时,防守队员趁其不备伺机迅速抢球。要求动作快、狠、果断,当已经触球或将球控制住时,通过拧、拉和扭转身体的力抢夺球,同时迅速收回手臂。一手在上,一手在下直握,这是抢球的常见手法(图 7-56)。

图 7-56

2.打球

(1)打原地持球队员手中的球。

打原地持球队员手中的球主要有两种方法,一种是自上向下打球,另一种是自下向上打球。

打球时,一般是朝球运动方向的相反方向迎击,主要是为了通过反向合力使击球力量更大一些,从而顺利击落球。例如,当对手持球从胸部以上位置向下移位时,可采用自下而上的打球方法。打球时,击球多用手指、手掌,弹击多用手指、小臂与手腕的力,动作短促而快速,一般对挥大臂上步抢打的方法不提倡(图 7-57)。

图 7-57

(2)打运球队员手中的球。

以右手运球为例,动作方法如下。

在进攻队员运球推进时,防守左脚向左滑步实施抢位堵截战术,当球离开地面弹起时,左手迅速从侧面将球打出,并及时上前抢球,动作必须短促而有力(图 7-58)。

(3)打行进间投篮队员手中的球。

动作方法:

进攻队员运球上篮时,防守队员侧身跟随运球队员,当进攻者起步上篮跨出第二步,把球移到腰腹部位时,防守队员通过自上往下的斜击方法打球。打球手臂打球后要迅速撤离,避免犯规(图 7-59)。

图 7-58

图 7-59

可以将这一打球方法的要点总结为以下几点。

第一,跟随移动快。

第二,找准时机。

第三,迅速出手。

第四,手臂迅速撤离。

3. 盖帽

动作方法:

"盖帽"前要观察进攻者的投篮动作、身高、弹跳等情况,然后重心降低,迅速移动到位,找准机会实施战略。

当进攻队员跳起投篮时,防守队员及时起跳,保证身体和手臂处于充分伸展状态,当进攻队员将球举到最高点或刚准备拨球时,防守队员果断用手腕、手指的力拨球,将球打落。注意动作幅度要小,但速度要快,为避免犯规,不要下压前臂(图7-60)。

图 7-60

(二)防守训练

1. 防有球队员

(1)抢球后的攻守练习。

训练方法如下。

　　将所有学生分成两组,分别是●组和○组,每组同学都有自己的编号,按图7-61所示的队形安排站位。开始训练时,⊗抛球,同时喊出一个在两组学生中存在的编号,一个编号对应两组各一名学生,被叫到的学生快速起动抢球,抢到球的学生运球向指定篮行进,未抢到球的学生负责防守对方。

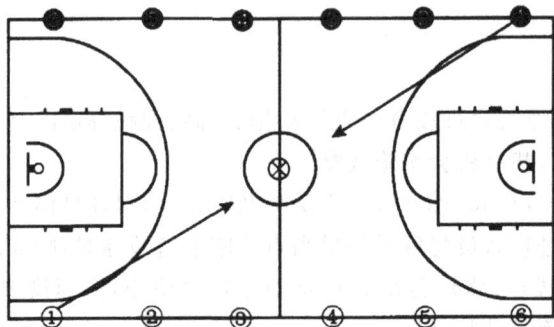

图 7-61

　　(2)全场一对一防运球练习。

　　训练方法如下。

　　两名学生一组,从端线开始,一名学生负责运球,另一名学生重点在于防守,二人到另一端线后,交换位置练习,直到返回原端线,反复进行(图7-62)。

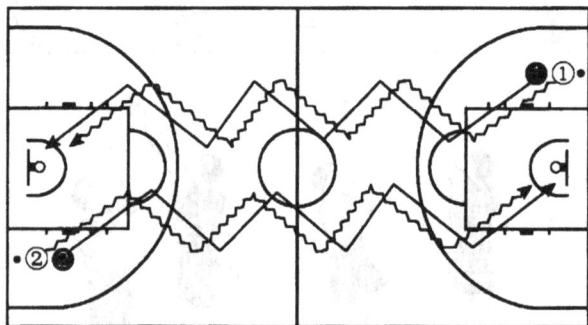

图 7-62

　　(3)全场徒手一对一攻防练习。

　　训练方法如下。

　　两名学生一组,一名学生负责进攻,另一名充当防守队员。开始训练时,一组的两名学生从场地一侧端线开始向另一端线行进,返程时,两人交换角色,并从另一侧继续练习。第一组到达中线时,第二组开始练习,方法相同,直至所有学生都完成练习(图7-63)。

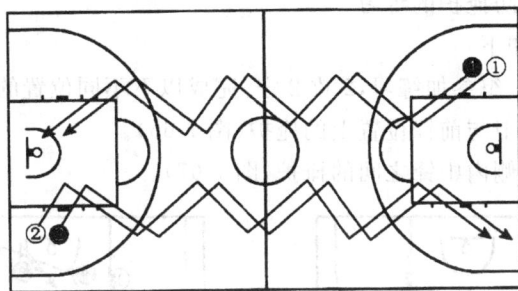

图 7-63

2. 防无球队员

(1)全场一对一防摆脱接球的练习。

训练方法如下。

两名学生员一组,一攻一守,从端线处开始。进攻者①传球给⊗₁,⊗₁给①回传球,①徒手摆脱❶的防守并接回传球。❶尽可能阻止①接球,并防止其突然加速反跑空切(图 7-64)。

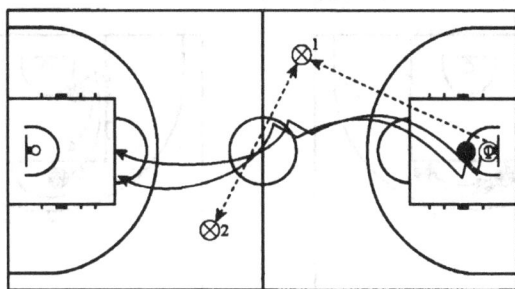

图 7-64

当⊗₁传球给⊗₂时,防守者❶立即对防守位置进行调整,始终在有利的防守位置上进行有效防守,如图 7-65 所示。

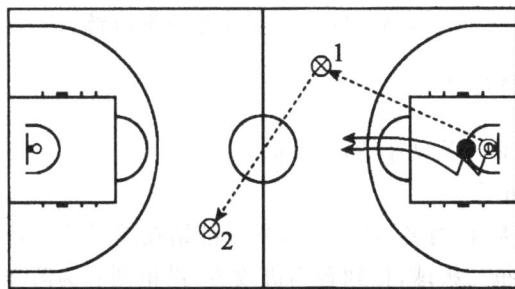

图 7-65

（2）二对二防掩护的练习。

训练方法如下。

四名学生一组参加练习，2攻2守，完成以下不同位置的掩护练习。

第一，防后卫与前锋位置上的掩护（图7-66）。

第二，防两侧内中锋之间的掩护（图7-67）。

图 7-66

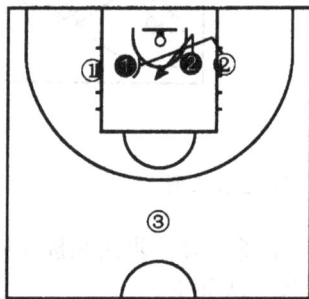

图 7-67

第三，防两后卫位置上的掩护（图7-68）。

第四，防内中锋与后卫的掩护（图7-69）。

图 7-68

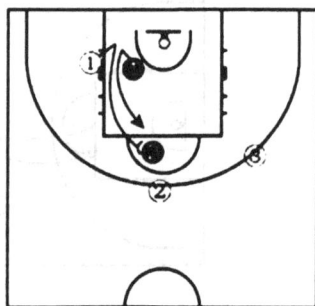

图 7-69

第五，防前锋与同侧内中锋的掩护（图7-70）。

经过一定次数的练习后，攻守方互换角色继续练习。

3. 攻守转换练习

（1）全场一对一及攻守转化的练习。

训练方法如下。

如图7-71所示，两名学生一组，学生都站在端线外。开始训练时，⊗投篮，①和❶同时抢篮板球，抢到者为进攻方，没抢到者为防守方，然后开始全场一对一攻守练习。进攻方上篮或投篮后，防守方抢篮板球，抢到后与进攻方交换角色,从另一侧向原位置返回,同样是进行一对一攻守练习。前一组学生过中线后,下一组开始同样的练习。

图 7-70

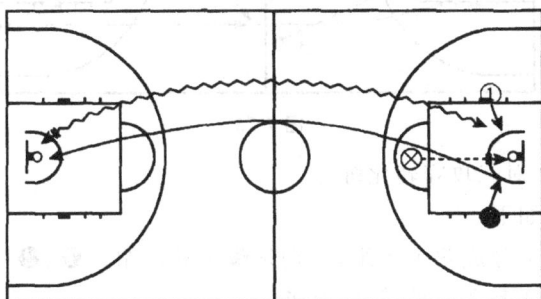

图 7-71

(2)全场二打一攻守转化的练习。

训练方法如下。

两名学生为一组进行练习。如图 7-72 所示,①、②为进攻队员,❺进行防守,进攻方投篮成功后,❺掷端线界外球给❶或❷打反攻,上篮队员②或①快速追防接球队员,并在前场形成二打一;防❶或❷上篮后,②立即抢篮板球或抢发端线界外球给③或④反攻,上篮队员快速追防……反复练习。

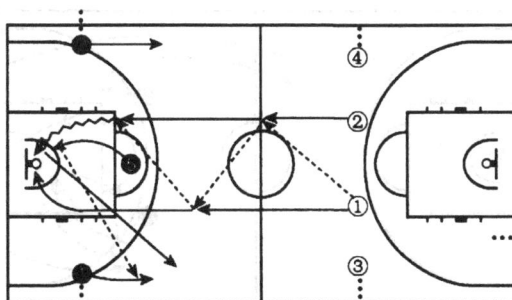

图 7-72

（3）两人快攻后转换防守的练习。

训练方法如下。

两名学生为一组。①、②传球上篮后，转攻为守，防守③、④，⊗捡篮板球后传球给③或④。此时下一组开始练习，连续进行。

如图 7-73 所示，①、②转为防守方后，向③、④位置移动，③、④向端线队尾移动，准备快攻传球上篮。

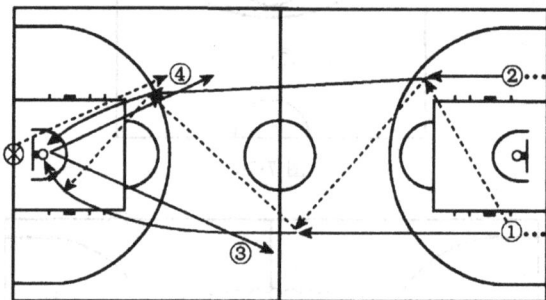

图 7-73

（4）全场二对二攻守转化练习。

训练方法如下。

将全体学生分成两个大组，分别是●组和○组。❶、❷在全场进攻，当二人出现以下情况之一时，转攻为守。

第一，投中。

第二，失误。

第三，违例。

第四，被①、②抢到后场篮板球。

❶、❷成为防守方后，③、④上场进攻。①、②休息。当③、④同样出现上述前三种情况之一或被❶、❷抢到后场篮板球后，也转为守方，此时③、④上场进攻，❶、❷休息，依次完成练习（图 7-74）。

图 7-74

（5）三人全场攻守转化练习。

训练方法如下。

三名学生一组。①、②、③传球给⊗,然后快跑退守,在中线附近向后转身后退跑,同时接⊗的回传球,并发起快攻反击,快攻上篮后,中路队员传球给⊗,两边路队员底线交叉后退守快下,重复练习一次,两个往返后下一组上场以同样的方法进行练习(图 7-75)。

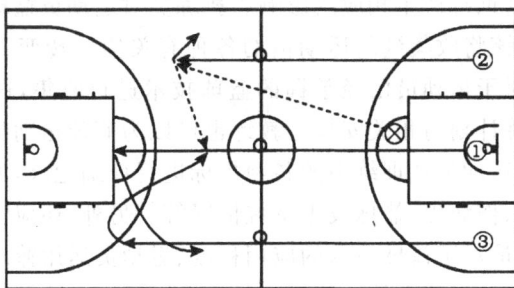

图 7-75

（6）五人快攻后转换防守练习。

训练方法如下。

进攻○组 5 名队员围绕上篮,然后转为全场紧逼防守,快速找人并防守到位。当○组投篮命中后,❷、❸迅速接应⊗₁掷发的端线界外球,❹、❺快下,练习一段时间后,进攻方与防守方互换角色继续练习(图 7-76)。

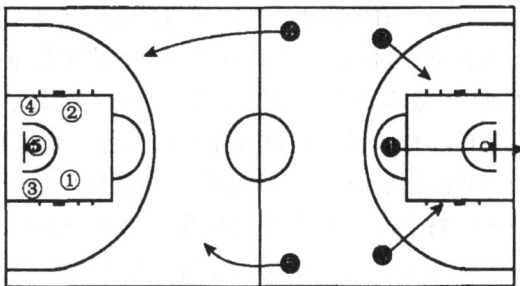

图 7-76

第四节　校园篮球队员技术训练的控制

一、篮球技术训练的控制方法

篮球运动员的技术学习阶段是教练员进行技术训练以及运动员进行技

术学习的关键阶段,这关系到篮球运动员基础技术的掌握。在此阶段,对篮球技术训练的控制方法主要包括以下几种。

(一)注意收集运动员的有效信息

篮球运动的技术训练由多个因素共同组成,这些因素受到了很多方面的影响,如球运动员的家庭状况、身体素质水平、兴趣爱好、性格特征等都会对其篮球技术的训练产生相应的影响。教练员对运动员篮球技术训练的有效控制,首先应该将收集到的运动员的各种有关信息转变为能够被识别和利用的信息。对于运动员已经掌握的篮球技术进行收集,这样有助于教练制订今后的训练计划与相关安排。教练也可以为篮球运动员建立专门的信息采集档案,对运动员在训练中的各项指标进行详细记录,如运动员的个人档案、体能数据、伤病史、篮球技术掌握情况等。另外,还应该确立一些定性的指标,如运动员对于篮球技术的应用程度、运动员运用篮球技术的熟练程度以及运动员的心理状态等。

(二)规范运动员的技术动作

篮球运动的技术具有较为明显的个性化特征,不同体质与运动素质的篮球运动员,其完成篮球技术的质量也存在一定的差别,这就使得篮球技术不能够有效实现技术标准化。但是,运动员的篮球技术应该实现进行应有的规范化,篮球运动员对于篮球技术的掌握需要建立在对篮球规则、人体的生理、生物力学等特点认识的基础之上。例如,运球、传球等篮球技术动作,虽然并不能够做到标准化,但是也应该具备一定的模型标准,其规范化也比较容易实现。因此,在篮球技术的训练阶段,应该以教练为主,篮球运动员应该严格按照教练的篮球技术要点进行相应的训练。篮球教练员通过自身的技术动作示范,对篮球技术的每一个动作要点进行详细讲解,从而使篮球运动员对篮球技术的特点有一个直观的印象。另外,篮球教练员还应该为学生讲解技术规范化在篮球训练以及比赛当中的重要性。

(三)建立有效的技术诊断机制

在篮球技术训练实践当中,篮球教练员应该对篮球运动员的每一个技术动作进行高度重视,因为这是篮球运动员培养篮球技能的重要阶段。在学习和练习篮球技术的过程中,篮球运动员对于篮球技术的掌握经常会出现不稳定的状态,同时也有可能会有多次重复同一错误动作的现象发生。这就要求篮球教练员要在训练的过程中,仔细观察运动员存在的技术错误,并对其进行及时的纠正。篮球运动员不同个体所存在的差异性造成了他们做出错误动作的原因也存在很大的差别,如一些运动者在练习投篮动作时存在比较明显的问题,而通过仔细的观察发现,一些运动员是由于手形不对造成了投篮不准,而有些运动员是因为上肢力量不足所导致的。由此可见,篮球教练员应该针对不同运动员的不同情况采取有针对性的措施进行技术指导与训练。

二、技术熟练阶段的控制方法

具体来讲,在技术熟练阶段对篮球技术训练的控制方法主要包括以下三个方面的内容。

(一)选择科学的技术训练手段

篮球运动产生发展至今,人们逐渐总结出了很多篮球技术训练的科学方法,这就为篮球教练员指导运动员进行篮球技术训练提供了多样化的参考手段。因此,在对篮球运动员进行技术训练的实践过程中,应该根据运动员的具体情况以及客观需求制订出一套有效的技术训练计划。

(二)训练运动员的动作衔接能力

对于篮球运动而言,运动员在篮球比赛中对于篮球技术的运用中常常为连贯的动作,一个动作的结束同时也是另一个动作的开始。篮球运动员在掌握了基本的篮球技术动作之后,教练员就能够对运动员技术动作的连贯性进行相应的训练,如训练运动员的运球、传球以及投篮的综合技术。教练员在指导训练时,应该提示运动员每一个连贯的技术动作都应该把握好节奏。教练员可将一个连贯的篮球技术动作进行分解,然后对分解后的各部分动作进行逐一的练习,在运动员掌握了整体技术动作后再要求其加快动作的速度。

(三)对训练时间进行合理的安排

在篮球运动员技术训练过程中,教练员可以先进行无球技术练习,然后再进行有球技术练习。例如,在进行投篮技术练习时,教练员可以有选择性地让一些运动员进行防守练习,让另一些运动员在篮下进行投篮技术练习,另外还可以让一些运动员利用空余的场地进行体能等其他训练,这样可以最大限度地利用有限的篮球场地。

三、技术全面发展的控制方法

在技术全面发展的训练阶段,篮球运动员的技术条件、心理承受能力以及身体条件都已经得到了很大程度的提升,运动员在球队当中的角色也有了进一步的确定,运动员可以更加熟练地掌握篮球运动的各种攻防技术。具体来讲,技术全面发展的控制主要应该做到以下三个方面的内容。

（一）进行对抗性练习

在篮球运动员对篮球技术与基本动作有了较为熟练的掌握之后,就可以适当地增加一些对抗性的训练,通过这些对抗性练习,能够有效提高运动员的技术水平,提升他们的篮球实战经验。篮球运动员真正的技术进步都是在对抗的实践过程中逐步实现的,教练员应该采取科学的训练手段提高整个篮球队伍的攻守强度,这样有助于在实际比赛中对运动员进行全方位的观察,从而促进运动员篮球技术的发展。

（二）培养全面型的篮球运动员

随着篮球运动的不断发展,篮球运动员在篮球场上的位置越来越模糊,中锋球员会在外线发动进攻,后卫球员也会在禁区进行单打,这种现象在高水平的篮球比赛中也非常多见。教练员在训练过程中,应该对运动员的位置进行淡化,对运动员进行全方位的技术训练,并通过自己丰富的比赛经验与理论知识帮助运动员获得全方位的发展。

（三）对运动员采取有针对性的训练措施

教练员应该根据运动员不同的身体条件采取相应的训练方式。例如,教练员可以根据运动员的身高、反应能力以及对篮球技术的熟练程度,为运动员制定出一套适合的训练方案,这样有助于运动员获得全面的发展。

第八章　健康中国背景下校园篮球运动队战术素养训练研究

如果说篮球技术是学会打篮球的基础,是学生叩开篮球世界大门的钥匙,那么篮球战术就是提高篮球技巧,进而提升整个球队运动水平的敲门砖。事实证明,技术再好的运动员,如果不掌握战术打法,也会使全队无法形成战斗力,无法打出精彩的篮球。本章就重点研究篮球队所必须具备的重要战术素养,设计能有效提高篮球运动员战术素质的训练方法。

第一节　校园篮球运动战术理论与发展

一、篮球战术的相关理论

(一)篮球战术的概念

关于篮球战术的概念,最普遍的定义是在篮球比赛中,同队运动员之间在相互协同配合下通过技术的运用进行攻守对抗的所有组织形式与方法,是为赢得比赛或达到既定目标而采取一切策略和行动。

还有人认为,篮球战术是为赢得比赛或其他目标,在既定的战术思想指导下,以基本技术为基础,按照一定的阵势,全队有组织、有策略协同采取的方法和行动。

篮球战术以本队运动员的身体条件、技术、心理等方面为基础,根据对手的实际情况综合运用各种篮球技能,把全队捏合成整体,确保每一名运动员都有机会和空间来施展自己的技术特长。

在篮球运动中,战术是重要组成部分,是发挥出全队力量、体现个人价值的手段。通过战术能把全体队员组织起来,保证全体体现出实力,发挥出特长,是争夺比赛主动权、争取比赛胜利的保障。

(二)篮球战术的特征

篮球战术由进攻战术和防守战术组成,这两种战术之间相互依存。篮球战术具有明显的针对性和特定性,能分为全队战术、基础配合和个人战术行动等多个层次。下面就来探究篮球战术的特征。

1. 战术设计的目的性

设计篮球战术的初衷是为了实现比赛目标,完成比赛任务,因此在运用上具有明确的目的性。篮球战术的阵势与方法都要结合本队的实际情况,根据队员的身体条件、运动天赋、技术水平、战术执行力等因素,选择能尽量展现队员特点的攻守战术形式和方法。

此外,有些情况下,篮球战术是针对对手特点而部署的,所以,战术运用还要根据对手的情况,采取相应的办法去限制对手的优点,比赛中要随着局势的变化及时调整或更改战术,通过富有变化的战术安排令对方无法预料,以更好地掌握比赛的主动权。

2. 战术运用的灵活性

从某种意义上来说,篮球战术是队员比赛中的要求和原则,因此每一项战术看起来是相对固定的。但是,任何战术行动都是在制约和反制约、限制和反限制中进行的。篮球运动发展至今,争夺越来越激烈,比赛场面更加复杂,形势瞬息万变,所以教练员制定的战术不可能掌控一切。因此,在战术的选择和使用上,既要在行动上有统一的原则和要求,又要给队员充分的发挥空间,确保全队保持正常的运转。

3. 战术方法的多样性

如今,篮球比赛的攻守对抗更加激烈,各种新的战术打法应运而生,而运动员的特征和风格也逐渐产生变化。为针对不同形式的攻守特点,适应各种情况,篮球战术方法也处于动态发展和不断更新的过程之中。为达到比赛目标,运动员和教练员必须掌握更多的战术形式与方法,并且在比赛中审时度势,合理制定并实施多样的战术,才能更好地获取主动。因此,战术行动的多样性是现代篮球战术的基本特征。

4. 战术行动的整体性

篮球战术需要场上五名球员通力配合,是集体智慧的结晶。赛场上,每名队员的战术行动不是独立进行的,而是在其他同伴的共同行动下实施的。比赛战术的执行与贯彻,必须依靠场上所有队员之间的协同配合来实现。因此,篮球战术行动体现出整体性的特征。

（三）篮球战术的结构原理

篮球战术是直接由场上队员来实现，以运动员为主体的活动。队员的战术意识越强，执行能力越好，那么战术的效果就越明显。队员技术的运用、与同伴之间的配合等，都需要队员自身具有良好的战术意识。同伴之间通过篮球战术意识相互渗透，使自己主动自觉地指导队友根据攻守情况和战术意图采取行动。战术指导思想对全队具有宏观协调作用，提高球队的整体性，在大家在技术运用和战术配合上向同一个方向努力。战术指导思想是战术的灵魂，战术意识是队员贯彻战术意图的行动指挥。篮球战术由战术指导思想、战术意识、技术、阵势和方法这五大要素组成，下面分别来阐述。

1. 战术指导思想

战术指导思想是教练员制订战术计划、确定战术方案、培养战术特征的理想模式和行动准则。战术指导思想是篮球战术的核心，比赛中战术是否达到效果，关键在于指导思想是否得当。战术指导思想始终随着篮球技术、观念等方面的发展而演进，正确的战术指导思想源于对篮球运动规律的准确把握和客观实际情况的正确认知。

战术指导思想具有不同含义与层次。一种是比较持久的、贯穿于训练与比赛全过程的指导原则，被称为长期性战术指导思想；另一种是短期的、针对性较强的，主要在某场比赛前所提出战术方法原则，被称为短期性战术指导思想。对于教练员来说，确立战术指导思想主要有三个依据。一是准确认识篮球专项运动发展规律和发展趋势；二是对本队球员有着合理定位；三是正确树立比赛任务目标。确立战术指导思想是打好比赛的首要基础，也是有计划、有步骤地进行战术训练的基础。树立战术指导思想，从而使全队建立起战术风格和体系。

2. 战术意识

战术意识是队员在比赛中为达到特定战术目的而决定战术行为的思维活动过程，是队员在比赛中对战术运用规律性的认识。战术意识是队员在训练和比赛中不断积累、形成而逐渐丰富的。

战术意识有两方面的内容：一是队员在比赛中对个人采用的各项技术有充分的认知和理解；二是在错综复杂的比赛环境中，队员及时观察赛场内外的各种情况，随机应变、迅速准确地决定自己的战术行为。

战术意识有三个特征，分别是观察特征、思维特征和行动特征。观察特征指的是队员在比赛中有意识、有目的地观察，掌握比赛情况，对同伴、对手、时间、空间、距离、速度等进行快速分析与准确判断,对队友和对手的位置及其变动情况、球的方向和变化、对手的技战术特点及特长技术进行掌握,从而快速而准确地采取行动。思维特征是球员智能结构的核心,它是通过综合比较、分析、抽象、概括等思维意识来实现的。通过思维特征的运用,才能在比赛中准确迅速地观察、判断,及时调整本方的战术意图,从而采取有效手段掌控比赛节奏,获得胜利。战术意识的实施是通过队员在比赛过程中的技术运用、身体动作等行动来表现。战术意识具有定向、抉择、反馈、支配等作用,球员的战术意识和战术执行力越强,比赛局面就越对他们有利。

3. 技 术

在篮球运动中,技术是构成战术行动的基本元素,如果没有技术的运用,也不会形成战术。篮球技术是为达到比赛目标而专门采取的动作方法,是赢得比赛胜利的基本手段,是队员在场上一切行为的核心。任何战术意图与方法的实现,都需要队员有准确的技术基础,良好的技术运用能力和临场应变能力。技术内容和全队战术形式的相互统一,才能确保战术顺利实施。

如今,篮球技术也处在不断发展和完善过程之中,特别是队员的个人技术、局部组合技术乃至全队组合技术运用能力的提高,为战术的变化和创新提供了新方向,反过来说,战术的创新和变化也为技术的运用提供更加广阔的空间。

4. 阵 势

篮球比赛中,阵势是指球队为实现比赛目标,将各种不同类型的队员有机协调地排在赛场的位置结构和布局形式。阵势具有相对稳定的形态与结构。战术阵势是战术行动的外部表现,一种战术阵势能够体现出相对的战术内容。因此,阵势是战术的基本要素之一。

事实上,每一种战术形式都有明确的定义和使用范围,有完整的活动过程和稳定的时空特征。比如"∞"字进攻法,区域联防的"2-1-2""2-3""3-2"等防守阵势,不管什么阵势,在攻防位置、移动方向、攻守节奏等方面都有相对明确与稳定的行为特征。

5. 方 法

篮球战术的方法一般是指为实现某种目的或结果而采取的手段与行为方式。篮球战术方法是教练员与运动员在长期实践中总结出来的,是球员执行战术行动的原则、要求和程序,是全队战术行动构成的内在的基本要素。构成全队战术行动的因素有队员位置的部署、球和队员的移动路线、配合的时机、进攻区域、层次及变化等。战术方法对人、球移动的基本方向和路线进行规定，对技术动作的选择与组合、行动的时机把握及技术运用进行要求。战术方法是从实践中规范出来的活动程序，既取决于运动员的技术应用能力，又需要有一定的阵势来保证队员的发挥。

二、篮球战术体系理论

相互联系、相互制约的进攻战术和防守战术构成了一个有机整体，这就是篮球战术体系。随着社会、文化、科技的变迁与发展，现代篮球运动战术也处于动态发展阶段，可以说是从简单到复杂、从低级到高级创新发展。通过对比赛中攻守对抗所进行的一系列有目的、有效用的个人和集体的行动进行归纳和总结，构成了一个内容丰富、阵势多样、结构完整的篮球战术体系。探讨各种战术行动方法之间存在的制约关系，能够帮助教练员系统、科学地开展战术训练。

（一）篮球战术体系的结构

目前，我国大部分学者从攻防特征的角度对篮球战术进行分类，把战术、方法和阵势进行组合，组成完整的系统网络，将复杂的、多种多样的战术明确各自的关系，具体如图8-1所示。

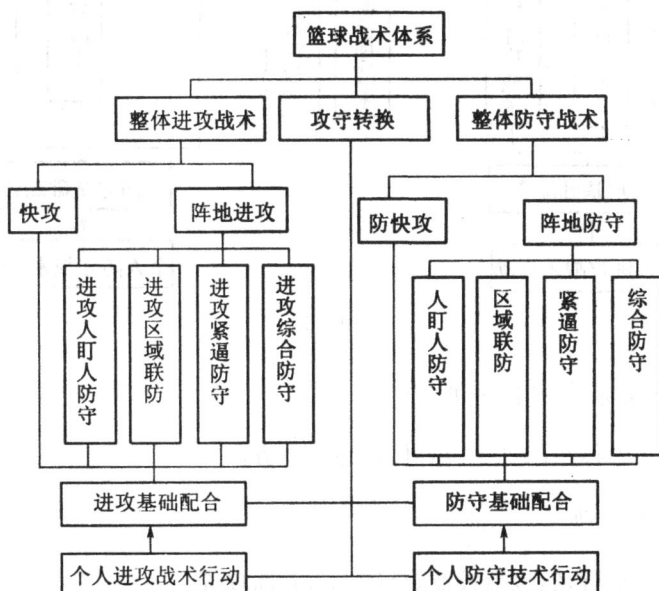

图 8-1

近年来,又有学者从篮球比赛时间与球队对球的控制入手,将篮球战术分为进攻战术、争抢球战术和防守战术。进攻战术体系包括快攻战术、推进战术、衔接段进攻战术、阵地进攻战术。防守战术包括防守快攻战术、防守推进战术、衔接段防守战术、阵地防守战术。争抢球战术分为抢篮板球战术和跳球战术。阵地进攻战术有主体进攻战术和限制性进攻战术。阵地防守战术有主体防守战术和限制性防守战术。这种战术体系分类如图 8-2所示。

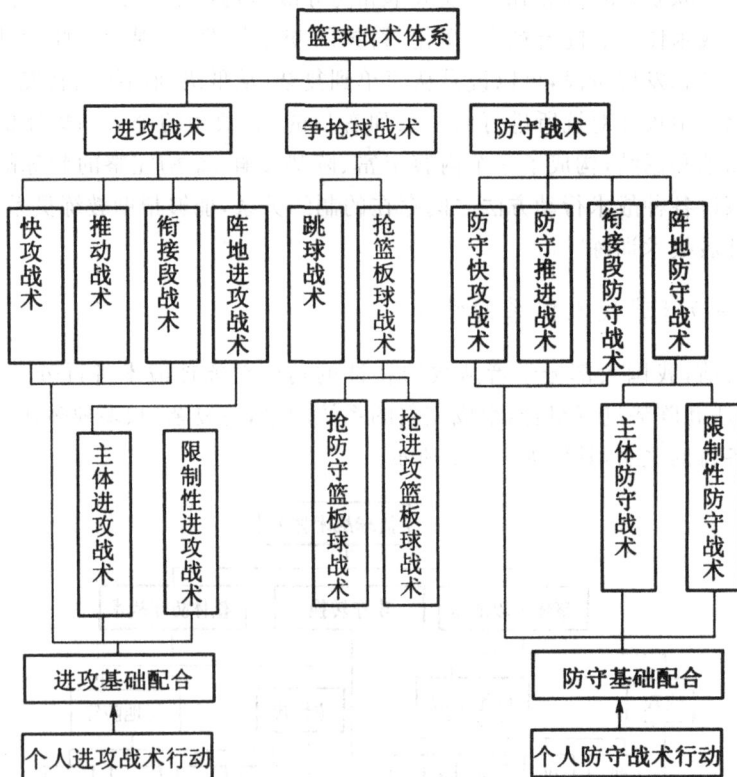

图 8-2

(二)篮球战术体系的内容

篮球战术体系的具体内容体现在以下方面。

1. 个人行动

个人进攻行动,包括投篮、突破、空切、助攻等。
个人防守行动,包括无球队员的防守和持球队员的防守等。

2. 配合行动

进攻基础配合,包括传切、挡拆、掩护、策应、突破分球等。

防守基础配合,包括穿过、绕过、轮转、关门、围抢、夹击、补防等。

3. 整体行动

全队进攻战术,包括快攻、推进、阵地进攻,阵地进攻又包括进攻人盯人防守、进攻区域联防、进攻紧逼防守、三角进攻等。

全队防守战术,包括防快攻、防推进和阵地防守,阵地防守又包括人盯人防守、进攻区域联防、进攻紧逼防守等。

在每一种攻防战术中,由于运用目的、区域、范围、阵势的不同,往往能够排列出多种形式的战术配合,每一种战术配合的原则、方法、要求及变化需要教练员和运动员共同研究和掌握。

三、篮球战术训练的相关理论

(一)篮球战术训练的概念

篮球战术训练是指在教练员的组织和指导下,通过运动员反复积极的练习,使其全面掌握篮球集体攻守的方法,提高实际比赛中战术配合能力的活动过程。

篮球战术训练是整个篮球训练中一个重要的组成部分,是为实战所进行的战术准备的全过程。进行篮球战术训练的主要目的在于比赛中能有效、有组织地进行攻守对抗,以争夺比赛的胜利。

(二)篮球战术训练的任务

篮球战术训练的主要任务是培养运动员的战术素质和意识,学到篮球战术知识,掌握篮球战术方法,具备良好的战术运用能力。具体来说,包括以下四个方面。

1. 掌握并提高篮球理论知识与技、战术知识

篮球战术配合的训练内容包含个人行动、配合行动与整体行动三个层次。战术的学习是在熟练掌握个人行动的基础上进行理论知识的学习,通过双层次的交叉上升到配合行动以及整体行动的层次。同时,技术又是进行战术配合的基础,战术配合的发展也带动着基本技术的提高。

2. 提高运动员相互合作、相互配合的能力

篮球的战术配合要求运动员在移动过程中进行起跳、投篮、阻止对方进攻等多项运动技能,同时同伴之间也要相互配合,根据彼此间的位置与行动时机来完成同样的目的。由此可以看出,本队球员之间的相互沟通与联系就显得格外重要。因此,通过战术训练,能够进一步提高球员间的合作与协作能力。

3. 传授战术知识是学生掌握篮球战术的方法

篮球战术与训练不仅仅是为了让运动员掌握篮球战术方法,还要使运动员对篮球战术的理论知识进行了解。理论和实践之间相辅相成,共同推动篮球战术训练任务的完成。不管什么队伍都要掌握一定的攻守战术方法,之后在比赛中得以运用。

4. 培养篮球战术意识,提高战术运用能力

战术意识是队员在战术活动中形成心理反应的高级形式,是大脑对战术的应答与反应,也是运动员结合场上实际情况出现的思维与反应,并以具体的行动表现出来。在比赛中,球员对战术运用规律的认识,是在运动实践中不断累积起来的,进而能在比赛中自觉、能动地指导自己观察判断场上攻守的具体情况后做出及时的应答。

(三)篮球战术训练的基本要求

(1)战术指导思想准确,训练目标明确。

(2)使全队思想统一,行动一致,互帮互助,凝聚成团结的战斗集体。

(3)确保运动员理解、掌握所要进行训练的战术理论方法;训练组织要形象直观,具有启发性,进而提高运动员训练的积极性。

(4)理论联系实际,既要重视战术知识的传授,又要加强实际战术的操作,还要注重培养战术意识和完善战术思维,确保在实际运用中得心应手。

(5)在保持攻守平衡的前提下,又要在某个阶段、某个时期有所侧重,确保进攻战术与防守战术相互促进、相互提高。

(6)对重点战术方法的训练必须做到持之以恒,并与其他相应的战术方法练习相结合。

(7)将战术训练与战术意识修养、身体素质训练、技术训练、心智训练相结合,使运动员的训练水平在实战中表现出来。

第二节　校园篮球进攻战术与训练方法

一、篮球进攻战术基础配合教学

（一）传切配合

传切配合，是指通过将传球技术和切入技术进行组合，所形成的简单配合。

如图 8-3 所示，④将球传给⑤，之后加速摆脱△的防守后快速切入，⑤及时把球再传给④，④运球完成上篮。

图 8-3

如图 8-4 所示，⑤摆脱△的防守之后迅速空切到篮下，④及时传球给⑤，⑤上篮得分。

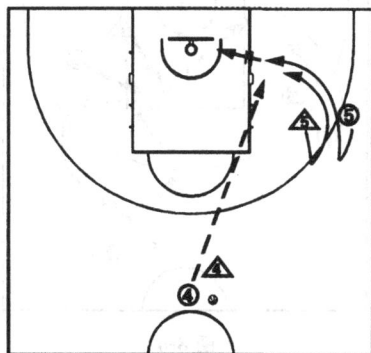

图 8-4

（二）突分配合

突分配合，是指进攻队员通过运球突破防守之后，在面对对方的换人、补防或"关门"时，将球迅速传给空位的队友或有更好进攻机会的队友的战术方法。

如图 8-5 所示，④传球给⑤，⑤向底线运球突破△的防守，之后迅速将球传给插入内线的④或向底线空切的⑥。

图 8-5

（三）策应配合

策应配合，就是内线队员侧对或背对篮筐接球之后，与同伴绕过防守或进行空切配合，以摆脱对方的防守，形成里应外合的效果。

如图 8-6 所示，④持球突破△的防守之后，将球传给上提至罚球线的⑤，然后④进行纵切，⑥溜底线，⑤再把球传给外线的④或底线的⑥。

图 8-6

（四）掩护配合

所谓掩护配合，是指进攻队员依靠自己的身体将防守同伴的防守队员的移动路线挡住，以为同伴摆脱防守创造条件，以获得接球或投篮机会的配合方法。

如图 8-7 所示，根据本方队友和对方防守者所处的位置以及具体方向，可以把掩护配合分为前掩护、侧掩护和后掩护。

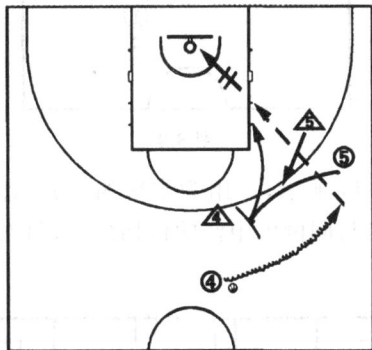

图 8-7

二、篮球进攻战术练习方法

（一）两人传切配合

（1）如图 8-8 所示，分成两组，两人一组，①上篮后主动排到②组的队尾，②抢篮板后主动排到①组的队尾，依次展开练习。

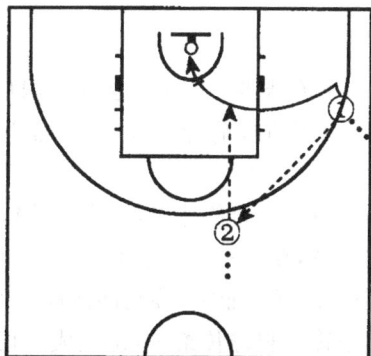

图 8-8

（2）所有人按位置不同分为两组，一组为后卫，另一组为前锋。两个组各出一人组成一对，进行后卫与前锋的传切配合练习，如图8-9所示。

图8-9

如图8-10和图8-11所示，一组为中锋组，另一组为前锋组，采取相同的练习方法，进行前锋与同侧内中锋的传切配合，每次练习后两人交换位置排至队尾。

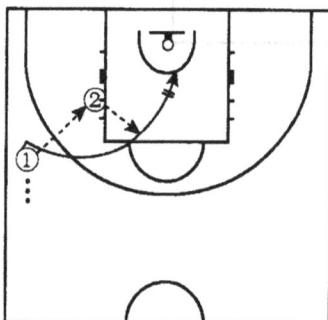

图8-10

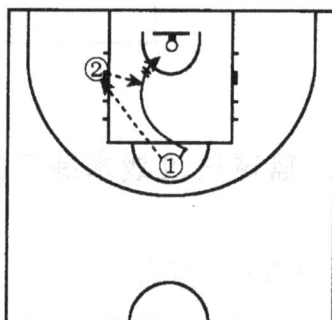

图8-11

（二）三人传切配合

如图8-12所示，②为传球者，③和①抢篮板球后互换位置排至队尾。球转移到另一侧前锋③手中时，前锋队员①突然空切，接到③的传球后投篮。

如图8-13、图8-14所示，③为传球者，①和②抢篮板球后互换位置排至队尾。两人一组，共用一球，在①和③或①和②位置排两列纵队进行练习。

在图8-13中，内中锋③背对篮筐，接到同侧前锋②传过来的球；同时后卫队员①空切至篮下，中锋③将球传给①，①完成空切上篮。

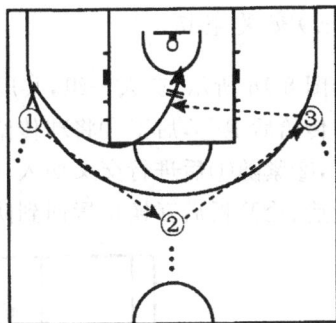

图 8-12　　　　　　　　　　　　　　图 8-13

在图 8-14 所示，外中锋③背对或者侧对篮筐，接到后卫②传来的球；同时后卫队员①空切至篮下，中锋③将球传给①，①完成空切上篮。

图 8-14

如图 8-15 所示，①将球传给③，之后①和②进行连续空切，③将球传给后切入者，接球者完成上篮。

图 8-15

（三）交叉空切

如图 8-16 所示，三人一组，共用一球，两人为前锋，另一人为后卫；前锋①将球传给后卫②，后卫②将球传给前锋③；③接球后，前锋①快速摆脱切入篮下，②紧随①后进行交叉切入，③根据实际情况将球传给①或②，①、②完成投篮、抢篮板后互换位置回到队尾。

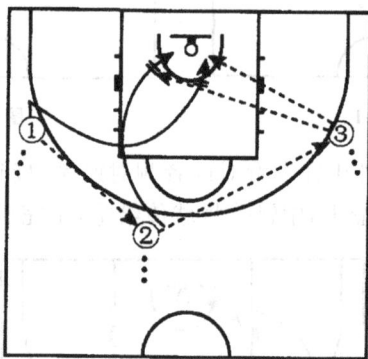

图 8-16

如图 8-17 所示，后卫②接球后，两前锋队员①和③交叉切入，进行接球上篮的练习。

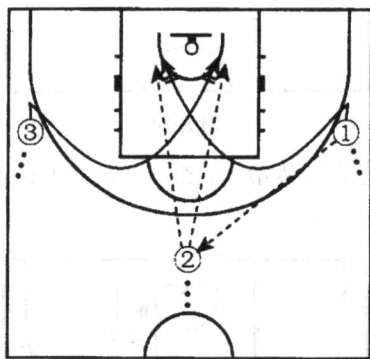

图 8-17

（四）三人两球的传切配合练习

如图 8-18 所示，①和②两名队员各持一球，③为传球者；①将球传给③之后摆脱纵切，②将球传给①，①接球并完成上篮；②传球之后同样进行摆脱横切，③将球传给②，②接球并完成上篮；①、②上篮之后抢篮板，互换位置排到队尾。依此类推，进行练习。

图 8-18

（五）侧掩护运球突破上篮（给持球者掩护）

如图 8-19 和图 8-20 所示，①持球，△为防守者；②给①做侧掩护，①快速突破后完成上篮；①突破之后，②要快速转身冲抢篮板球。之后两人交换位置，依次进行练习；先在右侧进行练习，之后再在左侧进行练习。

图 8-19

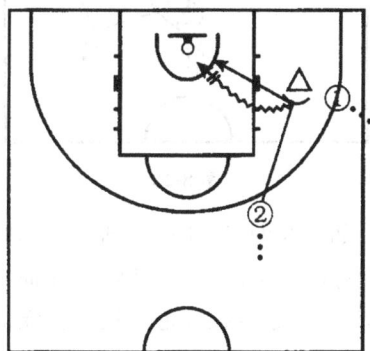

图 8-20

（六）纵切与横切的配合

如图 8-21 所示，三人一组，共用一球；①为后卫，②为前锋，③为内中锋；①将球传给②之后摆脱空切，此时③进行横切，②将球传给①或③后，接球者完成上篮，之后三人冲抢篮板球。完成后三人转换位置角色，依次进行。

（七）给无球队员做反掩护

如图 8-22 和图 8-23 所示，①将球传给③，之后给②进行反掩护，②空切到篮下，接到③的传球完成上篮。

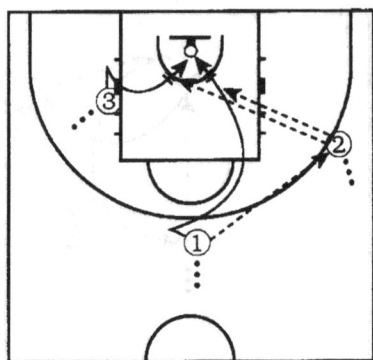

图 8-21

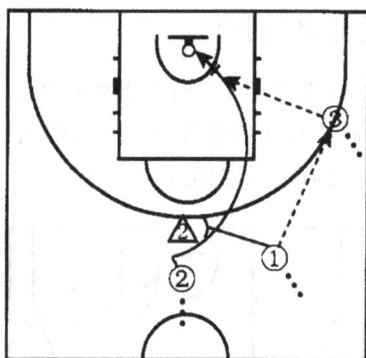

图 8-22

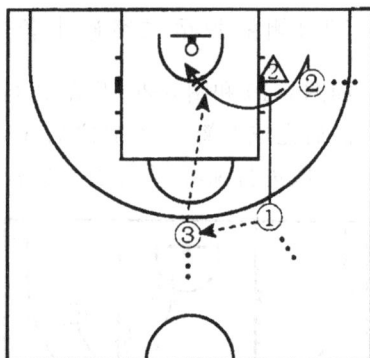

图 8-23

如图 8-24 和图 8-25 所示,①将球传给③,之后给②进行反掩护,在△和△进行换防时,①后转身要位并伸手示意要球,③及时把球传给①,①接球投篮,投篮之后积极抢篮板球。完成后三人互换角色,依次练习。

图 8-24

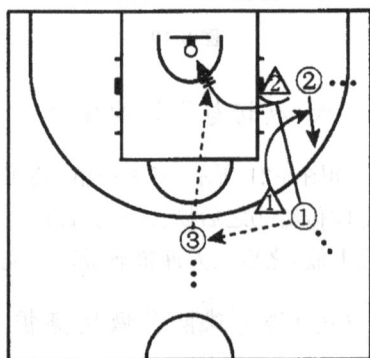

图 8-25

（八）运球掩护时的加速突破上篮

如图 8-26 所示，①运球前进，给②进行侧掩护，防守者△积极抢过，此时①突然加速，冲到篮下完成上篮。

如图 8-27 所示，①运球前进，给②进行后掩护，防守者△积极抢过，此时①突然加速，冲到篮下完成上篮；①上篮时，攻防两方都要积极抢篮板球。之后防守组休息，进攻组变为防守组，新上一组进行进攻。

图 8-26　　　　　　　　　　　　图 8-27

（九）假掩护的配合练习

如图 8-28 所示，①将球传给③，之后给②进行反掩护；此时若△没有跟进防守而等待轮转换位，①就要果断空切篮下，③及时把球传给①，①接球上篮。

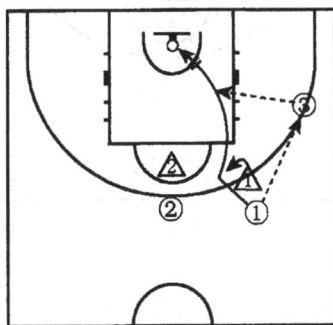

图 8-28

（十）内中锋为另一侧内中锋的掩护配合

如图 8-29 和图 8-30 所示，传球者①持球，内中锋②给另一侧的内中锋

③进行掩护,③插到中路后①及时把球传出,③接球后投篮;投篮后攻、守双方都要拼抢篮板球。

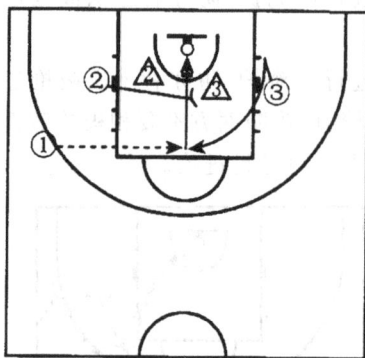 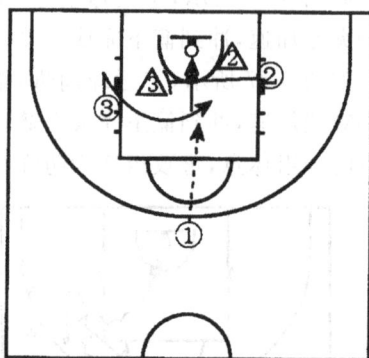

图 8-29　　　　　　　　　　图 8-30

(十一)内、外中锋的掩护配合方法一

如图 8-31 所示,①为传球者,四名中锋两两一对,进行进攻与防守。①持球,进攻方②给③进行掩护,③上插到外中锋位置或横切,①及时传球给③,③接球并投篮;投篮后,攻守双方都要积极拼抢篮板球。

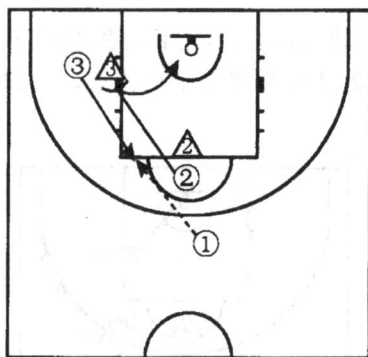

图 8-31

(十二)内、外中锋的掩护配合方法二

如图 8-32 所示,①为传球者,②给③进行后掩护,③切入腹地后①及时传球,③接球并投篮;若防守方进行换防,那么②要撤步向腹地要位,伸手示意要球。

如图 8-33 所示,②在左侧内中锋位置,以右脚为轴进行掩护;撤左脚,侧滑步要位,从右侧内中锋位置,以左脚为轴进行掩护;撤右脚,滑步要位,接球后转身完成投篮;投篮后,攻守双方都要积极拼抢篮板球。

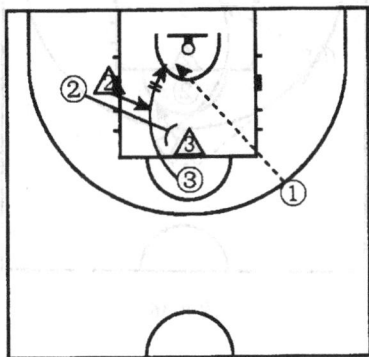 

图 8-32　　　　　　　　　　　　　图 8-33

（十三）前锋给后卫做后掩护方法

如图 8-34 所示,后卫①把球传给③,③为传球者,前锋②为①进行后掩护,①切入篮下,③此时传球给①,①接球后进行投篮。

图 8-34

（十四）外中锋给后卫做后掩护

如图 8-35 所示,前锋③为传球者,后卫①将球传给③,此时外中锋②为①进行后掩护,①空切篮下,③及时传球给①,①接球投篮。

如图 8-36 所示,①传球给③后下压进行摆脱,外中锋②进行定位掩护,①借掩护向篮下空切,③及时传球给①,①接球投篮。

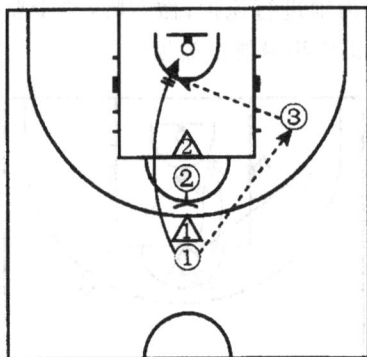 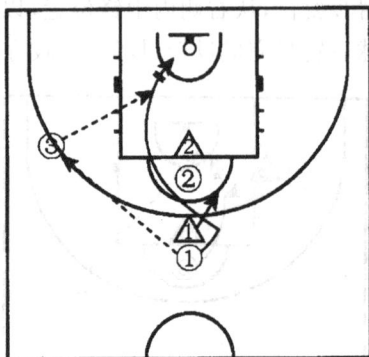

图 8-35   图 8-36

（十五）两后卫利用外中锋做交叉掩护切入

如图 8-37 所示，后卫①将球传给外中锋③，①同另一后卫②进行交叉切入，此时主要有以下两种情况。第一种情况是③将球回传给首先切入的①，①运球上篮；第二种情况是③传给第二个切入的②，②运球上篮。

（十六）前锋利用内中锋的定位掩护配合

如图 8-38 所示，③作为后卫或前锋持球，①通过移动将防守者△带到掩护区，②进行定位掩护；①借助掩护摆脱防守，向限制区进行空切；③传球给①，①接球后进行投篮。

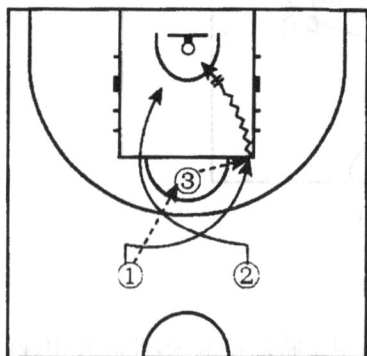 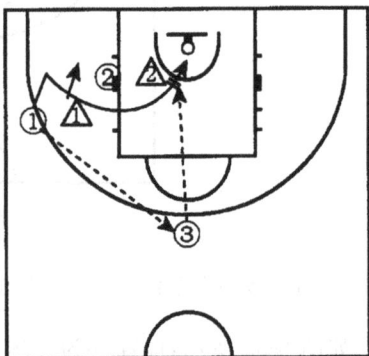

图 8-37   图 8-38

（十七）内中锋重叠落位时的交叉抢位配合

如图 8-39 所示，①、②是传球者，当前锋②持球时，重叠落在内中锋位置上的③、④进行交叉抢位,即落在上方的④突然下插底线要球,落在靠近底线的③上插外中锋位置抢位要球,②根据具体情况传给③或④,接球者完成投篮。内线队员③、④和△、△形成对位攻守,一次练习结束后防守方下去休息,进攻方变为防守方,新上来一组队员进行进攻,连续进行。

（十八）前锋与后卫的策应配合一

如图 8-40 所示,后卫①持球,前锋②摆脱防守后上提,①及时传球给②后跑到②的身侧,②把球回传给①,①进行中投或者运球突破上篮。

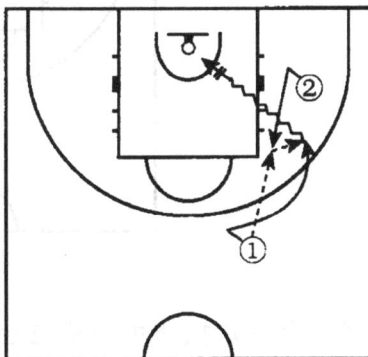

图 8-39　　　　　　　　　　　图 8-40

（十九）前锋与后卫的策应配合二

如图 8-41 所示,后卫①持球,前锋②上提策应,①传球给②,②接球后假装要传给①,实际上突然转身跳投,也可以突然转身面向篮筐,将球传给突到篮下的①,使①完成投篮。

图 8-41

（二十）前锋与后卫的策应配合三

如图 8-42 所示，后卫①持球，前锋②摆脱防守后上提策应，①传球给②后突破移动到②的身侧，②假装要把球传给①，之后突然快速转身运球突破上篮，或待对方交换防守时，将球传给①，①进行中投或上篮。

图 8-42

（二十一）内、外中锋策应后的配合一

如图 8-43 所示，③为传球者，外中锋①背对篮筐策应，③传球给①，①接到③的传球后转身面向篮筐；内中锋②进行横切，①把球传给②，②进行投篮。

图 8-43

（二十二）内、外中锋策应后的配合二

如图 8-44 所示，练习方法同配合一，内中锋①策应接球转身面向篮筐，外中锋②进行纵切，①此时传球给②，②完成上篮。

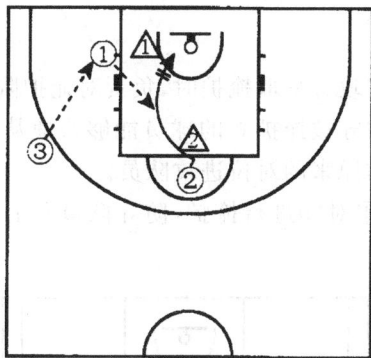

图 8-44

第三节　校园篮球防守战术与训练方法

一、篮球防守战术基础配合教学

（一）挤过配合

挤过配合，就是指在掩护者靠近防守者的一刹那，盯防被掩护者的球员应当主动靠近对方，紧跟对方的步伐进行移动，从两名进攻队员之间侧身挤过去，跟住原来的盯防对象，继续采取各种配合手段进行防守。

如图 8-45 所示，进攻方④要给⑤进行掩护，防守队员△在④接近的一刹那，抢先横跨一步与⑤贴近，紧跟⑤的步伐移动，从④和⑤之间侧身挤过去，继续跟防⑤。

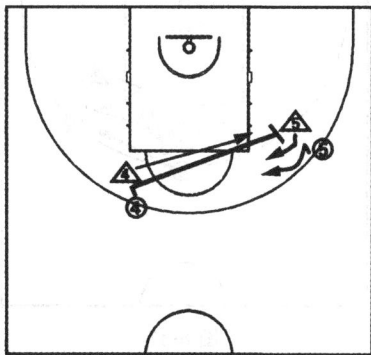

图 8-45

（二）穿过配合

穿过配合,是指进攻方采取掩护时,负责对掩护队员进行防守的球员要向后撤一步,以确保防守被掩护者的球员能够快速从自己同进攻方掩护队员之间穿过,继续盯防原来的对位进攻队员。

如图 8-46 所示,④对⑤进行掩护,防守队员△上前一步从△和⑤之间快速穿过,继续跟防⑤。

图 8-46

（三）交换防守配合

交换防守,是指在进攻方实施策应或掩护时,防守队员通过积极交换各自防守对手的配合方法。

如图 8-47 所示,进攻方⑤对④进行成功掩护之后,防守队员△和△相互交换盯防对象,即进行轮转换位,△防守⑤,△防守④。

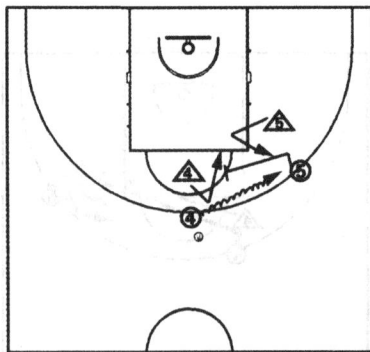

图 8-47

（四）"关门"配合

"关门"配合,是指临近的两名防守队员对进攻队员持球突破进行卡位的防守战术配合。

如图 8-48 所示,④持球突破冲向篮下,⑤和△采用"关门"配合,以延缓持球队员的速度。

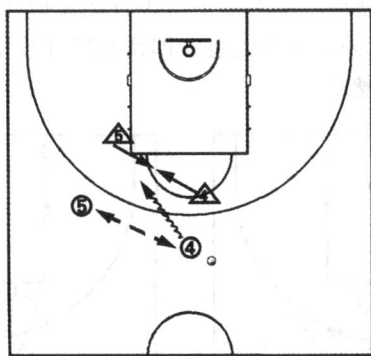

图 8-48

二、篮球防守战术练习方法

（一）运用抢过防掩护配合

如图 8-49 所示,进攻方①传球给②,之后给③进行掩护,而防守③的△从③和①之间快速挤过,继续跟防③;②传球给③,③将球传给①后,去对②进行掩护,防守②的△快速从②和③之间挤过,继续跟防②。

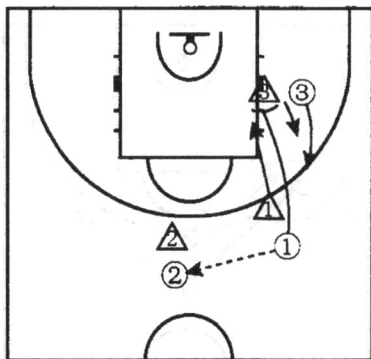

图 8-49

（二）运用抢过防运球掩护配合

如图 8-50 所示，①持球给②进行掩护，防守②的△从①和②之间快速挤过，继续跟防②。

（三）换防破坏掩护的练习

如图 8-51 所示，进攻方②对后卫①进行侧掩护，①持球运球突破，防守②的△对①进行堵防，防守①的△也立即调整防守步法抢占内侧，将②向篮下转向切入的路线封堵住。

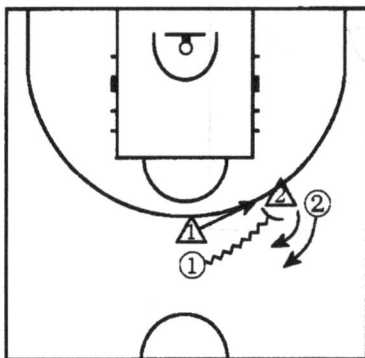
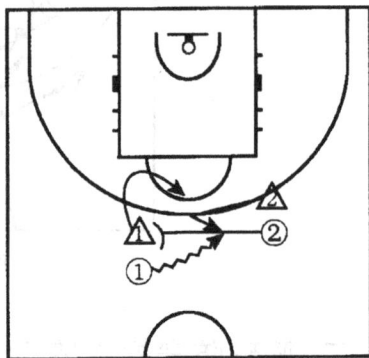

图 8-50   图 8-51

（四）运用绕过破坏掩护

如图 8-52 所示，③为传球者，进攻方①将球传给③之后，去给②进行掩护，②向着中间移动去接③的传球，防守②的△在抢过失败后，立即从①和△身后绕过，继续跟防②。

图 8-52

（五）运用穿过破坏掩护

如图 8-53 所示，进攻方①给②做运球掩护，当①贴近防守队员△时，△及时提醒，△听到提醒后及时撤步让路，以使△能够从①和△之间穿过，继续跟防△。

（六）"关门"防突破

如图 8-54 所示，当进攻后卫②从中路突破时，两名防守者△△运用"关门"的策略，将②堵在外面。

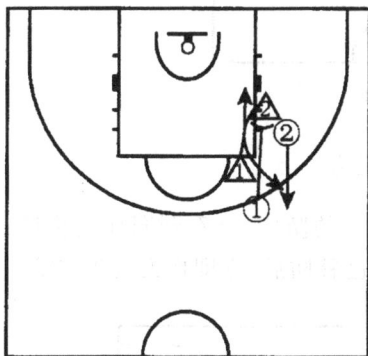

图 8-53

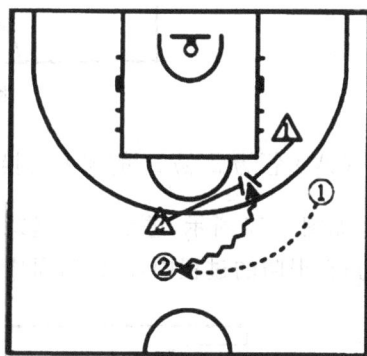

图 8-54

如图 8-55 所示，进攻前锋①从边路突破时，防守后卫△和前锋△运用"关门"将其堵在外面。

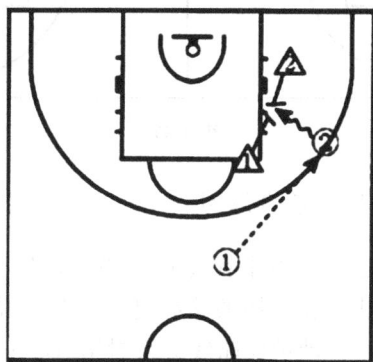

图 8-55

（七）"关门"防突破后的回防练习

如图 8-56 所示，进攻方①从中路突破，防守②的△快速移动，同队友△

一起进行"关门"防守；②此时无人盯防，向底线空当移动，①把球传给②，"关门"后的△要快速补位，对②进行回防。

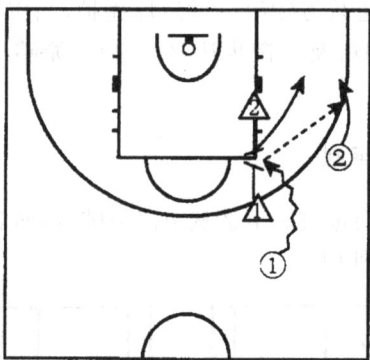

图 8-56

（八）全场二防二的补防、换防配合

如图 8-57 所示，进攻方①运球突破△的防守，△看到同伴失位后迅速补防；在退防的过程中，△看到同伴给自己补防后，立即换人去防守②。

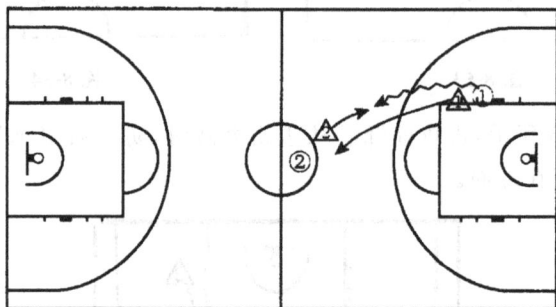

图 8-57

（九）防中锋上插策应的练习

如图 8-58 所示，进攻方内中锋②在外中锋位置进行策应时，防守方△通过内侧脚在上的步法对②上插的路线进行卡位封堵，并采用攻击滑步和碎步相结合的步法对②移动策应路线进行封堵；此外，防守①的△也要积极封堵①的传球。外线队员二人一组，一攻一守；内线队员同理。防守成功时，攻守互换角色。

（十）夹击配合

如图 8-59 所示，进攻方①持球于前场，防守队员△立即迎上去防守①，并同本方队友△在中场形成包夹之势。

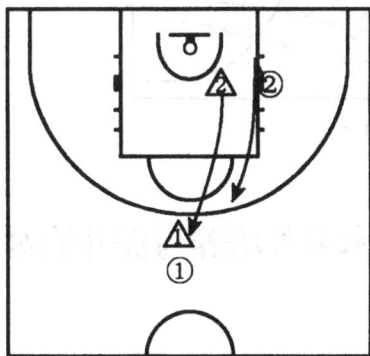 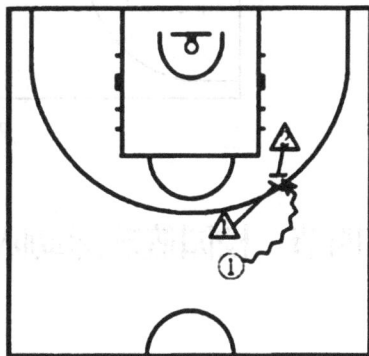

图 8-58   图 8-59

如图 8-60 所示，进攻方①运球从底线突破时，防守方△立即上前防守，与队友△在底线边角形成包夹之势。

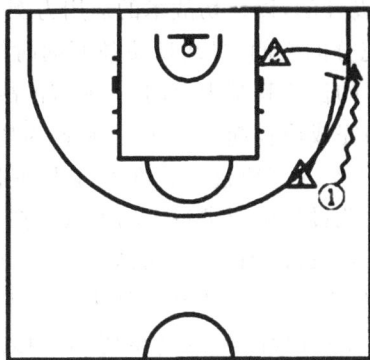

图 8-60

（十一）全场夹击配合

如图 8-61 所示，进攻方①运球向前场推进，防守①的△通过施压强迫①走边路，逼迫①在中场边角停止前进；此时△及时上前防守，和△形成夹击防守之势。

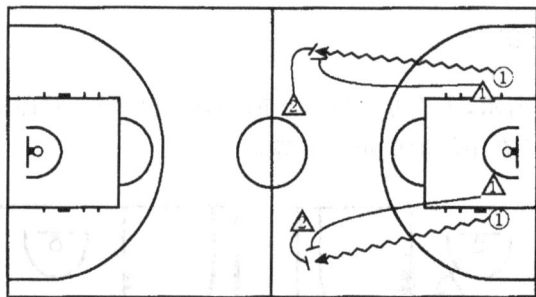

图 8-61

第四节　校园篮球运动队战术素养培养与提升的对策

一、让学生或篮球运动员明确进攻战术配合的意义

进攻战术配合的本质就是通过同伴之间的传接球、跑位等各种技术动作的运用，撕开对手的防线，创造出合适的空间完成预设进攻的行动，其就是针对对方的防守来设计的，以传切战术的运用为例。

第一，要创造出充分的空间，进攻队员拉开的时候，防守队员也会随之扩大防守，这样限制区的位置就基本上闪开，所有的战术运用都要创造出拉开空间，空间对战术的完成质量起决定作用，从而为切入队员创造出更容易接近篮下和更大的攻击空间完成进攻。在实际训练中，对战术的演练要采用无球的战术演练，在此过程中要求每个场上队员都要知道自己要干什么、怎么干、如何干得更好，再过渡到结合球的战术组织训练。

第二，在具体的训练中，教练员要让场上队员明确自己的任务，譬如同样选取传切配合的战术训练，教练员主要训练接球员快速摆脱防守插入篮下的能力，防守的设置可以先是固定位置的障碍物，然后过渡到有队员固定位置的防守设置，最后到有移动、有对抗的防守设置。这样逐级提升防守难度，增加传切战术配合的难度，模拟实战，才能保证训练效果和质量。

第三，教练员要及时检测战术学习的效果，通过实战观摩，及时进行总结和反思，查找出队员的短板和弱项，及时进行弥补。团体的优秀是建立在每一个人优秀的基础之上，篮球训练没有捷径可走，成功的取得要靠汗水的付出。

二、战术要针对比赛对手的实际情况加以运用,形成自己固定的套路和风格

战术的贯彻执行首先要有外线攻击能力,因为只有外线有杀伤力,对对手造成威胁,这样才能逼着对方扩大防守,给篮下接球进攻闪出空间,给进攻的战术组合留下开阔的空间,确保战术进攻套路的顺利完成。当然,比赛瞬息万变,战术的运用也不能呆板,教练员要有预判能力,根据场上的形式快速做出决定,采取行之有效的战术对策。比如,与对手身高有悬殊的过招,这就要多利用突分战术或者传球战术创造出不对称对位进攻的形势,而对对方防守速度快人盯人的打法则应该布置各种掩护挡拆战术。这样,胜利的天平才会向有战术执行力的一方倾斜。

三、战术布置的关键是对症下药,严苛执行

战术的贯彻是属于理解的范畴,战术的执行是关键中的关键,最好的战术大师的战术布置如果不能正确执行,那也是纸上谈兵。因此,战术执行的坚决与彻底也能看出一个团队的战术素养和战术运用能力。在战术的布置中,教练的讲解一定要简洁、明确、具体,任务到人。教练员要让每个人都清楚地知道自己应该在场上干什么,同时讲解要把握重点,让每个队员知道问题症结之所在,而不要眉毛胡子一把抓,什么问题都想解决,结果反而什么问题都没有得到有效的解决。

总之,高中生的抽象概括能力和阅读比赛的理解能力通过训练和比赛参与都能得到一定的提升。战术素养和能力的提升是通过贴近实战的比赛和有效训练获得的,每一名队员在比赛中都要领会教练员的战术意图,明确自己在场上的职责,执行教练的战术,只有这样,队员的战术素养和比赛能力才会得到提升。

第九章　健康中国背景下校园篮球队伍后备人才的培养与发展探索

在体育运动中,后备人才的培养对于其发展、运动水平的提高以及优秀比赛成绩的取得都具有非常重要的意义,这对于篮球运动来说也是如此。尤其是在健康中国背景下,加强篮球运动后备人才的培养,对于篮球运动事业的发展都有很好的推动作用。本章就健康中国背景下校园篮球后备人才的培养与发展进行探索。

第一节　我国篮球后备人才培养的现状分析

一、我国篮球后备人才培养的现状

(一)我国竞技篮球后备人才培养的紧迫性

1. 我国竞技篮球后备人才数量的萎缩

近年来,在"奥运战略"的影响下,为了发展各自的优势项目,一些省市将那些效益低下、产出少的集体项目去除掉,篮球也成了其中被去掉的项目之一,如广西、云南、宁夏、贵州等省市的篮球队,不是取消了男篮,就是解散了女篮,甚至将男女篮都取消了。

除了有一些一线省市将篮球一线队伍解散之外,一些省市的篮球班也相继取消,篮球场地的数量大大减少,篮球爱好者的活动空间受到了很大的限制,从而扼杀了众多篮球爱好者的积极性,对于群众篮球运动的开展产生了消极的影响。

2. 我国篮球人才的流失

我国篮球人才之所以流失,其原因主要有以下几个方面。

(1)经济发展水平。

现代竞技体育的比拼越来越像是一场经济实力的角逐。就拿湖北省来说,作为我国中部的老工业基地,在经济实力竞争中明显处于下风,不管是在运动经费的投入还是运动员福利方面都要比其他省份要少。

(2)运动员的收入以及职业发展。

运动员的发展受到当地经济发展水平、社会声望、训练体制、国内竞赛体制、人才市场运动机制等多方面因素的制约。

(3)训练体制。

在计划经济长期制约下,政府及有关管理部门只关注对专业运动队的投入,但对于青少年体校没有给予足够的重视,这在一定程度上大大挫伤了基层运动员、教练员的积极性,造成了基层教练员、运动员大量流失。

(4)竞技体制。

参与奥运会、全运会、省运会成为各级各部门的"最高战略"。如果没有征求相关训练单位的意见,而直接雇佣现成的运动员或随意挖走其他单位的运动员,这势必会严重打击训练单位的积极性,对合理的训练体制造成破坏,从而导致体育人才越来越少。此外,体育市场缺乏意识,体育人才在流动方面,渠道过于单一,无法充分利用大量体育人才,导致人才白白浪费。

(5)运动员自身的原因

从运动的层面来说,运动员的年龄、职业发展机会等是造成篮球后备人才流失的主要因素。正因为受这些因素的影响,有流动能力的运动员在运动生命黄金期都会主动寻找更好的发展机会,导致当地篮球人才流失。

3. 促进竞技篮球人才合理流动的措施

(1)明确政府职责。

①完善竞技体育人才市场体系。

②健全人才市场法规。

③考虑竞技体育人才市场的发展规划。

④协调市场各主体之间的关系等。

(2)充分利用社会力量,如社会团体、企业、学校和有实力的个人等。

(3)跨区域合作,优化资源配置。

(4)积极将市场机制引进来,并对体育市场法制体系进行建立和完善。

①对体育人才竞争机制进行强化。

②加强培训与管理。

③对体育人才供求机制进行完善。

④建立网上人才市场。

⑤优化体育人才市场环境。

（二）我国篮球后备人才培养的途径

目前,我国的竞技篮球后备人才培养途径包括三个方面,分别为体育系统、教育系统和社会系统。

1. 体育系统

在篮球后备人才培养方面,体育系统依然是最为主要的途径,在传统体育后备人才培养体系的影响下,大多数篮球后备人才都是通过三级训练方式,成为篮球运动员的。

2. 教育系统

近些年来,教育系统内的篮球运动随着现代篮球运动的快速普及和发展而得到蓬勃发展,同时培养出了很多具有高水平的篮球后备人才。

3. 社会系统

随着经济的发展和市场化水平的提高,我国的职业篮球俱乐部通过社会力量培养了自己的青年梯队,俱乐部投资主体的目标通常是比较明确的,同时也会有比较大的竞技投入,为运动员的正常训练和比赛提供保障,这也是我国篮球后备人才培养的一个重要途径。

（三）我国篮球后备人才培养现状的具体表现

1. 地区发展很不平衡

由于部分地区的篮球运动水平相对较为落后,同时篮球运动又是一项成才率低、见效慢的运动项目,这就使得当地政府和体育局没有对篮球的发展给予重视,更没有投入相应的资金和力量来发展篮球后备人才,使得这些地区篮球后备人才非常稀缺,甚至没有形成相应的篮球后备人才梯队。

2. 管理体制不完善

我国篮球后备人才培养的管理体制现状主要表现为以下几个方面。

（1）后备人才外部管理。大多数的学校体育管理和指导工作,基本上都是由各市教委体艺处、体育协会等体育组织来进行的,学校课余体育训练也是由这些组织来进行监管的。

（2）后备人才内部管理。一般来说,学校体育工作是交由校长分管,由体育教研组长负责进行具体实施的。篮球运动员、教练员和学校是不同的行为主体,他们所追求的利益目标也是不相同的,这对篮球后备人才培养目标的实现有着直接影响。

(3)后备人才自身发展管理方面。首先,升学和未来发展是学生参与篮球训练的主要目的。其次,大多数学校还无法将篮球后备人才与学生的升学以及未来发展等环节进行较好的衔接。再次,一些教练员在具体训练中对于学生的成长规律有所忽略,在输送篮球后备人才方面意识不强。这样不仅影响了学校的声誉和知名度,更是对学校篮球后备人才的招生工作带来了不便。

(4)篮球运动队的内部管理方面。对于篮球运动队的内部管理所涉及的部门非常多,这样就会出现部门之间工作协调比较困难,对于篮球后备人才培养的目的和意义没有足够的认识,相关管理机制的重视程度不够等问题。在很大程度上,这些都会阻碍我国对篮球后备人才培养的健康发展。

3. 评价机制不完善

具体说来,在选拔篮球运动人才方面,合理、科学的选材指标并没有形成,常常依靠个人经验来进行。在训练和管理方面,评价指标也不是很健全,常常只是采用一些比较简单的成绩指标。在比赛成绩方面,只重视比赛结果,并没有构建其良好的配套评价机制。

(四)我国篮球后备人才培养的参考标准

第一,具有崇高的动机。

第二,早期所参与的运动项目比较多,在篮球运动方面的天赋并没有明显表现出来。

第三,大都出生于体育世家,对于培养优秀篮球运动员方面,好的家庭环境是重要条件。

第四,教练员的主导作用与信任,运动员有较好的人际关系。

第五,在成长过程中,个人努力起着决定作用。

第六,地域特征非常明显。

第七,整体学历偏低,需要得到提高。

(五)我国篮球后备人才培养的关键

1. 个人竞技能力

在我国现代篮球后备人才的培养过程中,运动员的个人绝对能力不容忽视。运动员的个人绝对能力的培养主要体现在以下几个方面。

(1)在篮球运动中,需要有核心球员和队魂。这就需要培养核心队员,对于那些对时空具有特殊认知能力的综合素质强的运动员要侧重培养。

(2)篮球运动员的个人竞技能力始终是围绕着心、技、体、智、战这几个方面进行优势互补、互动,相互促进的一个系统。对于这一点要充分认识和掌握。同时要加强篮球运动员身体素质、思维能力、心理承受能力以及艺术素质等身心素质的全面发展和锻炼。

(3)篮球训练中,在对个人竞技能力进行锻炼的同时,要注意两个方面。一方面要结合集体项目团结协作的特点;另一方面要同团队战术训练相结合,在集体训练中更好地融入个人训练。

2. 技战术训练水平

在篮球后备人才训练方面,技战术训练主要包括篮球基本功的学习和掌握战术配合的方法。战术配合主要包括局部战术配合和全队战术配合。

战术配合学习的目的主要体现在以下几点。

(1)让运动员对人与球、路线、攻击点、运用时机与变化等进行了解。

(2)对运动员的配合默契进行培养,促使其团队协作意识得以加强,以在比赛实践中促使运动员能够更加灵活地运用。

在篮球的全场比赛中,比赛的关键环节一般来说都是由少数队员通过配合来完成的。这就要求在训练中,一方面要加强整体战术训练,另一方面也在提高个体能力的基础上,加强两人或三人之间的战术配合训练。

3. 竞赛与训练的完美结合

竞赛和训练的完美结合指的是要将训练与竞赛作为一个完整的体系来考虑。也就是说,在不影响最终比赛发挥的情况下,在预赛等阶段作为技战术等训练的一部分,加强篮球运动员各方面的实战锻炼,包括篮球运动员心理素质、比赛经验、随机应变能力以及对紧急问题的处理等都具有积极的促进作用。同时,还能避免单纯的以赛代练和练不适战等现象。

另外,在竞赛和训练的过程中,临场发挥对于教练员来说也是非常重要的。要做到这一点,就必须倡导建立复合型训练团队,提高教练员各方面的能力,包括综合思辨能力、宏观判断能力、困难局面的扭转能力、执教能力以及精神感染力。在面对竞赛和训练中的难题时,要以集体的智慧共同来解决。

二、我国篮球后备人才培养的未来趋势

(1)走"体教结合"的可持续发展道路。

(2)对青少年篮球竞赛的体系进行优化。

①对竞赛管理体制进行改革。

②科学制订竞赛计划和赛制。

③积极营造篮球竞赛市场,拓宽办赛资金来源。

(3)竞技篮球后备人才培养的具体对策。

①充分发挥政府的主导作用。在篮球后备人才培养的过程中,政府发挥其主导作用时,应明确两个方面的内容。一方面是政府发挥主导作用,并不是由政府包办;另一方面就是有效地配置体育资源,以更好地保证篮球后备人才的培养能够获得更好的成绩。

②积极引进先进的管理经验。这主要从以下几个方面做起。

A. 加强提升管理理念,对管理模式进行转变,从政府主导管理逐渐转变为由社会主导管理;对管理方式进行转变,由学生体育协会进行管理。

B. 在对学生体育协会的职能和组织机构进行完善的同时,对篮球后备人才训练管理进行重视和加强,建立的管理制度要有助于运动员的培养和训练,可以采用教练员轮流管理的方式。

C. 妥善处理好篮球后备人才训练管理与教育管理之间的矛盾。

D. 重视相关招生工作,加强监督力度,并建立和完善招生管理专门机构,促使篮球运动员招生工作更加科学化、规范化和程序化。

E. 体育行政部门要对其组织协调和政策引导等作用进行充分发挥,对职能加以积极转变,构建灵活的调控机制。

③改善篮球运动员训练的物质条件。

④加强篮球教练员队伍的建设。加强建设教练员队伍,要做好以下几个方面。

A. 制定严格的上岗制度,加强教练员培训,并进行上岗考核。

B. 教育行政主管部门要重视教练员的实际需要,创造有利条件培训教练员。

C. 有选择性对优秀教练员进行重点培养。

D. 教练员文化水平越高,其基础理论和专业理论知识就越系统,这对篮球后备人才的培养是非常有利的。

E. 要积极培养和引进高水平、高素质的教练员,从而更好地提高训练

的质量,实现技术创新。

F. 要促使教练员的主动性得到积极调动,对教练员的待遇进行相应的提高和改善。

⑤构建科学的评价体系。在构建篮球后备人才培养体系中,需要注意以下几个方面。

A. 增设有关篮球后备人才培养评价体系的相关研究项目。

B. 对构建地区篮球后备人才评价体系进行研究,并通过校级课题立项形式来进行加强和完善。

C. 针对地区篮球运动后备人才培养评价体系进行个案实证研究,对地区篮球后备人才培养的开展进行鼓励的同时,对其评价体系是否科学合理进行检验。

第二节 校园篮球后备人才的选拔

一、篮球运动后备人才选拔的方法研究

对于篮球运动后备人才选拔,其方法主要有以下几种。

(一)形态选材法

所谓形态选材法,就是依据运动员的现有体型以及未来体型的发展走向,对运动员进行测量和评定的选材方法。

形态选材的方法,具体如下。

1. 体型测量法

体型测量法,见表9-1所示。

表9-1　形态选材的具体方法

具体方法	测量项目	使用工具	测量内容
体型测量法	宽度测量	测径尺	肩宽 手宽 髋宽 骼宽

续表

具体方法	测量项目	使用工具	测量内容
体型测量法	长度测量	直尺或卡尺	身高 手长 手臂长 下肢长 坐高 跟腱长 足长
	围度测量	皮尺	胸围 臂围 臀围 腿围
	充实度测量		通过测试肌纤维类型来判断 红白肌肉所占的比例

2. 体型预测法

(1)身高预测。

常用的方法主要有以下几种。

①子女的身高可以通过其父母的身高来进行预测。

②未来的身高可以根据儿少时的身高进行预测。

③未来身高可以根据儿少时肢体的发育速度进行预测。

④通过对发育程度进行判断,来对未来身高进行预测。

(2)体宽预测。

主要的预测方法是通过计算各个不同年龄阶段体宽指标在人体宽中所占的百分比来得出的。

3. 体型评价法

通常采用体型指数以及体型的外在特征来进行评价。经常用来评价身体的高低、胖瘦以及各个身体部分所占的比例等。

(二)测试竞赛法

1. 目测法

目测法指结合自身所积累的经验,考官通过目视来进行选材的方法。

2. 公平竞赛法

公平竞赛法是指在选拔后备人才的过程中,通过遵循一定的规章制度,在相同的条件下,进行公平竞争,来选择出优胜者的方法。

3. 考试问卷法

所谓考试问卷法,是指通过问答、答卷以及难题求解等方式来对人才进行选拔。

(三)素质选材法

素质选材法是指通过测量和评价篮球后备人才的身体素质来进行选择人才的一种选材方法。

常用的指标主要包括握力、背肌力、俯卧撑、仰卧起坐、引体向上、体后屈、纵跳、曲臂悬垂等。

(四)技能选材法

技能选材法指通过进行经验判断和科学诊断,来分析和评价篮球后备人才的技术和战术能力,并从中选择出优秀篮球运动员苗子的方法。在中级选材中,通常采用运动技能选材方法。

(五)综合考查法

综合考查法是指通过对被选拔者进行摸底预测、综合信息的分析等方法,来从中选择出优秀篮球后备人才的方法。这种方法主要包括训练观察法、信息跟踪法、摸底预测法等。

二、我国竞技篮球后备人才选拔的程序

竞技篮球后备人才选拔主要有以下三个步骤。

(一)家系遗传学调查

1. 遗传与运动员选材

从人类遗传学的相关研究中可知,人体竞技能力的许多构成性状都具有不同程度的遗传性。

(1)竞技能力遗传的物质基础。

人类竞技能力的形成受多方面因素的影响,其中离不开基因这一物质

基础。携带遗传信息的基因一般通过单基因遗传、多基因遗传的方式遗传下去。

与人体运动能力有关的各种性状中,通过多基因遗传的性状占绝大多数,长度、宽度、肌纤维类型、最大吸氧量等性状的遗传就是如此。竞技能力遗传的物质基础如图 9-1 所示。

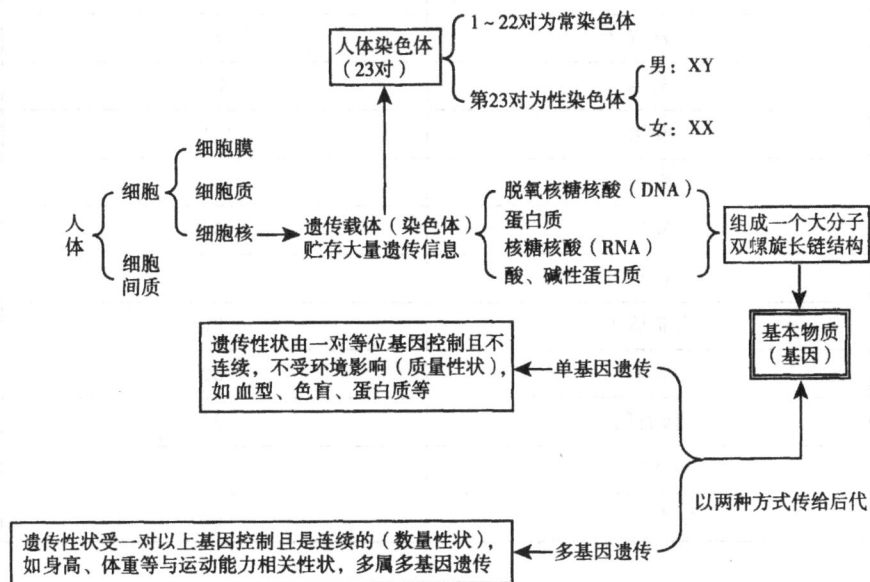

图 9-1

(2)体能指标的遗传度。

体能是运动员机体的基本运动能力,包括身体形态、身体机能和身体素质三个方面。从遗传学的角度来说,人体的形态特征被称为"体表性状",其遗传是多基因遗传的,遗传因素会对其形成过程产生非常明显的影响,见表9-2、表 9-3 所示。

表 9-2　男性形态指标遗传度(%)

指标	男
身高	75
坐高	85
臂长	80
腿长	77
足长	82

续表

指标	男
头宽	95
肩宽	77
腰宽	79
盆宽	75
头围	90
胸围	54
臂围	65
腿围	60
体重	68
去脂体重	87
心脏形态	82
肺面积	52
胸廓形态	90
膈肌形态	83

表 9-3　女性形态指标遗传度(%)

指标	女
身高	92
坐高	85
臂长	87
腿长	92
足长	82
头宽	76
肩宽	70
腰宽	63
盆宽	85
头围	72
胸围	55

续表

指标	女
臂围	60
腿围	65
体重	42
去脂体重	78
心脏形态	82
肺面积	52
胸廓形态	90
膈肌形态	83

生理机能水平的高低受环境和训练因素的影响非常大。在一定程度上,遗传因素会对人体的生理机能水平发展产生制约作用(表9-4)。

表 9-4　生理生化指标的遗传度(%)

指标	遗传度
安静心率	33
最大心率	85.9
最大吸氧量	79～93.5
肺通气量	73
月经初潮时间	90
CNS 功能	90
血压	42
血型	100
CP、ATP	67～89
线粒体数量	70～92
血红蛋白含量	81～99
肌红蛋白含量	60～85
乳酸脱氢酶活性	65～87
血乳酸最大浓度	60～81
红白肌纤维比例	80

人体升华过程和代谢特征对人体生理机能和运动素质产生直接影响,而遗传因素是对代谢能力高低与形成过程产生影响的主要因素。运动素质的性状表现也基本上是由多基因控制的,同时也会受到训练、环境等因素的影响。

(3)心理指标的遗传度。

心理因素对于运动员竞技能力的影响力是不容小觑的。对于优秀的运动员来说,良好的个性特征和心理状态是战胜对手的基本保障。这就要求在进行篮球后备人才选材中,要重视对运动员心理能力的诊断和评价。

常见个性特征指标的遗传度见表9-5、表9-6。

表9-5 常见个性特征指标(GO)的遗传度/(%)

个性特征指标(GO)	遗传度
活力	79
基本情绪	75
意志坚韧	77
心理状态	60
思考能力	72

表9-6 常见个性特征指标(N. F. G)的遗传度/(%)

个性特征指标(N. F. G)	遗传度
动作速度	93
判断果断性	96
对反对的抵抗	95
柔顺性	91
运动冲动	90
冲动协调	86
好奇心	87
对矛盾的反应	80
运动制约	65
意志坚韧性	83

2.家族遗传学调查内容

人体运动能力遗传是竞技篮球后备人才科学选材的基础。通过调查家系,运用遗传学观点、方法来对后备人才的运动能力及发展潜力进行分析与评价,使预测的科学性、准确性进一步提高,这也是篮球后备人才选材不容忽视的环节。

家族遗传学调查的主要内容见表 9-7。

表 9-7　家族遗传学调查表①

运动员家庭成员基本情况		父亲	母亲	爷爷	奶奶	外公	外婆
家庭长辈情况	年龄(岁)						
	身高(厘米)						
	体重(千克)						
	职业						
	学历						
	体型(胖、稍胖、适中、稍瘦、瘦)						
	兴趣爱好(体育或文艺方面)						
	性格(内向、外向、中间型)						
	健康状况(有无慢性疾病)						
同辈情况兄弟姐妹	年龄(岁)						
	身高(厘米)						
	体重(千克)						
	体型(胖、稍胖、适中、稍瘦、瘦)						
	健康状况(有无慢性疾病)						
运动员情况	出生情况(早产、顺产)_____母亲生育年龄(岁)____胎次____ 生活条件(上、中上、中、中下、下等)_____ 外表及体型像____(父亲、母亲、爷爷、奶奶、外公、外婆) 健康状况____(有无慢性疾病及运动性疾病;受伤史)						
说明	不清楚的栏目可以不填; 用准确数字表示年龄、身高、体重; 家长如实填写,配合选材工作						

填写人_____　　　填写日期_____

---

①　田麦久.运动训练学[M].北京:高等教育出版社,2006.

(二)运动员生长发育状况调查

调查运动员的生长发育情况,就是对其进行体格检查,检查内容见表 9-8。

表 9-8 篮球运动员生长发育状况调查内容[1]

调查内容	检查要点
肌肉系统	(1)体重是否正常 (2)肌肉系统发达程度是否同生长发育规律相符合 (3)两侧肌群发育是否对称 (4)通过仰卧起坐来评价腰腹肌群的发育水平 (5)测量握力、背力
骨骼系统	(1)身高是否符合要求 (2)骨骼是否发育良好 (3)胸廓是否正常 (4)脊柱生理弯曲线是否正常 (5)手腕活动功能是否正常 (6)肩、髋及四肢发育是否对称 (7)腿型是否正常
呼吸系统	(1)测量肺活量 (2)测量肺通气量 (3)做胸透
心血管系统	(1)心律是否正常 (2)心音是否正常 (3)血压是否正常
血常规和尿常规检查	(1)血常规是否正常 (2)尿常规是否正常
发育程度的鉴别与分型	(1)鉴别生理发育类型 (2)鉴别正常生理发育程度
肝功能检查	排除肝脏疾病

---

[1] 唐建倦.现代篮球运动教程:理论·方法·实践[M].广州:华南理工大学出版社,2014.

（三）篮球专项选材指标调查

在篮球后备人才选材中，需选择与篮球运动专项特征相符的生理生化指标来评定运动员的身体形态、机能及素质。

反映运动员生长发育水平的形体指标中，身高是非常重要的一个指标。在篮球后备人才选材中，必须要重视后备人才现实身高及其潜在的发展能力，对运动员的身高要采用科学的方法进行预测。

下面阐述两种预测身高的方法。

第一种是用父母身高预测孩子身高。

一般来说，可以用运动员当年身高对其未来身高进行推算，这就需要对卡帕林氏和坦纳氏预测法进行运用，对于3～18岁的群体，可依据其当年身高，参照表9-9、表9-10中的百分比，通过以下公式来推算其成年时的身高。

成年时身高（H）＝当年身高（h）/卡帕林氏指数（或坦纳氏指数）

例如，一个8岁男孩的身高为130厘米，他成年后的身高计算公式如下。

$$H ＝h÷卡帕林氏指数$$
$$＝130 厘米÷72.0\%$$
$$＝180.5 厘米$$

表9-9　卡帕林氏和坦纳氏身高预测对照表（男）[①]

年龄	男			
	卡帕林氏		坦纳氏	
	%	误差	%	误差
3	54.6	3.7	53.5	1.3
4	58.3	3.7	57.7	1.4
5	62	3.4	61.6	1.5
6	65.4	3.4	65.3	1.6
7	68.8	3.2	69.1	1.6
8	72.0	3.2	72.4	1.7
9	75.2	2.8	75.6	1.7
10	78.0	2.6	78.4	1.8

---

① 景涛．运动遗传学［M］．北京：北京体育大学出版社，2009.

续表

年龄	男			
	卡帕林氏		坦纳氏	
	%	误差	%	误差
11	80.6	2.3	81.3	1.9
12	82.9	3.1	84	2.2
13	86.0	3.7	87.3	3
14	89.7	3.7	91	4
15	93.4	3.2	94.6	3.7
16	96.6	1.7	97.1	2.7
17	98.3	1.1	98.8	1.4
18	99.4	0.6	99.6	0.6

表 9-10　卡帕林氏和坦纳氏身高预测对照表(女)①

年龄	女			
	卡帕林氏		坦纳氏	
	%	误差	%	误差
3	58	4.0	57.2	1.2
4	62.0	4.0	61.8	1.5
5	65.0	4.0	66.2	1.5
6	70	3.7	70,3	1.5
7	73.7	3.4	74.3	1.6
8	77.7	3.4	77.6	1.6
9	80.4	3.1	81.2	1.9
10	83.5	3.1	84.8	2
11	86.6	3.6	88.7	2.4
12	90.2	3.7	92.6	2.9
13	93.9	2.4	96	3.3

---

① 景涛.运动遗传学[M].北京:北京体育大学出版社,2009.

续表

年龄	女			
	卡帕林氏		坦纳氏	
	%	误差	%	误差
14	96.3	1.9	98.3	2.2
15	98.2	0.9	99.3	1.2
16	99.1	0.6	99.6	0.7
17	99.7	0.3	99.9	0.4
18	100		100	0.3

第二种是通过骨龄来预测身高（图 9-2）。

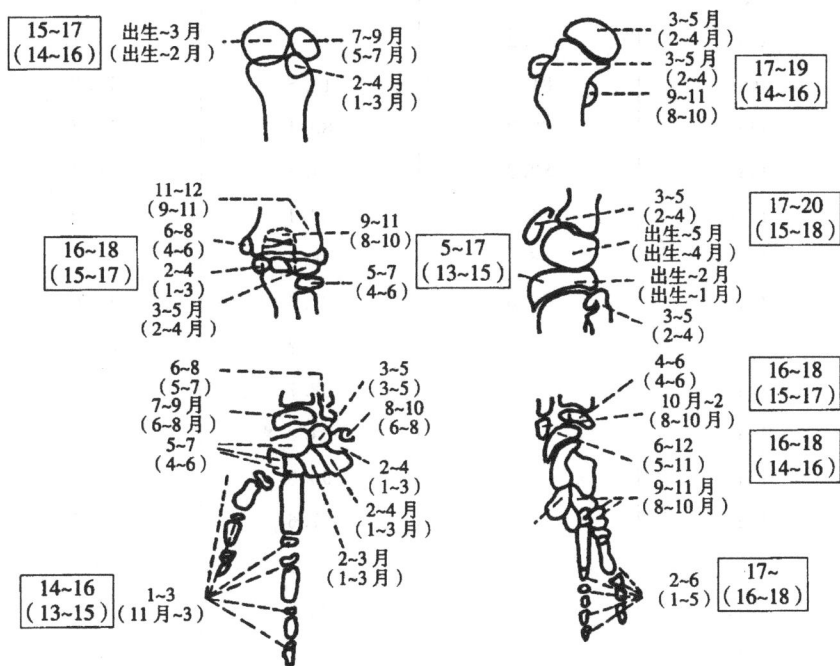

图 9-2

关于通过骨龄预测身高的研究有很多,因此也出现了许多不同的计算方法,其中运用较为普遍的是贝利氏和平纽氏骨龄身高预测计算法。在运用中可按照如下几个步骤进行。

(1)观察拍摄好的腕部骨骼 X 光片,根据骨的愈合情况,对照"骨龄对照表"估算骨龄,判断骨龄的类型属于早熟型、正常型,还是晚熟型。

(2)参考贝利氏和平纽氏表找出骨骼的贝、平指数(表 9-11、表 9-12)，然后根据未来身高＝当年身高/贝、平指数×100 这一公式来计算身高。

表 9-11　贝利氏和平纽氏骨骼年龄和最后身高百分比(男)[①]

骨龄	早熟	正常	晚熟
6;0	68.0		
6;6	70.0		
7;0	71.8	69.5	67
7;6	73.8	70.9	68.5.
8;0	75.6	72.3	69.5
8;6	77.3	73.9	70.9
9;0	78.6	75.2	72
9;6	80	76.9	73.4
10;0	81.2	78.4	74.7
10;6	81.9	19.S	75.8
11;0	82.3	80.4	76.7
11;6	83.2	81.6	78.6
12;0	84.5	83.4	80.9
12;6	86.0	85.3	82.8
13;0	88.0	87.6	85.0
13;6		90.2	87.5
14;0		92.7	90.5
14;6		94.8	93.0
15;0		96.8	95.8
15;6		97.6	97.1
16;0		98.2	98.0
16;6		98.7	98.5
17;0		99.1	99.0
17;6		99.4	
18;0		99.6	
18;6		100.0	

---

① 景涛．运动遗传学[M]．北京：北京体育大学出版社，2009.

表 9-12　贝利氏和平纽氏骨骼年龄和最后身高百分比(女)[1]

骨龄	早熟	正常	晚熟
6;0	73.3	72.0	
6;6	75.1	73.8	
7;0	77	75.1	71.2
7;6	78.8	77.2	73.2
8;0	80.4	79	75
8;6	82.3	81.0	77.1
9;0	84.1	82.7	79
9;6	85.8	84.4	80.9
10;0	87.4	86.2	82.8
10;6	89.6	88.4	85.6
11;0	91.8	90.6	88.3
11;6	92.6	91.4	89.1
12;0	93.2	92.2.	90.1
12;6	94.6	94.1	92.4
13;0	96.4	95.8	94.5
13;6	97.7	97.4	96.3
14;0	98.3	98	97.2
14;6	98.9	96.6	98.0
15;0	99.4	99	98
15;6	99.6	99.3	98.6
16;0	99.8	99.6	99
16;6	99.9	99.7	99.3
17;0	100	99.9	99.5
17;6		99.95	99.8
18;0		100.00	99.95
18;6			100

---

① 景涛．运动遗传学[M]．北京:北京体育大学出版社,2009.

在篮球后备人才选拔中,一般要挑选身材大型化的运动员,也就是说要挑身材高的运动员,除此之外,身材大型化还有身体壮大的意思。此外,在身体形态方面,臂长手大、胸廓大臀小、腿长踝细、四肢围度大以及足弓高也是运动员需要具备的基本形态特征。除身材较高外,良好的弹跳力、握力和腰腹肌力量也是选材的重要指标。最后,篮球运动员必须具有良好的灵活性,这样即使是在复杂多变的赛事中,也能够将各种动作及时、准确地完成。

第三节　校园篮球后备人才培养的理念

校园篮球后备人才培养的理念,主要集中在对后备人才篮球意识的培养方面。本节就从篮球意识的培养来对校园篮球后备人才培养的理念进行阐述。

一、篮球意识的形成

在篮球比赛中,运动员的意识活动过程,其实就是对比赛具体情景进行认知的过程。在这一过程之中,运动员的篮球意识表现为意识和行动的相互作用。

首先,是运动员的自我意识活动。

其次,是意向指引下的积极行动。

当所采取的行动达到一定的效果时,那么所获得的效果信息将会进一步强化和提高意识。

篮球意识的形成过程,主要体现在以下几个方面。

(1)在训练比赛现实中的观察感知。篮球运动员的主观意向会对其视觉感知产生指引,同时视觉感知是意识过程的必要条件。

(2)对抗条件下的思维判断与决策。运动员的瞬时判断、思维与决策过程是篮球意识活动的核心。培养运动员的篮球意识必须要促使其瞬时的思维与决策能力得到不断提高。

(3)积极、合理、准确的行动应答。针对比赛场上的具体情况,运动员能够及时做出准确合理的攻守行动应答。这是篮球意识对比赛能动作用的主要体现。进行决策和行动是对比赛事态进行观察感知与思维判断的主要目的。所以,行动的合理性、积极性,是篮球运动员的意识水平和实战对抗能力的标志。

（4）意识行动效果的评价与反馈。评价同行动每时每刻都是相伴的。成功的行动能够进一步强化意识,失败受挫的行动能够进一步修正意识中的智能模型,运动员的篮球意识在不断的评价—反馈中得到完善。

二、篮球意识的结构要素

(一)知识体系

知识体系是篮球运动员进行意识活动的重要的物质基础,它主要包括篮球运动专项基础理论知识、发展前沿、发展趋势、应用理论、基本技术和战术方法原理、技战术运用规律、裁判知识和篮球规则等。

(二)实践经验

实践经验是在长期篮球运动实践过程中,运动员逐渐积累起来的对比赛中技术、战术运用和应变的规律的实战体验与经历,是篮球运动员对攻守信息进行思维判断的基础。

(三)心智活动能力

心智活动能力是篮球运动员进行意识活动的大脑的机能能力。篮球运动员的心智活动能力主要包括以下四个方面。
（1）瞬时观察能力。
（2）分析判断能力。
（3）反应应变能力。
（4）战术思维能力。

三、篮球战术意识的培养

现代篮球运动是高超的技战术同智慧相融合后的表演。同样是经过大脑思维之后所采取的措施,之所以在效果上会存在差异,这主要同运动员的意识有关。只有运动员所具备的意识同篮球运动发展规律相符合,才能更好地根据临场变化来做出正确的行动方案,表现出合理有效的行为,战术意识在篮球运动员所具备的各种意识中占据核心内容,对运动员场上的发挥有着直接影响。因此,篮球战术意识又被称为"技战术的灵魂""无形的技战术"。

四、篮球意识的培养方法

(一)在技术训练中渗透篮球意识训练

将篮球意识训练渗透到技术训练之中,是培养篮球意识的基础。

一个篮球运动员从开始接触篮球活动起到结束篮球比赛生涯止,教练员应该对其不间断地采取各种手段进行篮球意识的培养与深化,培养技术应用意识,提高训练与实际运用相结合的能力。同时,在技术训练阶段也应着重培养运动员的观察能力和分析判断能力。

(二)在战术训练中强化篮球意识

在进行战术意识的训练中应处理好以下几种关系。

(1)处理好战术支配动机与战术支配过程之间的关系。发展战术支配动机,不仅要注意从主观方面进行激发,而且要注意从客观方面予以激励。

(2)处理好战术意识与战术动作之间的关系。战术动作的掌握和提高,必须以战术意识为指导;战术意识的培养与发展,需要以战术动作为依托。否则,将会导致意识、战术与实战的脱节。

(3)处理好战术意识与临场信息之间的关系。篮球战术意识的全部活动意义就在于战术决策。准确、及时、全面的临场信息是战术决策活动的前提和依据。决策信息的获取是一种自觉主动的心理活动,要求运动员具备较强的捕捉问题、观察问题和发现问题的能力。提高运动员获取决策信息的能力,不仅需要强化获取信息的积极动机,而且需要掌握获取信息的有效方法。

(4)战术思维能力和应变能力的训练。

球员具有全面的技术还必须具有运用意识。战术意识的培养中,教练要主动引导队员领会和明确战术意图,全面贯彻战术意图,又根据比赛的实际情况,进行应变的战术。这种战术思维和应变能力主要通过观摩和实践来培养。

(三)通过心理训练培养篮球意识

心理训练是对篮球意识进行逐步培养和提高方面的辅助性手段。篮球意识是在战术训练中逐渐产生的,再通过自信心训练、动机训练、心理调整训练、思想意志品质训练、认识训练等得以逐渐成熟和完善。

（1）冥想训练是体育界新兴的一种训练方法，它是指在训练开始前或训练结束后，使运动员排除杂念，对比赛中的境况或技术细节，集中注意力进行自我分析和总结，从而提高运动员对技战术的理解程度，提高战术意识。

（2）比赛期间心理训练的主要方法有模拟训练法和放松训练法。

（3）提高文化素质，加强篮球理论知识的学习。

（四）教师或教练员的主导作用

在培养运动员的篮球意识的过程中，教师或教练员起着主导作用，对运动员篮球意识的形成有潜移默化的熏陶作用。因此，教师和教练员要促使自身素质得到不断提高，这样才能胜任工作，培养出优秀的篮球运动员。

（五）加强思想意志品质的教育和培养

（1）培养主动性和独立作战的能力。

（2）培养坚定、果断的品质，提高自控能力。

（3）培养勇敢、顽强的拼搏精神。

（六）篮球意识培养建议

（1）技战术结合训练培养篮球意识。

（2）反复结合技战术训练进行篮球意识的渗透。

①培养场上观察能力。

②提高场上分析判断能力。

③对抗训练中，提高攻防意识。

（3）在技术训练中渗透篮球意识培养。

①培养观察能力。

A. 加强视野训练，提高眼睛余光的观察能力。

B. 培养视觉选择力。

②培养分析判断能力。

（4）在战术训练及比赛中培养篮球意识。

（5）提高人文素质，改善知识结构，丰富篮球意识。

（6）提高心理训练水平，培养篮球意识。

（7）强化作风训练与培养篮球意识。

第四节　校园篮球后备人才培养体制的建立与完善

一、校园篮球后备人才培养的影响因素

（一）训练管理体制

在校园篮球后备人才培养方面，训练管理体制有着非常重要的影响，它直接决定了校园篮球后备人才从事篮球运动训练的组织形式。

（二）篮球后备人才的来源

篮球传统学校是校园篮球后备人才的主要来源地，其中大多数都是通过特招录取的，通过面试录取的只占很少一部分，而通过正常录取的比例非常小。这也就导致了大多数校园篮球后备人才的文化基础普遍较差，在文化学习方面比较困难。

（三）训练质量与效率

由于在学校之中，学生有着比较繁重的文化学习任务，无法全天参与篮球专业化训练，这就使得要想提高篮球竞技能力就必须要提高训练的质量和训练效率。

（四）篮球竞赛体制

校园篮球比赛采用赛会制，表现为一赛三阶段和一赛多方法的特点。

一赛三阶段主要包括选拔赛、分区赛和总决赛。

一赛多方法是指针对不同的比赛阶段所采取的不同的比赛方法。

（五）篮球教练的综合能力

校园篮球队的教练一职都是由学校的体育教师来担任的，这些体育教师一般都是年富力强，注重自身素质的提高，并具备良好的育人能力。但这也使得他们与外界信息缺乏交流，也缺少提升自己业务能力的机会。

（六）训练环境

通过相关调查了解到，我国各学校在篮球训练环境方面存在着很多方面的问题，如篮球训练场馆不充足，设施陈旧；经费紧缺且来源比较单一，主要来自学校的教育投资，也有社会赞助所带来的资金。

二、高校篮球竞技运动人才培养体制存在的问题

（一）竞赛杠杆的调节作用没有充分发挥

与我国校园篮球后备人才有关的比赛主要包括两大类：一是由国家教育部门及其领导下的中学生体协、大学生体协主办的各类篮球比赛，或由国家教育部门和体育局等政府部门共同举办的各种类型的篮球比赛；二是由国家体育总局及下设的篮球管理中心、地方体育部门主办的各种篮球比赛。

以上这些比赛形式为我国校园篮球后备人才提供了很多比赛机会，使他们的比赛经验得到了很好的丰富。

但在实际操作的过程中，这种比赛方式也存在很多弊端，这主要从以下几个方面体现出来。

（1）就全国综合性的运动会来说，存在着很多缺陷。面对着不同类型的运动会，一些运动员为了获取更多利益，不惜改变自己的身份来获得参加各类比赛的机会。对于尚处在基础阶段训练的运动员来说，频繁地参加比赛容易使其过早地进入运动训练专项化，对他们竞技能力的长远发展有着不好的影响。

（2）竞赛资金的来源比较单一，竞赛的质量以及社会效益都不是很高，竞赛招标同市场并没有形成很好的接轨，这就造成了竞赛市场规模太小、经费严重不足，同时这对篮球运动的可持续发展是非常不利的。

（二）篮球后备人才体教结合问题没有解决

篮球后备人才的体教结合问题没有得到有效解决，这造成了这些后备人才文化基础非常薄弱，文化素质也不是很高，在就业方面很难获得有效的保障，这就大大制约了篮球后备人才队伍的发展。

随着我国社会转型与经济发展的不断加快，孩子的家长都希望自己的孩子能够接受到良好的教育，在长期发展中能够获得一技之长。然而，体校学生较低的文化教育水平以及专业运动员出路非常狭窄，使得很多家长都不愿意将自己的子女送到体校。另外，体校主要是通过地方政府财政拨款来运行的，而那些处于经济水平发展不高、地方财政又较为紧张的地区的体校，如果没有较高的培养效益，又缺少足够的生源，最后也只能走向解体。

（三）高校篮球竞技运动人才缺乏教育系统训练资源

目前，我国的教育系统中还没有建立起比较完备的高校篮球运动后备

人才培养体系,造成这种现象出现的原因主要包括以下几个方面。

1. 经费不足

在教育系统投入方面,国家没有针对篮球运动的专项投入。很多学校都是从教育经费中抽取一小部分来投入到篮球运动发展之中。但是,有限的经费难以使篮球训练得到维持,在中小学中这种情况更为困难。大多数中学训练条件都是非常简陋的,甚至无法建立自己的篮球运动队。

2. 生源不足

在篮球运动方面具有很高潜能的学生大多数都去了专业队或体校,导致高校篮球运动队没有稳定的人才来源,只能从体校或专业队招收部分篮球运动员。此外,一些地区的重点高中也是通过招收经过体校训练的体育特长生的方式来提高本校的体育运动水平,但在竞技方面,这些运动员中的多数已经没有了发展的潜力。

3. 高水平教练员的缺乏

中小学体育教师在运动经历方面都是比较少的,不够丰富,这就使他们发现和培养篮球后备人才的能力和经验非常欠缺。

三、篮球后备人才培养体制的完善

(一)转变人才的培养方式

校园篮球后备人才的培养应当从过去单一的"举国体制"逐渐转变为由国家和社会共同培养的多形式、多渠道的培养体制。要将篮球运动自身的特征作为培养篮球后备人才的出发点,同时还要对人的成长与发展客观规律予以遵循,实现科学化的长期培养。要不断增加政府以及民资兴办的篮球学校、篮球俱乐部,并逐步形成篮球人才群、人才链与人才梯队。

(二)加快篮球学校的建设

要对校园篮球后备人才培养机制进行完善,就要在篮球重点小学、中学和高校高水平运动队方面增加投入,并将篮球资源的配置从计划向着市场方式转变。

同时,也要积极寻求社会的赞助,获得更多的比赛机会,以形成"小学—中学—大学"系统化的训练模式,以为篮球俱乐部有偿输送优秀的篮球运动员。这样一来,就能够为国家输送优秀篮球人才奠定坚实的基础。

参考文献

[1]"健康中国 2030"规划纲要[M].北京:人民出版社,2016.

[2]国家体育总局.2014 年国民体质监测公报[R].北京:国家体育总局,2015.

[3]黄凯斌.健康中国——国民健康研究[M].北京:红旗出版社,2016.

[4]殷光俭.基于"健康中国"导向下高校篮球发展研究[J].课程教育研究,2017(30).

[5]高治.我国青少年校园篮球运动发展的动力机制研究[D].武汉体育学院,2016.

[6]李玉强.校园篮球——篮球运动本质的回归[J].科技资讯,2016(12).

[7]龚园.校园篮球氛围的提升[J].当代体育科技,2016(27).

[8]晋愈飞.后奥运时代校园篮球运动转型发展路径研究[J].佛山科学技术学院学报(自然科学版),2016(03).

[9]郭永波.篮球文化的理论框架构建[D].北京体育大学,2004.

[10]朱立言.哲学与当代文化[M].北京:中国人民大学出版社,1998.

[11]巩庆波.中国篮球文化主要特征及发展对策研究[D].武汉体育学院,2006.

[12]张剀之.论大学文化素质教育[A].中国大学人文启示录(第 3 卷),1999.

[13]吴鹏森,方列曙.人文社会科学基础[M].上海:上海人民出版社,2008.

[14]刘坚.多样化反馈教学模式在高校篮球教学中的应用研究[D].中南大学,2012.

[15]张英波.现代体能训练方法[M].北京:北京体育大学出版社,2006.

[16]吴东明,王健.体能训练[M].北京:高等教育出版社,2005.

[17]胡桂英.运动心理学[M].杭州:浙江大学出版社,2008.

[18]罗彦平,梁建平,周维臻,宋义,肖儒勇.运动智能结构的测量及相关分析[J].天津体育学院学报,2011(05).

[19]王亚亮.校园篮球基础技术系统训练体系的运用[J].运动,2016(19).

[20]杨改生.中国篮球运动发展研究[M].郑州:河南大学出版社,2014.

[21]于振峰.现代篮球技术学练设计[M].北京:高等教育出版社,2013.

[22]于振峰.现代篮球战术学练设计[M].北京:高等教育出版社,2013.

[23]许博,包金萍.现代篮球战术案例解读[M].北京:北京体育大学出版社,2009.

[24]唐建倦.现代篮球运动教程:理论·方法·实践[M].广州:华南理工大学出版社,2014.

[25]景涛.运动遗传学[M].北京:北京体育大学出版社,2009.

[26]田麦久.运动训练学[M].北京:高等教育出版社,2006.

[27]郭立亚.篮球[M].重庆:西南大学出版社,2017.

[28]刘学奎,刘彬,李斌.篮球运动教育教程[M].长春:吉林大学出版社,2017.

[29]朱明江.高校篮球运动教学开展的理论与实践[M].北京:中国水利水电出版社,2017.

[30]刘云民,王恒.篮球教学与训练[M].哈尔滨:哈尔滨工程大学出版社,2015.

[31]毕仲春.篮球[M].北京:北京体育大学出版社,2016.

[32]胡英清,余一兵,吴涛.现代篮球运动科学训练探索[M].北京:中国书籍出版社,2016.

[33]贾志强,贺金梅.篮球基本技术课堂[M].北京:北京体育大学出版社,2015.

[34]王小安,张培峰.现代篮球运动教程[M].北京:北京体育大学出版社,2016.

[35]董海,徐野平,郑森文.篮球教学全图解[M].成都:成都时代出版社,2016.